북녘, 남은 자들의 외침

북녘, 남은 자들의 외침

지은이 | 강석진
펴낸이 | 원성삼
책임편집 | 김지혜
본문 및 표지디자인 | 김경석
펴낸곳 | 예영커뮤니케이션
초판 1쇄 발행 | 2016년 10월 20일
등록일 | 1992년 3월 1일 제2-1349호
주소 | 136-825 서울시 성북구 성북로6가길 31
전화 | (02)766-8931
팩스 | (02)766-8934
홈페이지 | www.jeyoung.com
ISBN 978-89-8350-956-7 (03230)

값 14,000원

이 도서의 국립중앙도서관 출판예정도서목록(CIP)은 서지정보유통지원시스템 홈페이지(http://seoji.nl.go.kr)와 국가자료공동목록시스템(http://www.nl.go.kr/kolisnet)에서 이용하실 수 있습니다.(CIP제어번호: CIP2016023911)

북녘, 남은 자들을 위한 사역 후원

이메일: 21exodus@hanmail.net
홈페이지: www.nkmission.net
연락처: 010-8260-7714
후원 계좌: 110-046-564859(신한은행, 강석진)

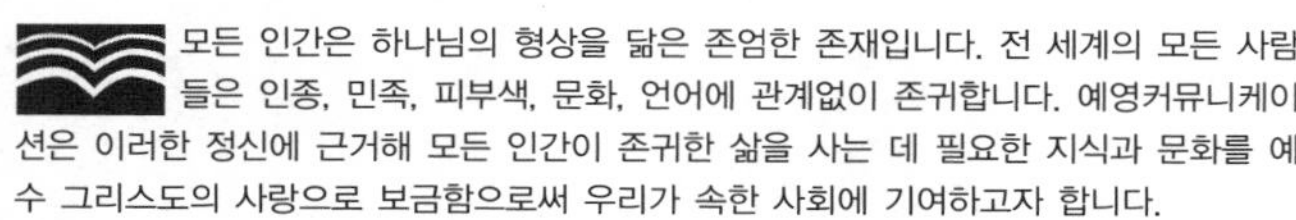

모든 인간은 하나님의 형상을 닮은 존엄한 존재입니다. 전 세계의 모든 사람들은 인종, 민족, 피부색, 문화, 언어에 관계없이 존귀합니다. 예영커뮤니케이션은 이러한 정신에 근거해 모든 인간이 존귀한 삶을 사는 데 필요한 지식과 문화를 예수 그리스도의 사랑으로 보급함으로써 우리가 속한 사회에 기여하고자 합니다.

북녘, 남은 자들의 외침

강석진 지음

예영커뮤니케이션

추천사 1

북한의 교회사는 한국전쟁 이후 끝난 것처럼 보이지만 북한 지하 교회와 신앙의 그루터기 등을 통해 지금도 진행되고 있습니다. 강석진 목사님의 수고로 이에 관한 구체적이고도 생생한 사례들이 한 권의 책으로 나오게 된 것을 기쁘게 생각합니다.

특별히 지난 60년 동안 북한에 전파를 통해 순수 복음을 전해 온 극동방송의 역할과 중요성을 입증하는 사건도 만날 수 있습니다. 북한 체제상 예수를 믿거나 전하는 일은 정치범 수용소에 가거나 순교가 기다리는 일임에도 이에 굴하지 않는 북한 성도들을 보면서 잠들어 있는 우리의 신앙을 일깨우게 됩니다.

북한을 사랑하시는 하나님께서 이 책 제목인 "북녘, 남은 자들의 외침"이 결코 헛되지 않고, 북한의 복음화와 함께 반드시 통일의 그날을 주실 것이라 확신합니다.

_김장환(극동방송 이사장, 수원중앙교회 원로 목사)

추천사 2

강석진 선교사의 첫 작품인 『오래된 소원』에 이어 『북녘, 남은 자들의 외침』은 작가가 지난 20여 년간 선교지에서 북한 선교 활동을 하며 만난 사람들의 생생한 실화를 담고 있다.

이것을 통해 70여 년의 분단의 아픔과 고난 속에서도 북한에 남아 있는 신앙의 그루터기들이 그리스도의 남은 고난을 채워 가며 순교로서 세상에 외치고 있는 소리를 알리고 있다.

130여 년 전에 이 땅에서 순교한 많은 선교사들의 그 고귀한 피의 외침이 잊혀져 가고 있는 이때에 이 책은 우리로 하여금 사도 바울과 같이 빚진 자의 자세로 복음의 땅 끝인 북녘 땅을 향해 더욱 복음의 열정을 불태울 것을 일깨워 주고 있다.

_류성렬(건국대학교 명예교수, 양의문교회 담임 목사)

추천사 3

북한 지하 성도들의 생생한 신앙과 삶과 순교의 사건을 중심으로 편집된 이 책은 남쪽에 살고 있는 우리가 진정한 사역자와 성도라면 무엇을 하고, 무엇을 하지 말아야 할 것인지 깨닫게 합니다. 이 책을 통해 지금까지 북한의 지하 교회보다는 허울뿐인 교회를 도운 것이 아닌지, 자신의 목적을 위하여 주님의 이름을 이용하지 않았는지 성찰하게 될 것입니다.

구미 여러 나라의 선교사들에 의해 세워져 부흥하던 중 1945년 해방 후, 북한 공산정권에 의해 무너졌던 2,860여 개의 교회가 통일의 날에 재건되었으면 합니다. 특히 1907년 1월, 한국 교회의 대 부흥을 이끈 "평양 장대현교회"가 다시 서는 것을 보고 싶습니다.

북한 지하 교회의 성도들은 지난 70여 년의 환난과 핍박 중에도 성도의 신앙을 지켜 왔기 때문에 북녘의 교회들을 재건하는 데에 크게 쓰임 받게 될 것입니다. 하루 빨리 자유 민주 통일이 되어 남북한 동포들이 손잡고 하나님께 영광 돌리는 예배를 드리면서 통일 한국이 세계를 섬기는 제사장의 나라가 되는 날을 꿈꾸어 봅니다.

_송종환(전 주 파키스탄 대사, 지구촌교회 장로)

목차

프롤로그

21세기의 우리 민족의 시대적 사명과 과제를 꼽는다면 남과 북의 통일을 제시할 수 있을 것이다. 한국의 현대사를 시대별로 특징지어 구별한다면 1940−1950년대에는 나라의 해방과 건국을, 1960−1970년대에는 산업화를, 1980−1990년대에는 민주화를, 2000년대 들어서는 통일 과업을 꼽을 수 있다. 이제는 모두가 통일 시대를 국내외적으로 말하고 있다. 그런데 우리는 아직도 유일하게 분단과 대립 구도 속에서 정치와 사회 분야의 저변에는 이데올로기적 갈등이 사그라지지 않고 있다. 그러나 통일에 대한 염원은 이념과 역사관이 다를지라도 누구나가 품고 있고 열망하고 있다.

통일에 있어서 정치적, 영토적 통합보다 더 시급한 민족적 과제는 북한 독재 하의 인권 사각지대에서 신음하고 있는 2,400만의 북녘 동포들의 인권 회복과 그 가운데에도 3대 독재 세습 아래 70여 년의 세월 속에서 기독교 신앙을 지키기 위해 희생과 헌신한 수십만 명의 지하 교회 성도들을 향한 진지하고도 적극적인 관심이 통일과 북한 복음화의 첫 걸음이 되어야 할 것이다.

북한의 지하 교회 성도들은 최악의 조건 속에서도 순교를 두려워하지 않고 복음을 그 땅에 전하며 하나님 나라를 세워 나가고 있다. 이들에게 절실히 필요한 것은 이 땅에서 신앙의 자유를 마음껏 누리고 있는 한국의 기독교인들이 중보기도하며, 이들의 신앙과 삶에 관심을 갖고 그 고난에 간접적인 방법으로라도 동참하는 것이라 볼 수 있다.

같은 동포로서 북녘 동포들의 고난에 대해서 침묵하거나 무관심한 것은 곧 그 민족 공동체에 불의를 행하는 것이나 다름없는 것이다. 저들은 지금 이 순간도 그 땅에 하나님의 나라가 속히 이루어져 예수 그리스도의 계절이 임하기를 간절히 열망하며, 하나님께 신원하고 있다.

필자는 1992년 10월 10일 압록강가에서 일출 때에 신의주 뒤 동산에서 떠오르는 붉은 해를 바라보면서 하나님 앞에 "하나님 아버지 저 붉은 해가 어둠의 땅을 밝히고 있사온데, 이제는 하나님의 진리와 생명의 말씀이 저 북녘의 온 땅에 비추어 주시어 그곳의 우리 동포들을 구원하여 주옵소서!"라고 기도를 했었다.

그 후 나는 북한 선교의 소명을 받아 중국 대륙의 동쪽 끝자락인 압록강이 흐르는 강변의 국경 도시인 단동에서 북한 선교를 하게 되었다. 그렇게 시작된 북한 사역을 하면서 하나님께서는 신의주의 제1교회 교인들이 그 땅에 남아 있고, 저들은 통일의 날에 남으로 내려간 성도들이 돌아오면 그들과 함께 무너지고 훼파된 예배당을 다시 재건할 꿈을 꾸면서 준비하고 있음을 확인하게 되었다. 그곳의 고령의 지하 교회 지도자는 인편을 통해 “장차 통일이 되면 해방 후 공산화가 되어서 남으로 내려간 성도들이 이 땅의 교회 재건을 위해 어떤 계획을 갖고 있는지 알아보아 달라.”는 부탁을 받은 바가 있었다. 뿐만 아니라 고령의 지하 성도는 주일이 되면 지난날 자신이 다녔던 교회의 뜰을 돌면서 예배 시간에 맞추어서 침묵으로 주일 성수를 지키고 있다는 소식까지 전해 주었다. 너무도 감동적인 소식이었다. 나로서는 남과 북이 분단된 후에 처음으로 접해 본 ‘북한의 남은 자들’의 신앙을 확인할 수 있는 계기가 되었다.

그들은 곧 하나님께서 그 땅에 남겨 놓으신 ‘남은 자들’이고, ‘그루터기’요, ‘거룩한 씨’였다.

> 그중에 십분의 일이 아직 남아 있을지라도 이것도 황폐하게 될 것이나 밤나무와 상수리나무가 베임을 당하여도 그 그루터기는 남아 있는 것 같이 거룩한 씨가 이 땅의 그루터기니라 하시더라(사 6:13).

그렇게 확인된 사실이 나로서는 북한 선교의 확실한 사명 의식을 갖게 했고 그 일에 붙들린바 되었다. 그 이후에 하나님께서는 나에게 지난날 북한 지역의 교회를 어릴 때 다녔던 북한 주민들을 만나게 하셨고 그들로부터 공산화 된 이후의 그들의 삶과 신앙을 직접 면대하여 듣게 되었다. 그리고 전후의 새로운 세대들 중에도 하나님을 믿는 기독 청년들이 있음을 압록강을 도강하여 온 30대 청년을 만남으로 인하여 하나님께서 다양하고도 은밀한 방법으로 신앙의 정절을 굳게 지키고 있는 믿음의 사람들도 확인하게 되었다. 그 청년은 중국에서 안전히 양육 받을 수 있음에도 사선을 넘어 고향 땅에 들어가서 복음을 전하다가 발각되어 온 가족들이 정치범 수용소로 끌려갔다는 크나큰 충격적인 소식도 듣게 되었다.

김일성이 1994년 7월에 갑작스럽게 사망한 후에 일명 "고난의 행군" 시기가 닥치면서 북한의 경제와 식량 사정이 열악해지자 일시적 탈북자들이 많이 늘어나서 압록강과 두만강을 넘어 오게 되었다. 이러한 상황에서 그들을 돕고 복음을 전하는 사람들이 바로 국경지대의 조선족 "처소교회"들이었다. 필자는 이 교회들로부터 도강자들을 소개받아서 전도와 양육을 했고, 그들 중에는 성경과 여러 책자, 라디오, 설교 테이프를 들고 고향으로 들어가 복음을 전하기도 하며 은밀하게 지하 교회를 구축하기도 했다. 이러한 변화가 사실상 북한에 복음이 대량으로 유입되는 새로운 북한 선교의 기회로 주어진 것이었다.

그들 중에는 온전히 거듭나고 제자화 되어 북한 주민들 스스로가 북한 선교의 사역자가 되었다. 그들 가운데에는 목숨을 걸고 전도 사역을 하다가 신고가 되거나 발각되어서 적지 않은 성도들이 순교의 제물이 되기도 했다. 놀라운 것은 그럼에도 또 누군가에 의해 복음의 바통을 다시 이어 받아 복음의 홀씨가 된 동료들, 심지어는 아내가 앞서간 남편의 뒤를 이어서 다시 복음을 전하는 경우도 있었다.

하나님께서는 북한이 가장 큰 위기와 고통의 절정의 때에 중국의 국경지대의 처소 교회가 북한 선교의 불을 지피게 하셨다. 복음을 접한 그들은 스스로가 복음의 사역자가 되게 하셔서 어둠의 그 땅에 복음의 씨를 뿌리도록 하셨을 뿐만 아니라 나아가서 북한 내륙 곳곳에 지하 교회도 구축하도록 역사하셨다. 너무도 놀라운 사실은 조선족 처소 교회가 이들을 한국의 선교사들과 연결되도록 고리 역할을 한 것이었다. 내 자신이 바로 그러한 혜택을 가장 많이 입은 선교사 중에 한 사람이었다.

하나님께서는 한국 선교사들이 북한의 복음화를 위해 북한 내륙의 사역자들과 함께 동역하도록 인도하신 것이다. 한국의 선교사들은 그들을 소개받아서 전도하는 사역과 현지 지도자 양육이라는 사역을 동시에 진행했다. 그 결과 이들을 통해 북한 전역에 복음의 씨가 파종되게 하셔서 그 땅에 '복음행전'이 활발하게 진행되게 하셨다.

저들은 체질적으로나 정신적으로 많은 고난을 통해 잘 준비된 '복음의 혁명 전사'로서 일사각오의 신앙으로 에스더처럼 "죽으면 죽으리라", 다니엘처럼 "그리 아니하실지라도"의 신앙의 정절을 지키며 그 땅의 복음의 밀알이 되고 있다는 사실이다. 저들은 자신들의 목숨을 하나님 나라를 위해서는 초개와 같이 불사르면서 북한 내에서 혹은 백두산중과 국경지대에서 전도 사역을 진행시켜 나가고 있다.

필자는 이러한 북한 내에서 사역을 하고 있는 전도자들을 국경지대의 조선족 처소 교회와 그 사역자들을 통해 소개받아 자연스럽게 협력관계를 형성하였다. 나는 지금까지 20여 년을 국경지대를 통해 북한 사역을 하면서 그 땅에서 있었던 감동적인 사역의 미담과 가슴 아픈 순교의 사건이나 환난과 핍박과 피 흘림 속에서도 복음의 전사자들의 이야기들과 직접 듣거나 친필로 써서 나에게 보내온 저들의 선교행전, 순교행전 이야기들을 틈나는 대로 기록하고 보관해 두었다.

저들은 세계에서 기독교를 가장 극심하게 핍박하는 북한 독재체제 속에서도 많은 순교의 피 뿌림과 필설로 다할 수 없는 고난의 사역을 온몸으로 체휼하면서 지금까지 전도의 행전을 멈추지 않고 있다. 그러한 북한 내에서 벌어지고 있는 생생한 사역들을 이제는 한국 교회와 성도들에게도 밝힐 필요성을 느끼게 되었다. 그간 많은 탈북자들이 한국에 들어오면서 그러한 실상들이 국내외적으로 공개되었고 특히 인터넷 매체를 통해 일반인들도 북한의 지하 교회와 그 실상을 접하게 되었다.

필자는 한국의 기독교인들에게 북한의 지하 교회 활동과 그들의 신앙과 삶을 구체적인 사례를 들어서 책으로 소개할 필요를 절감하게 되었다. 또한 공교롭게도 필자는 2012년 6월에 신변의 위험을 겪게 되어 더 이상 사역지에 들어가서 사역을 못하게 되었지만, 하나님께서는 극동방송을 통해 전파로 방송 사역을 통해 북한과 중국과 러시아 연해주 북방지역에 복음을 전하도록 인도하셨다. 뿐만 아니라 지금까지 사역 현장에서 겪었던 일들 중에 가장 기억에 남는 사역을 원고화 하여 극동방송에 제공하였고, 그것을 제작진들은 다큐드라마로 제작하여 4편이 방송되었다. 또한 작년과 금년에는 단행본으로 『오래된 소원』(홍성사)과 극동방송의 인터뷰 방송 "통일을 앞당겨 주소서"를 정리하여 『통일을 앞당겨 주소서』(예영커뮤니케이션, 15인 공저)를 출간한 바 있다.

필자는 세 번째 저서를 출간하기 위해 북한 선교 현장의 이야기들과 저들의 감동적인 간증과 국내 매체들에서 소개되었던 북한 관련 자료들을 수집하여 작년에 원고를 만들어 예영커뮤니케이션에 출판을 의뢰하게 되었다. 감사하게도 "예영커뮤니케이션"의 원성삼 대표께서 출판을 결정해 주심으로 인해 약 20여 년 동안의 생생한 북한 선교 이야기를 독자들과 함께 공유할 수 있게 되었다.

간절히 소망하기로는 이 책이 불원간에 이루어질 남과 북의 통일과 지하 성도들의 신앙에 대한 바른 이해를 증진하는 데 조금이나마 보탬이 되고, 나아가서 북한 성도들을 향한 관심과 이들을 위한 새로운 중보기도의 제목이 되기를 바라마지 않는다.

강석진 선교사

사진으로 보는
북녘, 남은 자들의 외침

국경 지대 산중에서 성경 학습을 받는 북한 성도

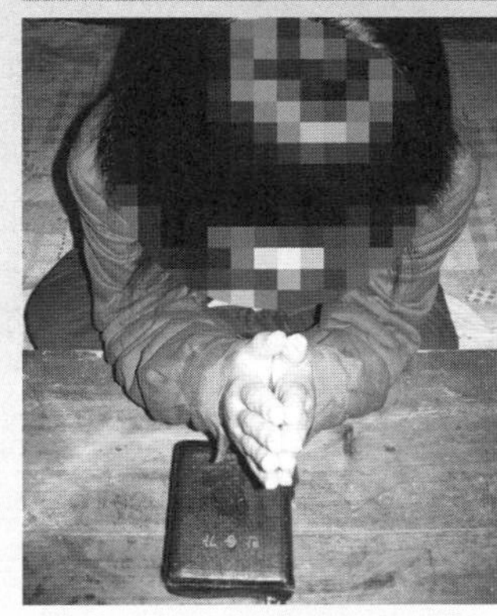

기도하는 북한 소녀의 손

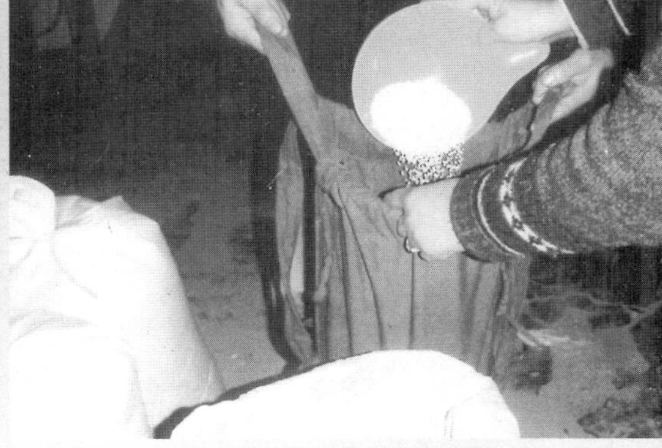

두만강을 도강한 성도에게 쌀을 제공하는 모습

극동방송을 청취하는 북한 성도

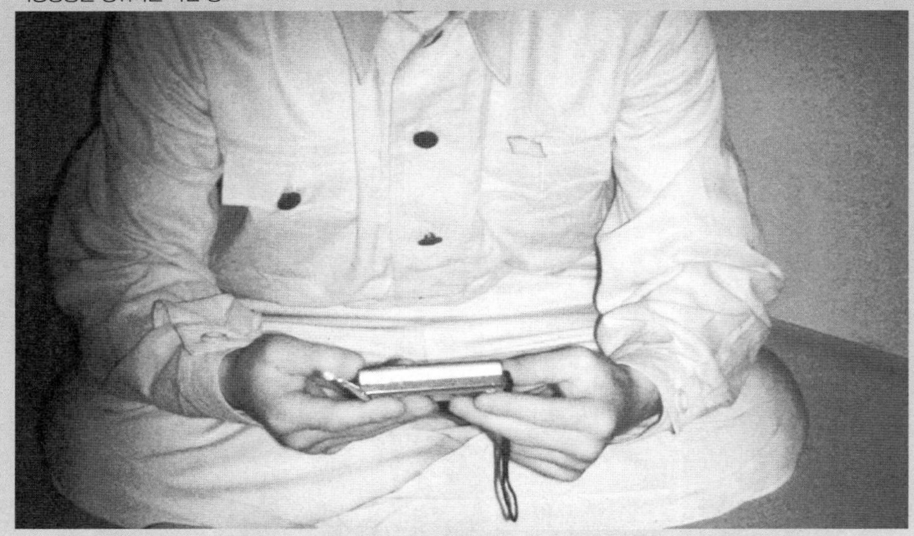

지하 성도의 십자수

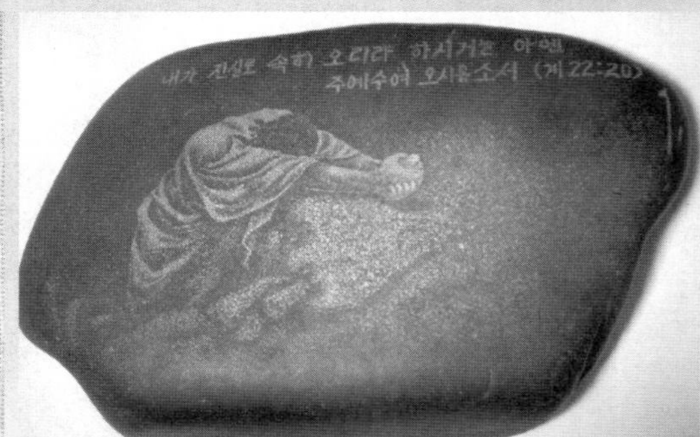

돌에 새긴 지하 성도의 소망

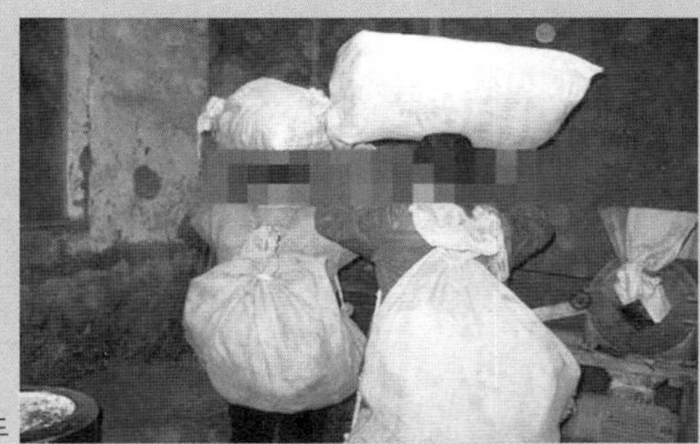

양식과 생필품을 지원받고 돌아가는 지하 성도

반세기 이상을 사용한 찬송가

십자가를 만드는 북한 지하 성도

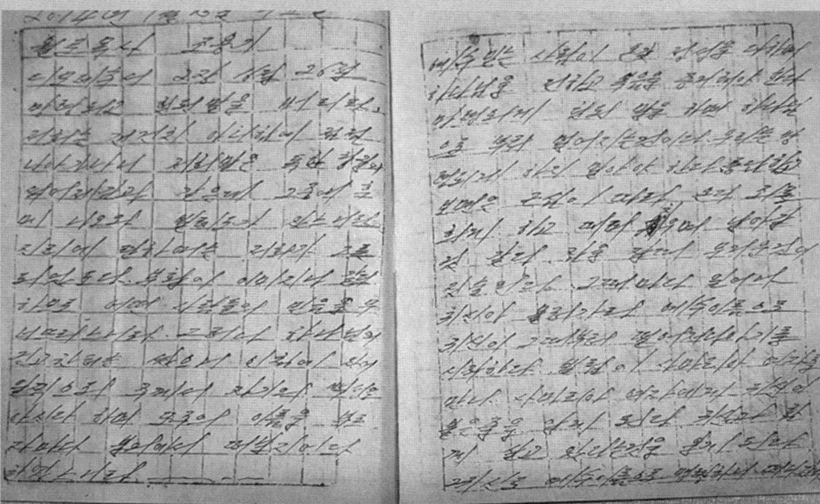

극동방송을 청취하는 지하 성도의 경건 일기장 일부

안녕하십니까.

저는 ... 학년 ...

저는 선생님들이 보내준 돈으로 인민학교를 잘 마치고
우등생으로 중학교 1학년에 다니고 있습니다
선생님 또 ...께서 인민폐 400원을 가지고
우리집에 오셔서 정말 감사합니다 하나님의
자녀는 응당 축복받을수밖에 없다하신 ...의
말씀이 떠오르군 합니다 앞으로 학습을 더욱잘하여
하나님은혜에 보답하겠습니다
저의 동생도 학습을 잘하고 있습니다
선생님 이 400원이면 금년에는 근심걱정없이
학교에 다닐수 있습니다
앞으로 저를 도와주시는 선생님들의 기대에
어긋나지 않게 노력을 다하겠습니다

주체 94년 ...

장학금의 도움을 받은 지하 성도 자녀의 감사 편지

존경하는 목사님앞

그간 안녕하십니까? 선생님께서 보내주신 비료와 종자를 반갑게 받았습니다.

[illegible]

식량 종자와 비료 지원을 받은 성도의 감사 편지

존경하는 강석진선생님께 올립니다

선생님의 헌신적인 도움에 우리 모두 진정 감사하며 깊이 머리숙여 감사의 인사를 올립니다.

이곳의 모든 교원들은 선생님께서 지원하신 량식을 받고 너무도 감사하고 감격해 합니다.

36명의 교원들 선생님이 지원하신 량식 7t을 (강냉이 3t, 밀 2t, 보리 2t) 분배했는데 일인당 190kg 정도씩 나누어 분배했습니다.

지난해는 국가에서 배급하던 감자배급도 분배받지 못하여 올해 교원들의 고생이 이만저만이 아니겠다고 생각했는데 "하나님이 우리를 위하여 선생님을 통해 7t이라는 많은 량식을 지원해 주셨으니 이 은덕을 어떻게 말로다 표현할지 참으로 고맙습니다.

선생님의 지원에 열심히 '하나님'을 전하는 것으로 보답하겠습니다.

우리 교직원 모두는 현재 열심히 '하나님'을

양식을 지원받는 선생님의 감사 편지

존경하는 강 목사님께 올립니다.

[illegible]를 통하여 저의 남편인 [illegible]가 살아계실때 목사님과 연계를 가지고 사업을 해 오셨다는 소식을 듣고 너무도 감격했습니다.

[illegible]가 남조선에 계시는 분들과 손을 잡고 이 나라의 평화를 위하여 일하셨다니 저의 남편이여서가 아니라 하나님안에서의 동지로써 [illegible]가 얼마나 장한지 모르겠습니다.

지금 한창 이 나라의 평화를 위하여 힘껏 일해야 할 나이에 먼저 간 [illegible]를 생각하면 그의 생애가 너무도 짧아 아쉬움은 많지만 그래도 살아계실때 하나님 나라가 이 땅에 임하기를 소원하여 목사님과 같으신 분들과 사업을 해오셨다니 난 저의 남편의 생애가 하나님앞에 부끄러움이 없다고 생각 합니다.

지금 생각하면 명강 저역끼니를 외출 량식마저 동지들을 위한다고 퍼주고 나가 집의 아이들을 저녁 굶길때 정말 정호동지가 원망스럽기도 했는데 지금 생각하면 내가 그때 [illegible]를 왜 원망을 했는지 부끄러워 견딜수가 없습니다

나이 40세에 길지 않은 생애를 산 [illegible]에게 하나님앞에 한 점의 부끄러움도 없이 살려한 정호동지의 마음을 몰라주고 너무도 섭하게 굴지 않았는가를 생각하면 가슴이 너무도 아픕니다.

순교한 남편의 아내가 보낸 감사 편지

2004년 용천 주민 양식 지원

강석진 목사님께 올립니다.

보내주신 의복과 약품을 잘받았습니다. 너무도 고맙습니다.

이 약품과 의복들을 통하여 조선의 성원들 하나님의 사랑을 다시한번 깨달았습니다. 열심을 다해서 하나님을 받들어 보실 결심들입니다.

지금 조선은 극심한 정치적혼란으로 모든면에서 완전히 파괴상태에 직면했습니다. 특히 사람들의 정신상태는 당에 대한 악감으로 불만 당기면 금시 폭동에로 올려갈 긴박한 상황입니다. 이러한 상황에서 우리가 할

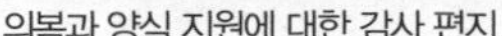
의복과 양식 지원에 대한 감사 편지

이번에도 보내신 옷가지를 보내주어서 우리 고아들 잘입고 아이들도 옷이 질좋고 예뻐 너무좋아합니다 얼마나 [illegible] 모르겠습니다. 어떤 옷은 [illegible] 바꿔가면서 매대를 유지하고 아이들 이끌고 나가고 있습니다. 우리아이들 [illegible] 우리아이들 어릴때부터 같이 살다보니 한사람처럼 똘똘뭉치고 한생명처럼 여기고 있으며 신앙생활도 잘합니다 저녁(주일)밤에는 방에 불을 끄고 조용히 은밀히 예배드리고 있습니다. 아이들이 머리좋기도 좋고 기억력도 좋아 성경책을 [illegible] 암기하다싶이합니다. 우리 고아들중 남자아이 하나가 정말신앙이좋고 머리가 비상하고 라지오에서 들려오는 목사님설교(강목사님)(우) 극동방송 설교 그리고 다른 목사님 설교 찬송가 복음성가도 참잘알고 아주 말씀 전달이 정말 탁복합니다 옛날

극동방송을 청취하고 있다는 내용의 편지

나는 압록강을 건너려 합네다

_강석진

그러나 하나님은 결코 평양을 버리지 않을 것이며
북녘 동포들은 반드시 하나님의 뜻에 따라 구원받게 될 것입니다.
어려운 환경과 조건에서도 더욱더 복음을 갈망하던 우리들은
여러 경로를 통하여 복음의 불씨를 받아 전하려고 합니다.
평양은 세계 선교의 마지막 리정표가 되며,
아울러 세계 선교의 중심적 역할을 감당하고 수행할 수 있는
커다란 잠재적 가능성을 지니고 있습니다.

1998년 1월 초, 강추위가 기승을 부리는 늦은 어느 밤에 나는 압록강변의 작은 아파트에서 잠들어 있었다. "쾅", "쾅" 하고 문을 두드리는 소리에 잠이 깨어 긴장된 마음으로 현관문 앞으로 다가가서 물었다.

"누구세요?"

"목사님, 저 김 집사에요. 갑작스러운 일이 생겨 목사님께 왔어요. 문 좀 열어 주세요."

왠지 그녀의 말에 불안한 느낌이 들었다. 북한 선교를 오랫동안 해오면서 마치 간첩이 늘 숨어서 암약하듯 은밀하게 사역해 왔기에 밤에도 늘 긴장하며 깊은 잠을 이루지 못했다. 내가 숙식하고 있는 집도 내 집이 아닌 조선족 집사의 집을 일시적으로 빌려 사용하고 있던 중이었다. 중국에서는 외국인이 민가에 머무를 경우 관할 파출소에 신고해야 하고 무슨 목적으로 왔으며 무슨 일을 하고 있는지를 신고해야 했지만, 나는 신분이 노출될 것이 두려워서 은밀히 활동하고 다녔다. 그래서인지 밤중에 계단에 발자국 소리만 크게 들려도 늘 불안한 마음이 들었다.

현관문을 열어 주자 놀랍게도 그 집사 뒤에 키가 큰 청년이 서 있었다. 한 집사는 다급하게 "목사님, 급한 일로 이 청년을 데리고 왔는데 일단 들어가서 말씀을 드릴게요."라며 그 청년을 데리고 방으로 들어왔다. 그는 한눈에 보아도 북한 사람이었다. 깡마른 체구와 새까만 피부며 누추한 옷차림을 하고 있었기에 그가 누구냐고 물어볼 필요도 없었다.

김 집사는 나에게 이 청년을 이 밤에 갑자기 데리고 온 자초지종을 말했다. 그는 한 달 전에 신의주에서 밀수하는 배를 타고 중국에 왔지만, 일정상 계획이 어그러져 바로 신의주로 돌아갈 수 없는 처지가 된 것이었다. 그녀는 나에게 그 청년에 대해 상세히 설명해 주었다.

"강 목사님, 이 청년은 믿음이 아주 좋고 성경도 많이 알고 있어요. 이 청년을 목사님께서 맡아서 잘 양육하시면 앞으로 크게 쓰임 받을 일꾼이 될 거예요."라며 칭찬을 덧붙였다. 내가 보기에도 평범한 청년 같지 않았다. 김 집사는 나에게 오늘 밤에는 그를 이 근방의 여관에 묵게 하고 내일 아침에 다시 데려오겠다고 하면서 얼굴만 보여 주고는 데리고 나갔다.

나는 그 청년을 어떻게 장기간 데리고 있으면서 제자 양육을 해야 할지 고민해 보았다. 그동안 북한에서 친지를 방문하기 위해 오는 북한 사람들을 한두 달 성경을 가르치면서 전도와 양육은 해 왔으나, 기약 없이 장기간 함께 합숙하면서 양육한다는 것이 간단치 않았다. 특히 단동이라는 조그만 도시에서 불법으로 도강해 온 북한 사람과 함께 기거한다는 것은 서로에게 위험이 될 수 있었다.

결국 고민 끝에 내일 당장 조선족들이 많이 살고 있는 심양 "만융촌"

이라는 곳으로 데리고 가서 그곳에서 성경을 가르치며 데리고 있을 계획을 했다. 그곳에는 조선족 촌으로 비교적 안전했고 이전에도 탈북인들을 그곳에서 보호해 주며 양육했던 경험이 있었기에 그곳으로 데리고 갈 것을 계획했다.

아침이 되자 김 집사는 그 청년을 데리고 다시 나타났다. 나는 김 집사에게 심양으로 가는 열차표를 부탁했고 표를 구입하면 바로 떠나려고 했다. 그 사이에 나는 그 청년과 마주 앉아서 청년에 대한 상세한 이야기를 듣게 되었다.

그 청년은 신의주 출생으로 고사포 부대에서 10여 년간의 군복무를 마치고 신의주대학에서 공학을 공부한 엘리트였고, 그의 누님은 의사였다. 그의 가정은 지식 분자의 집안이었다. 그는 북한 김일성이 갑작스럽게 사망한 후에 전국적인 기근으로 주변에 많은 사람이 굶주려 죽는 모습과 자신만 바라보고 있는 부모와 형제들을 먹여 살려야겠다는 생각에 자신이 일하는 공장에서 구리 금속을 수집했다. 그것을 중국 밀수꾼들에게 팔면 돈을 많이 받을 수 있다는 것을 알고 그 밀수꾼들과 접선하여 모아 둔 구리를 그들에게 팔고 양식을 사서 가족들을 부양했다. 그 당시 대부분의 노동자들은 공장에서 식량 배급을 받지 못하여 공장의 기계 부속이나 설비를 뜯어 중국에 헐값에 팔아 연명했다. 그 청년도 부모를 비롯한 가족들을 살리기 위해 공장에서 값나가는 구리를 수집하여 밀수꾼들에게 팔아 그 돈으로 장마당에서 양식을 구입하여 가족들을 부양했다. 그러한 일이 반복되면서 중국의 밀수꾼들과도 연계되었고 그들과 친숙해졌다. 그는 중국어를 간단히 할 줄 알았기에 그들과 의사소통도 할 수 있었다.

그는 강 건너 중국 단동에 한번 가 보고 싶은 호기심이 생기면서 그 밀수꾼들에게 자신을 중국에 데려다 줄 것을 부탁하여 그들과 함께 밀수선을 타고 압록강을 도강하여 온 것이다. 그런데 기이하게도 그 밀수꾼들은 이 청년이 안전하게 기거할 수 있는 곳을 안내해 준 장소가 압록강과 가까운 조선족 마을의 처소 교회였던 것이다. 그곳이 그 청년에게는 매우 안전한 피신처가 되었다. 그는 그 교회의 성도들에게 극진한 보호를 받았고 그들과 함께 예배도 드리며 그 교회에 있는 성경책과 관련 기독교 서적을 보면서 독학으로 성경 학습을 했다. 그뿐만 아니라 새벽 시간에는 한국의 극동방송을 들으면서 성경에 대해 체계적으로 익혀 나갔다.

그러나 시간이 지나면서 그 교회 집사들은 그 북한 청년을 더 이상 보호해 줄 수가 없었다. 동네 사람들 중에 몇몇 사람이 교회에 이상한 청년이 와 있다는 것을 알게 된 것이다. 만일 동네 사람들 중에 누가 공안 파출소에 그 청년을 신고하면 바로 북한으로 압송되어 갈 수도 있었고, 그 교회 역시 벌금으로 불이익을 받을 수도 있었던 것이다. 교회 교인들은 상의 끝에 단동 시내에 거주하고 있는 김 집사에게 전화로 이 청년을 부탁한 결과 단동으로 데려오라는 확답을 받고 김 집사에게 소개를 한 것이고 김 집사 역시 혼자 처리할 수 없는 사안이었기에 그 청년을 나에게 데리고 온 것이다.

나는 그 청년에게 어떻게 예수를 믿게 되었으며 기독교에 대해 알게 되었는지를 물어보았다. 그런데 놀랍게도 그 청년은 중국에 오기 전에 이미 성경을 보았고 기독교에 대해 알고 있었다.

"목사님, 저는 몇 년 전부터 조선에서 성경책을 보았습니다."

나는 그 말이 더 의아하여 다시 물었다.

"아니, 어떻게 성경을 북한에서 습득하여 볼 수 있나요?"

"목사님, 신의주에는 많은 중국 밀수품들이 주로 화교들에 의해 은밀하게 들어오고 있고 그 물품들이 전국적으로 퍼져 나가고 있습니다. 그런데 그 물품 가운데 성경책도 그들의 손을 통해 들어오고 있습니다. 밀수꾼들은 한국 선교사들에게 돈을 받고 성경을 북한에 밀반입하지만 때로는 그들이 성경을 바다에 버리기도 하고 강변에 일부러 떨어뜨리기도 합니다. 그러나 대부분 그런 성경들은 국경 경비대에 발견되어 회수되고 보위부에서는 압수된 성경을 태워 버립니다. 그런 과정에서 그들 중에 개인적으로 성경을 집에 갖다 놓고 몰래 보기도 하고 다시 이 사람, 저 사람 손을 통해 돌아가기도 합니다. 저는 친구를 통해 성경을 보게 되었는데 조선에는 당간부들 가운데서도 성경을 보는 사람들이 있다는 것을 친구를 통해 들었습니다. 친구들은 성경뿐만 아니라 그 외에 기독교 관련 서적도 갖고 있습니다. 이런 기독교 서적들이 친구들을 통해 평양에도 전해지고 있습니다."

그 청년의 고백은 가히 충격적인 내용이었다. 왜냐하면 북한에는 이미 이러한 청년층과 간부급도 성경을 스스로 보고 있으며 외부 선교사들에 의한 것이 아닌 북한 주민들에 의해 자체적으로 기독교가 전파되고 스스로 진리의 도를 배워 나가고 있다는 사실이 정말 놀라웠기 때문이다.

이는 한국교회사에서 120여 년 전에도 외국 선교사들이 한반도에 들어오기 전에 이미 자생적인 기독교인이 있었던 사실과도 너무 흡사했다. 1882년 만주의 심양(옛 봉천) "동관문교회(東關門敎會)"에서 스코틀랜드 출신의 존 로스(John Ross) 목사가 조선인 의주 출신 청년 5명을 그곳에서 기독교인으로 전도 양육하여 그들과 함께 최초의 조선어 성경, 일명 "쪽복음서"를 번역 출간했다. 존 로스는 그들에게 조선으로 돌아가 너희 민족에게 복음을 전하라고 하며, 그의 제자 중 이성하 청년을 먼저 선발하여 그 조선어 쪽복음 성경을 주어, 그는 이를 등에 짊어지고 지금의 "단동 구련성" 압록강가에 당도했다. 그 당시 성경이 금서였기에 그 청년은 그 성경을 안전하게 지니고 도강하기 위해 강변 주막집에 내려놓고 정탐하고 돌아왔는데, 그 주막집 주인이 그 짐 보따리를 수상하게 여겨 풀어보자 금서인 성경인 것을 알고 겁이 난 그는 관가에 발각될 것을 두려워하여 성경의 일부를 불태워 버리고 일부는 압록강에 던져 버렸던 것이다. 이에 낙심되고 좌절감에 사로잡힌 이성하는 다시 심양으로 돌아가 자신을 파송한 존 로스 목사에게 이에 대한 자초지종을 설명하자 존 로스 목사는 이와 같이 말했다.

성경이 던져진 압록강물은 조선인들에게 구원의 생수가 될 것이요, 성경이 타다가 남은 재는 조선 교회가 자라나는 데 밑거름이 될 것이다.

그리고 제2차로 다시 백홍준 청년이 그 성경을 등에 짊어지고 압록강을 건너서 자신의 고향 의주에 무사히 도강하여 자신의 친구들과 이웃에게 복음을 전하면서 자발적으로 조선에 최초의 복음의 씨앗이 심겨졌고 그 후 마침내 내지로 퍼져 나간 사례가 한국교회사에 기록되고 있다. 그 첫 열매로 그 후에 존 로스와 함께 성경을 번역한 서상륜이 다시 의주로 건너가 복음을 전했는데, 이 사실이 관가에 알려져 그는 동생 서경조를 데리고 1884년에 황해도 장연군 솔내읍으로 도피하여 그곳에서 그의 친지들과 함께 5명이 모여 예배를 드렸다. 그들이 이같이 예배를 드린 초가집이 최초의 한국 교회가 되었다.

한국 복음의 역사는 이같이 선교사들이 1885년 4월 5일에 들어오기 전에 이미 자국어 성경을 조선인들이 외국 선교사의 도움을 받아 번역 출간하고, 그들이 자국에 돌아와서 복음을 전하고 교회를 스스로 세운 역사이다. 그런데 지금은 공산화로 인해 금단의 땅인 황무한 북한에 120년이 지난 지금에도 복음이 이같이 전해지고 자생적으로 전파되고 있다는 사실이 정말 놀라웠다.

이처럼 하나님께서는 우리 인간이 생각할 수 없는 일들을 그 시대마다 택하신 믿음의 사람들을 통해 복음의 역사를 이루어 가시고 있다. 이 청년을 통해 분명히 확인된 것은 그 땅에 선교사들이 들어가지 못할지라도 그곳에는 복음이 민들레 홀씨처럼 날아가서 그 땅에 뿌리를 내리고 자라고 있다는 사실이다. 언젠가 한국 교회는 이러한 놀라운 사실들을 통일 이후에 확인할 수 있게 될 것이다. 나 자신도 그 청년과의 대화를 통해 북한 땅을 향하신 복음의 역사를 이미 기독교인이 되어 있는 그 청년에게 직접 확인할 수 있게 되었다는 것이 그저 놀라울 뿐이다.

몇 시간 후에 열차표를 사러 갔던 김 집사가 돌아왔다. 나에게 두 장의 기차표를 건네주었다. 나는 그 청년의 의연하고 일사각오의 신앙을 확인했기에 지체하지 않고 단동역으로 향했다. 청년에게 몇 가지 주의 사항을 주었다. 그는 여권과 신분증이 없었기에 기차 내에서 철도 공안원이 신분증을 요구하면 탈북자로 밝혀질 수밖에 없었다. 그래서 기차 안에서 아무 말도 하지 말 것과 내가 내리는 기차역에서 나와 거리를 두고 따라올 것 등을 이야기해 주었다. 그곳까지는 약 4시간 이상을 가야 했으므로 나도 내내 긴장했다.

마침내 목적지에 무사히 당도하여 내가 수시로 사용하는 심양 근교의 만융촌의 숙소로 갔다. 나는 그에게 앞으로 이곳에서 숙식을 같이 하면서 지내게 될 것을 알려 주고 그 청년을 안심시켰다. 그 당시에 탈북자들이 주로 조선족들이 사는 이 지역에 숨어 있기에 중국 공안에 발각되지 않도록 여기에서도 늘 긴장해야 했고 조심해야 했다. 탈북자들은 도피자요 수배범에 해당되기 때문에 어쩔 수 없이 이러한 현실을 감내해야 했다. 청년은 중국인 마을에 가면 더 위험했다. 분명한 현실은 탈북인들은 어디에도 안전한 곳이 없다는 것이다.

청년과의 성경 학습은 그렇게 해서 시작되었다. 그는 공과대학에서 공부한 교육 수준이 있었기에 성경에 대한 이해력이 매우 높았다. 그뿐만 아니라 지금의 북한이 기아에 허덕이는 현실에 대해서도 예리하게 분석하고 비판했다. 또 청년은 절친한 믿음의 동지들이 신의주와 평양에 있기 때문에 장차 북한이 신앙의 자유를 누리게 될 때에는 선교하는 데 큰 역할을 담당할 수 있겠다는 생각을 했다.

그런데 며칠 후에 그 청년의 마음이 돌변했다.

"목사님, 며칠 동안 제가 곰곰이 고민해 보았습니다. 제 가족들과 친구들이 어려운 상황 가운데 있는데, 저만 이같이 편안하게 성경 공부만 하고 있다는 사실이 저에게는 별 의미가 없는 것 같습니다. 저는 그동안 많은 기독교 책과 성경도 보았습니다. 저만 이같이 혼자 아는 것보다 그동안 제가 수집한 다양한 신학 책과 성경책을 친구들에게 나누어 주어 함께 봐야겠습니다. 제 친구들도 모두 대학을 필업해서 잘 이해할 수 있는 수준입니다. 목사님, 저는 오늘이라도 당장 압록강을 건너가갔습네다."

나는 그의 말에 몹시 당황했다. 그 청년의 표정은 너무도 단호했고 이미 결단을 굳힌 상태였기에 더 이상 그 친구를 설득할 필요가 없었다. 나는 그에게 북한으로 돌아가기 전에 마지막으로 예배를 함께 드리고 떠나라면서 둘이서 마지막 고별 예배와 파송 예배를 드리게 되었다. 그와 함께 읽은 성경 본문은 여호수아 1장 2-8절까지 말씀이었다.

> 내 종 모세가 죽었으니 이제 너는 이 모든 백성과 더불어 일어나 이 요단을 건너 내가 그들 곧 이스라엘 자손에게 주는 그 땅으로 가라 내가 모세에게 말한 바와 같이 너희 발바닥으로 밟는 곳은 모두 내가 너희에게 주었노니 곧 광야와 이 레바논에서부터 큰 강 곧 유브라데 강까지 헷 족속의 온 땅과 또 해 지는 쪽 대해까지 너희의 영토가 되리라 네 평생에 너를 능히 대적할 자가 없으리니 내가 모세와 함께 있었던 것 같이 너와 함께 있을 것임이니라 내가 너를 떠나지 아니하며 버리지 아니하리니 강하고 담대하라 너는 내가 그들의 조상에게 맹세하여 그들에게 주리라 한 땅을 이 백성에게 차지하게 하리라 오직 강하고 극히 담대하여 나의 종 모세가 네게 명령한 그 율법을 다 지켜 행하고 우로나 좌로나 치우치지 말라 그리하면 어디로 가든지 형통하리니 이 율법책을 네 입에서 떠나지 말게 하며 주야로 그것을 묵상하여 그 안에 기록된 대로 다 지켜 행하라 그리하면 네 길이 평탄하게 될 것이며 네가 형통하리라.

그 청년은 자신이 읽는 구절들이 은혜가 되었는지 두 번씩 힘 있게 읽었다. 그 목소리와 표정에는 비장한 각오가 담겨 있었다. 나는 그가 위험을 무릎 쓰고 압록강을 넘어온 것도 대단한 일이지만 문제는 다시 건너

간다는 것은 더욱 위험할 수 있었다. 그가 도강하기 위해서는 다시 밀수배를 수소문해서 가야 했고, 북한 연안으로 은밀하게 접근하는 것은 북한 경비대의 삼엄한 경비를 뚫고 가야 했기 때문에 그로서는 목숨을 건 행위였다. 은밀하게 도강하다가 발각되어 북한 경비대에게 잡히거나, 최악의 경우에는 군인들이 쏘는 총에 맞아 죽을 수도 있기 때문이다. 종종 밀수꾼들과 북한 군인들 간에 충돌로 불상사가 있었기 때문에 걱정되었다. 나는 그에게 다시 한 번 생각해 볼 것을 권했다.

"김 형제! 강을 건너다가 만일 군대들이 쏜 총에 맞아 죽으면 어떻게 하려고 하나?"

"목사님! 믿음에는 만일이라는 것이 있을 수 없습니다. 하나님께서 저를 지켜 주실 것입니다. 무사히 도강할 수 있도록 합심 기도를 부탁드립니다. 저는 당장 죽더라도 여한이 없습니다. 왜냐하면 저는 진리를 찾았기 때문입니다."

나는 그의 신앙고백이 너무도 비장했기에 다시 그에게 물었다.

"김 형제가 찾았다는 진리는 무엇인가?"

그는 주저 없이 대답했다.

"예수 그리스도는 생명이요, 길입니다."

나는 그의 그런 확신에 찬 성경적인 믿음에 더 이상 그를 가로 막을 수가 없었다. 그 청년은 갑자기 자신의 부탁을 들어달라고 했다.

"목사님이 입고 계신 남조선제 바지를 저도 입어 보고 싶습니다. 저에게 주실 수 있나요? 또 한 가지는 저는 지금까지 시계를 한 번도 차 본 적이 없는데 시계 하나 사 주시면 좋겠습니다. 마지막으로 한 가지 더 갖고 싶은 것은 제가 조선에 돌아가서도 남조선의 극동방송을 들을 수 있게 라디오 한 대를 부탁드리겠습니다."

그가 한 부탁은 다행히 내가 다 들어줄 수 있는 것이었다. 이제 그가 건너가면 다시는 만날 수 없을 것이다. 반듯한 신앙을 지닌 북한 청년을 떠나보낸다는 것이 너무도 아쉽고 서글펐다. 나는 그에게 한 가지 부탁을 했다.

"김 형제님, 북한으로 돌아가기 전에 한국 교회의 성도들에게 하고 싶은 말이 있으면 한 장 써 놓고 가세요."

그러자 그는 종이와 볼펜을 달라고 했다. 그는 그 자리에서 조금도 망설임 없이 써 내려갔다.

저는 신의주 청년입니다. 저는 견딜 수 없는 초고압적인 파쇼 통치와 공포의 흑암을 박차고 중국 땅에 와서 그렇게도 애타게 갈망하던 진리의 길, 영생의 길에 들어설 수 있는 행운을 지니게 되었습니다. 하나님의 말씀과 예수님의 십자가 보혈로 구원을 받고 예수님의 한없는 사랑을 여러 형제님들을 통해 가슴 뜨겁게 느끼게 되었으며 새 생명으로 태어났습니다.

지금 평양은 사탄들의 활동 무대로 변하여 복음을 받을 자리를 잃었으며 그로 말미암아 전쟁보다 더 무서운 불행과 고통을 백성들에게 강요하고 있습니다. 그러나 하나님은 결코 평양을 버리지 않으실 것이며 북녘 동포들은 반드시 하나님의 뜻을 따라 구원받게 될 것입니다. 어려운 환경과 조건에서도 더욱더 복음을 갈망하던 우리들은 여러 경로를 통하여 복음의 불씨를 받아 안고 전하려 합니다. 평양은 세계 선교의 마지막 리정표가 될 것이며, 아울러 세계 선교의 중심적 역할을 감당하고 수행할 수 있는 커다란 잠재적 가능성을 지니고 있습니다. 나는 분명히 나의 꿈을 만드신 예수 그리스도께서 내가 성공할 수 있게 해 주실 것과 하나님의 도움을 통해 반드시 불가능이 가능으로 변화된다는 것을 확신합니다. 평양에서 지은 노래를 불러 드리겠습니다.

사나이 이 세상에 한 번 태어나
나 하나의 안락만 찾다가 말랴
그 누가 이 나라를 구원해 주랴
일어나자 대장부야 목숨을 걸고
감옥도 죽음도 두렵지 말자
예수와 더불어 영생하리라.

우리는 이런 신념의 노래를 부르며 사선을 넘을 것입니다. 세계 진보적 인류의 마음을 담아 예수 그리스도께 영광과 찬송을 드립니다. 평양 찬송가입니다.

〈정말 뵙고 싶었습니다〉

1. 복 있는 이 세상 복 받은 나는 예수님을 뵈었습니다.

거치른 이 세상 죄 많은 나는 예수님을 뵈었습니다.

꿈에서 뵈었다고 생각 마세요. 정말 뵙고 울었습니다.

너무 기뻐 목이 메어 울었습니다.

2. 골고다 언덕에 높이 계시는 예수님을 뵈었습니다.

보혈로 구원된 내 마음 속에서 예수님을 뵈었습니다.

하나님 모습으로 우리 예수님 온 세상을 부르십니다.

주 예수님 모습으로 찾으십니다.

3. 하나님 우편에 앉아 계시는 예수님을 뵈었습니다.

즐거운 이 마음 그 어디서나 예수님을 뵈었습니다.

그 무엇보다 다 주시는 우리 예수님

그 무엇도 받으십니다.

너무 좋아 그 품에 안겼습니다.

〈성령님 내려요〉

성령님 내려요. 어제도 오늘도 성령님 내려요.

축복의 성령님

하나님 예수님을 높이 모실 성령님 오셔

이 가슴 언제나 이 심장 언제나

예수님 살려요.

한국의 성도 여러분, 전 인류가 예수님을 믿도록 하기 위한 성스러운 길에서 서로 어깨를 겪고 나갑시다. 북녘 동포들의 구원을 위해 합심 기도를 부탁드립니다.

우리 그리스도인들은 영생의 언덕에서 영원한 상봉을 이룰 것입니다.

감사합니다.

이 청년의 이런 신앙고백을 보건대, 그는 이미 북한의 복음화를 위해 준비된 사역자였다. 이런 믿음의 청년이 북한 내에 얼마나 있을지 알 수 없으나, 하나님은 북한 곳곳에 새로운 믿음의 세대들을 준비해 놓으셨을 것이다. 이 믿음의 청년은 북한이 공산화되기 전에 있었던 믿음의 1세대들의 바통을 이어받은 다음 세대를 이어 가는 새로운 새싹 같은 세대이다. 이 글을 받아 본 나는 그 내용이 북한 지하 성도들의 신앙의 진면목을 보는 것 같아 그 내용을 낭독하여 달라고 하면서 카세트에 녹음했다.

그가 부른 노래는 북한의 지하 성도들이 대중적으로 부르는 북한 노래 가사에 성경적인 용어와 내용을 대체 삽입하여 부르는 북한판 찬송가요, 복음성가를 자체적으로 개작하여 찬양한 것이다. 처음의 노래는 마치 군가 같은 곡조이고 나머지 두 곡은 동요로서 김일성 수령을 찬양하는 가사에 예수님, 성령님, 하나님 단어로 대체하여 부르는 노래였다.

그 청년의 고백 가운데 가장 놀랄 만한 내용은 장차 평양을 중심으로 다시 세계 선교의 깃발을 올리고 세계 선교의 웅대한 비전을 품고 있다는 것이다. 북한의 지하 성도들은 로마의 초대교회가 약 300여 년에 걸쳐 황제들의 핍박과 환난 속에서도 카타콤의 지하 교회에서 로마의 복음화와 열방 선교의 꿈을 갖고 모든 박해를 견디고 오히려 자신들의 신앙을 순결하게 하여 정금 같은 신앙으로 승화시켰던 것처럼 이 시대에 북한 성도들이 바로 그런 신앙을 갖고 하나님의 때를 기다리고 있는 것이다.

그 청년은 떠날 준비를 하며 가방을 챙겼다. 그는 나에게 갑자기 쪽지를 하나 전해 주었다.

"목사님, 만일 연락할 일이 있으면 제 주소지나 누님의 주소지로 연락 주세요."

그 가방 속에는 수십 권의 기독교 서적들이 들어 있었다. 그는 가방을 싸면서 이렇게 말했다.

"저는 이 책을 동무들에게 전해서 모두 읽게 할 것입니다."

북한에서는 어느 누구도 성경에 대해 가르쳐 주지 않을지라도 이 같은 서적을 통해 저들은 스스로 성경을 터득해 나갈 것이다. 북한은 금단의 땅이므로 선교사가 들어가지 못할지라도 하나님께서는 이 같은 방법으로 저 어둠의 땅에 진리의 말씀이 전파되도록 역사하고 있는 것이다.

나는 그 청년을 기차역까지 배웅하러 가기 위해 택시를 불러 함께 타고 심양 남역에 가서 기차표와 그가 갖고 싶다고 한 카세트 라디오와 시계도 사 주었다. 그가 기차를 기다리는 동안 나의 마음은 착잡하기 그지없었다. 개표가 시작되자 그는 줄서서 들어가면서 몇 번을 뒤돌아보았다. 나 또한 그 청년의 시선을 놓지 않았다.

며칠 후 단동에 있는 김 집사에게 전화가 왔다. 그 청년이 다시 신의주로 돌아간다고 하여 그가 처음에 압록강을 건너와서 처음 묵었던 그 교회로 데려다 주고 거기서 밀수 배를 수소문하여 주도록 부탁했다고 했다. 나는 그 후 그 청년이 안전하게 도강하여 무사히 집에 도착하기를 늘 기도했다. 그가 신의주에 무사히 당도하고 아무 일 없이 잘 지내고 있는지는 궁금했지만 확인할 방법이 없었다.

그 청년이 신의주로 건너간 지 거의 1년이 다 된 후, 단동의 김 집사가 어느 날 갑자기 날 찾아와서 신의주에 있는 친지를 방문하러 한 달 동안 갔다 오겠다고 했다. 그녀의 갑작스러운 말에 나는 신의주 청년이 나에게 전해 준 주소를 김 집사에게 주면서 신의주에 가면 반드시 이 주소로 찾아가서 그 청년이 잘 지내고 있는지 꼭 만나 보라고 했다.

나는 김 집사가 중국 신의주로 간 후 그 청년의 안부가 더 궁금해져서 더욱 기도했다. 한 달이 채 안 되었는데 그녀에게 전화가 왔다. 북한의 친지 방문을 마치고 어제 단동으로 돌아왔다는 것이었다. 김 집사는 나에게 내일 아침에 자기 집에서 만나자고 했다. 그 다음 날 초조한 마음을 숨기지 못한 채 그녀의 집으로 갔다. 그런데 그의 표정이 왠지 어두웠다. 나는 다짜고짜 그 청년의 안부를 물었다.

"김 집사님! 그 청년 잘 있던가요? 만나 보셨나요?"

김 집사는 침울한 표정으로 그 청년에 대한 이야기를 찬찬히 들려주었다.

"목사님께서 제게 알려 주신 그 주소지를 찾아서 신의주에 있는 친척과 같이 가 보았는데, 그 집에 도착해서 문을 두드려도 아무 인척이 없고 문에 못질이 되어 있었어요. 왠지 불길한 생각이 들어서 그 옆집 문을 두드리자, 옆집 사람이 나오기에 이 집에 아무도 없냐고 물었더니, "그 사람들은 안 찾는 것이 좋을 겁니다."라며 더 이상 아무 대답도 안 하고 들어가 버렸어요. 그 순간 저는 무엇인가 심상치 않은 일이 그 청년과 집에 있다는 생각이 들어서 다음 날에 그에게 무슨 안 좋은 일이 생겼는지 확인하려고 그 청년의 누님 주소지를 찾아갔어요. 그 주소는 집이 아닌 병원이었어요. 그 누이는 의사였습니다. 그녀에게 그 동생의 이름을 대면서 그가 어떻게 되었냐고 물었더니, "나는 그런 사람 모릅니다."라고 부인하는 것이었어요. 그래서 나는 1년 전 이야기를 하면서 자초지종을 그에게 말하자, 그 누이는 눈물을 흘리면서 "우리 집안은 그 애 때문에 모두 망했습니다. 동생이 중국 갔다온지 몇 개월 후에 보위부로부터 조사를 받았고 얼마 안 되어서 모든 식구가 정치범 수용소로 한밤중에 끌려갔습니다. 나는 출가외인이라서 화를 면했지만 부모님과 나머지 동생들을 생각하면 너무도 가혹한 이 현실이 너무 원망스럽고 가슴이 아픕니다. 더 이상 동생에 대해서는 묻지 마세요."라고 하면서 자리를 떴어요. 제 생각으로는 중국에 몰래 불법 도강한 사실과 중국에 가서 기독교를 접한 일 또 신의주에 돌아가서 전도 활동을 한 일이 크게 문제가 된 것 같습니다. 그런 이유가 아니고서야 모든 식구가 정치범 수용소에 갈 리가 없습니다. 이제 저희가 할 수 있는 일은 기도밖에 없습니다. 그저 통일의 그날까지 살아 주기만 바라야지요."

말끝을 흐리면서 김 집사도 더 이상 그 청년의 이야기를 하려고 하지 않았다.

그의 온 가족이 정치범 수용소로 끌려갔다면 북한의 가혹한 실정법상으로는 그 청년이 어떻게 되었을지 쉽게 판단할 수 있었다. 북한의 정치범 수용소는 지구상에서 가장 잔혹한 죽음의 골짜기로 살아서도 죽어서도 나오지 못하는 형벌과 사망의 땅이다.

나 또한 맥이 풀리는 것이 '왜' 하나님께서는 죽으면 죽으리라는 일사각오의 신앙을 갖고 들어간 그 청년을 보호해 주시지 않고 그를 순교의 제물로 삼으셨을까 하는 하나님을 향한 원망과 의문을 품게 되었고 이런 가혹한 현실을 어떻게 신앙적으로 이해하고 수용해야 할지 갈피를 잡을 수 없었다. 북한 땅에는 아직도 순교의 피 흘림이 더 필요하기에 그 청년의 생명을 관제와 같이 부어 그 땅을 순교의 피로 적시는 것이 하나님의 뜻일까 하는 생각도 다시 해 보았다.

한국교회사에서 최초의 한국 기독교인으로 120년 전에 순교의 첫 제물이 된 사람이 그 청년과 같은 동향인 의주의 백홍준이었다. 1883년의주 출신 백홍준은 성경 봇짐을 지고 고향에 들어가서 의주를 비롯한 이북과 이남 지역과 만주 대륙을 다니면서 사도 바울처럼 복음을 전하다가 평안도 감사에게 체포되어 모진 고문을 받다가 1893년에 칼을 쓴 채 옥사했다. 그는 한국교회사에서 조선인으로서 최초의 장로였고 최초의 순교자였는데 왠지 그 청년을 떠올리니 생각이 났다. 그렇다면 저 흑암의 땅에 자유의 날이 오기 전까지는 아직도 더 부어져야 할 순교의 잔이 남아 있는 것이 아닌가 하는 생각도 들었다.

> 여호와께서 권능으로 내게 임재하시고 그의 영으로 나를 데리고 가서 골짜기 가운데 두셨는데 거기 뼈가 가득하더라 나를 그 뼈 사방으로 지나가게 하시기로 본즉 그 골짜기 지면에 뼈가 심히 많고 아주 말랐더라 그가 내게 이르시되 인자야 이 뼈들이 능히 살 수 있겠느냐 하시기로 내가 대답하되 주 여호와여 주께서 아시나이다(겔 37:1-3).

깡패 출신 전도자의 회심과 순교

_강석진

하나님 아버지!

강을 건널 때에 천사들을 붙여 주시어

안전하게 하여 주옵시고

다시 돌아올 때는

성경을 무더기로 가져올 수 있게 도와주시라요!

들어가는 말

한국 교회 초기 역사에 깡패 출신으로 유명한 목사가 몇 분 있었다. 이들 가운데 평양신학교 최초의 7인 목사 중 이기풍 목사가 있었다. 그는 평양 장터에서 많은 사람들을 괴롭히며 성격이 난폭한 청년으로 모든 사람에게 기피와 두려움의 대상이었다. 그는 심지어 평양 주재 외국인 선교사들에게도 돌팔매질을 했다. 특히 평양에 신학교를 세운 사무엘 마펫 선교사와 그레함 리 선교사를 몹시 괴롭혔다. 마펫 선교사는 이기풍에게 돌로 얼굴을 맞아 피를 흘리기까지 했다. 그는 거리에서 시장터에서 전도하는 선교사들을 핍박했으나, 그 후에는 전도되어 평양신학교의 1기 신입생이 되었고, 1907년 9월에 목사 안수를 받고 한국교회사에서 최초 선교사로 자원하여 제주도로 가서 그 땅에 교회를 최초로 세웠다. 그 후 그는 신사참배 강요에 무릎을 꿇지 않고 신앙의 정절을 지키다가 감옥에서 모진 고문을 당한 후 그 후유증으로 생명을 다하여 순교의 제물이 되었다.

두 번째 깡패 출신 목사는 김익두이다. 길선주 목사의 부흥집회를 통해 회개하고 개과천선하여 예수를 믿고 신학을 공부하여 제2의 길선주 목사라고 할 만큼 한국 교회의 부흥에 큰 역사를 이룬 위대한 전도자요, 부흥사였다. 그도 이북이 공산화된 후 공산주의자들에 의해 총살당하여 순교의 제물이 되었다. 그는 피신할 수도 있었지만 피신을 강청하는 성도들에게 "예수님은 이 땅에 죽으러 오셨는데, 나는 살기 위해 도망할 수 없다." 라며 새벽 예배를 드린 후 교회에 들이닥친 인민군에 의해 죽임을 당하여 순교의 제물이 되었다.

북한 땅에는 공산화가 된 지 70년이 지났지만 지금도 복음을 전하는 믿음의 사람들이 그 순교의 대열을 이어 가고 있다. 1994년에 김일성 수령이 갑작스럽게 사망하자 북한 경제가 붕괴되면서 식량난이 가중되어 굶주려 죽는 사람들이 도처에 생겼다. 사회 질서도 무너지면서 도적과 강도, 깡패들이 판을 치게 되었다. 특히 경제난이 가장 극심한 공업 지대인 함경도와 양강도 및 심지어는 평양까지 조직 폭력배들이 기승을 부리고 있었다. 그때 김정일의 지시에 의해 그러한 무리들을 소탕하라고 했으나 잠시 그때뿐이었고 끊임없이 독버섯처럼 피어나 많은 사람들을 괴롭혔다.

놀라운 사실은 이들 폭력배들 가운데 전도를 받고 후에는 충실한 복음의 사역자로 회심한 사람도 있다. 이 사람들 가운데 한 사람을 소개하고자 한다. 그는 나중에는 목숨을 내걸고 중국을 왕래하면서 성경을 운반하며 북한 지하 교회의 부흥을 위해 헌신하다가 종국에는 북한 보위부에 체포되어 순교한 깡패 출신의 순교자이다.

사울 같은 청년 김철신

함흥 출신의 26살 된 청년 김철신(가명)은 본래 성품이 매우 양순했다. 그에게는 교제하는 애인이 있었다. 어느 날 밤 애인과 함께 데이트를 마치고 집으로 오는 길에 골목 깡패들을 만나 그만 그 애인이 성폭행당하는 모습을 눈앞에서 보게 되었다. 이 청년은 즉시 안전부에 가서 그 깡패들을 잡아 처벌해 줄 것을 간곡히 요구했으나, 그들은 오히려 그 청년을 조롱하며 참기 힘든 모욕까지 주었다.

"야, 이 멍청한 XX야! 네 눈깔을 빤히 뜨고 있으면서 보고만 있었냐. 이 머저리 같은 놈아! 다른 데나 가 봐라."

이 당시 이미 안전부는 인민들의 안위와 질서를 위해 보호해 주는 역할을 하는 것이 아니라 그 깡패들과 같이 한 패가 되어 인민들을 압제하며 착취하는 증오의 대상들이었다.

김철신은 그날로부터 애인의 인생을 망쳐 놓은 깡패들과 자신에게 참을 수 없는 모욕과 수치심을 준 안전원(경찰)에게 기어이 복수하겠다고 다짐하며 격투술을 스스로 연마하기 시작했다. 그 사실이 안전부에 알려지자 안전부는 김철신에게 으름장을 놓았으나 이미 독한 마음을 품은 그를 돌려 세울 수가 없었다. 그는 싸움에서 어느 정도 자신이 생기자 깡패들에게 복수를 시작했다. 악에 바친 김철신은 그들을 찾아내어 무자비한 방법으로 폭행하고 남자 구실을 못하게 만들어 놓았다.

김철신은 지난날 자신에게 수치스러운 모욕을 주었던 안전원들에게도 폭행을 가하여 복수했다. 안전부에서는 이를 알고 철신을 체포하여 잡아들였다. 그는 결국 안전원을 폭행한 혐의로 재판을 받아 5년의 형을 받고 모진 감옥 생활까지 하게 되었다. 그는 감옥에서도 자신을 가두어 버린 사람들과 나머지 깡패들에 대한 복수의 칼을 더욱 갈았다. 그의 성격은 더욱 포악해졌다.

1999년 김철신은 5년의 형기를 마치고 세상에 나왔다. 그 시기는 북한에서 신처럼 떠받들었던 김일성 수령이 죽은 후라 사회적으로 더욱 혼탁해졌다. 감옥 생활을 통해 아예 직업 깡패가 되어 자신에게 거슬리는 사람들에게 복수하며 포악한 생활을 했다. 안전부도 그를 아예 포기한 상태였고 웬만한 사건들은 방관했다. 오히려 자신들의 신변 안전과 가족들의 안전을 생각하면서 득실거리는 깡패들을 건들지도 않았다. 실제로 깡패들이 자신을 괴롭힌 안전원들을 살해하거나 잔인하게 그 가족들에게까지 해를 입히는 사건들이 부지기수로 생기자 안전원들도 그들의 비위를 건드리려 하지 않았다. 깡패들은 세상을 만난 것처럼 더욱 기승을 부렸다. 그 지역의 지하 교회 성도들도 김철신에 대해 잘 알고 있었다. 주민들은 그를 포악한 깡패라고 하면서 기피하며 인간 취급을 하지 않았고 상종조차 하지 않았다. 그는 그 지역에서 시한폭탄 같은 존재였다. 지하 교회 지도자는 김철신을 전도하기 위해 접근하여 많은 대화를 나누고 그의 아픈 지난날의 일에 대해 관심과 동정을 보이면서 따뜻하게 대해 주었다.

돌아온 탕자

그 지역에서 오직 지하 교회 지도자만이 김철신을 친동생처럼 대해 주었고 그의 상한 마음을 어루만져 주었다. 교회 지도자는 그를 전도하기 위해 중보기도를 했다. 그러던 중 날을 잡아 그를 자신의 집으로 초대하고 식사를 대접하면서 예수를 믿도록 진지하게 전도했다. 철신은 자신에게 전도하는 그 의도를 수상히 여기면서 냉소적으로 대답했다.

"저는 선생님이 기독교 미신을 믿는 줄 상상치도 못했습네다. 선생님의 인자한 성품과 저에게 격의 없이 큰 형님처럼 다정다감하게 대해 주신 거 늘 마음속에 품고 감사하고 있습네다. 이 악독한 조선 땅에서 예수를 믿으면 어떻게 된다는 것을 잘 아실 텐데, 그런 위험을 무릎 쓰고 기독교를 믿는다는 것이 이해가 안갑네다. 예수 믿으면 밥알이 나옵네까? 떡이 쏟아집네까? 이 조선의 형세에서는 믿을 것이라고는 이제 수령님도 장군님도 아닌 거 선생님도 아시지 않습네까? 과거 수령님께서 남조선을 해방 완수만 하면 우리 인민들이 모두 기와집에 비단 옷 입고 이밥에 고깃국 먹게 된다고 했는데, 우리 곁을 떠나시고 장군님 시대가 와서, 뭐 좀 달라지고 잘 살게 될 거라는 희망을 가져 봤디만 오히려 지금은 온 인민이 꽃제비 신세가 되지 않았습네까? 그러면 누가 이 조선의 굶주린 백성들을 책임지게 되겠습네까. 김정일 장군님도 대책이 없기에 조선 백성들 나몰라라 포기한 것 아닙네까. 그렇다고 미국이 쌀을 퍼다 주겠습네까.

아니면 원수님이 항일 운동할 때 모래알을 쌀로 변화시켜 동지들을 먹여 살렸다는 것처럼 그런 비과학적인 기적을 보여 주던지 그것도 저것도 아니되면 남조선에게 납작 엎드려 쌀을 보내 달라고 하던지 말입네다.

선생님께서는 미제국주의자들이 믿는 그 예수를 믿으면 하늘에서 쌀알이 눈송이처럼 쏟아질 것을 기대하고 목숨 걸고 기독교를 받아들인 것입네까? 그렇게 믿어 보시니 뭐 달라진 것 있습네까? 있으면 내래 당장 믿겠습네다. 정 믿으시려면 우리 조선 사람들은 조선의 하나님을 믿어야 되겠디요. 주체적으로 말입네다. 사실 알고 보면 그 주체사상이 결국 이 조선을 이렇게 만들어 논 겁네다. 결국 이도저도 믿을 것 아무것도 없습네다. 이것이 저의 지론입네다. 선생님이 저보고 믿으라는 예수를 믿어서 내일이라도 제 입에 강냉이 죽이라도 먹게 되면 내래 누구보다도 열성분자가 되어 믿갔습네다. 선생님께서 예수를 믿으셨으면 세상 보란 듯이 권세 있고 잘 사셔야 되는 것 아닙네까?"

김철신은 점차 흥분하면서 세상을 향한 원망과 증오심을 뿜어내듯 토설했다. 그렇게 하기를 얼마동안 가슴에 싸인 불만을 털어 놓더니 좀 진정이 되었는지 차분하게 말했다.

"선생님, 저도 세상을 알 만큼 알고 감옥 생활까지 하면서 험악한 세상 겪어 보았지만 믿을 것이라고는 오직 이 내 주먹 밖에 없습네다. 오늘 선생님께서 저에게 하신 말을 착하게 살라는 좋은 말씀이라 생각하고 예수 믿으라는 그 말은 안 들은 말로 묻어 버리겠습네다. 그러니 다음부터는 그 예수를 믿으라고 말도 꺼내지 마시라요! 부탁입네다."

철신의 마음속에 아직도 세상과 조선 현실에 대한 증오심과 그리고 모든 사람들에 대한 미움과 원망으로 가득 차 있었다. 본래 착했던 청년을 이 사악한 조선의 현실이 그를 이처럼 바닥에 내동댕이친 것이나 다름없었다. 철신이 자리를 털고 일어나려 하자 그에게 이같이 말했다.

"자네가 하나님의 자녀가 되는 것은 본인의 의지로 되는 것도 아니고 설사 거절한다고 해도 안 믿게 되는 것도 아니라네. 이는 전적으로 하나님의 택하심 가운데 이루어지는 것이네. 하나님께서 자네를 사랑하시네. 하나님의 선하신 뜻이 자네에게 있으면 본인의 생각과는 상관없이 꼭 믿게 될 것이네."

그러자 철신은 냉소적으로 대답했다.

"하나님이 이 세상에 계시면 왜 저 같은 못된 놈을 자녀로 삼으시겠습네까? 이 조선 땅에 사람이 그리도 없습네까? 나 말고도 하나님 믿을 사람 많을 겁네다. 선생님이 하나님을 믿는 것은 다 그럴 만한 이유와 자격이 있으니까 그렇게 된 거 아넵네까?"

그런데 헤어진 후에 이상하게 김철신은 그 지도자 집에 자주 찾아왔다. 만남이 잦아지면서 그는 묻지도 않은 예수에 대해 호기심을 갖고 묻곤 했다. 이렇게 철신과 자주 만나면서 완악한 마음의 문을 조금씩 열기 시작했고 두 사람은 가까워지게 되자 그에게 복음을 전했다. 온갖 엉겅퀴 가시로 덮어 있던 마음도 서서히 누그러들면서 복음을 받아들이고 예수와 기독교에 대해 관심을 갖게 되었다. 놀라운 변화가 시작된 것이다.

시간이 지나면서 철신은 정상적인 인간의 삶을 포기하고 오직 악에 받쳐 앙갚음하며 포악한 삶을 돌이켜 거짓말같이 새로운 사람으로 거듭나기 시작했다. 지도자가 그를 위해 기도해 줄 때면 어린아이처럼 엉엉 울곤 했다. 정말 기적이 일어난 것이었다. 그뿐만 아니라 그 교회 지도자의 말이라면 무슨 말이라도 믿고 순종했다. 그는 지난날의 착한 성품이 서서히 회복되었고 바른 신앙인의 모습이 나타나기 시작했다. 지하 교회 성도들도 처음에는 그를 경계시하고 두려워했으나 점차 주 안에서 한 형제로 받아들였다. 철신은 결국 참된 이웃을 만나 삶의 활력을 얻게 되었고 주위 사람들의 그에 대한 시선도 달라졌다. 그를 두목으로 알고 밑에 있던 부하들도 철신을 따라 예수를 믿게 되었고, 보안원들은 갑작스럽게 변화된 그들을 의심스러운 눈초리로 바라보기도 했다. 그도 그럴 것이 얼마 전까지만 해도 사람들에게 공포감을 주고 피해를 주던 그 패거리들이 더 이상 사고를 치지 않으니 의심을 할 수밖에 없었다. 그러나 자신들의 수고스러움을 덜어 준 것도 있어서 고마운 마음도 있었을 것이다.

그 당시 대부분 지하 교인들은 일반 노동자나 농민들로서 제일 못사는 가난한 사람들이거나 탈북했다가 잡혀 노동교화소에 갔다가 온 사람들이었는데 갑자기 깡패 출신들도 가세된 것이었다. 지하교회 교인들은 그 사회에서도 천한 나사렛 사람들과 같이 소외되고 힘없이 살아가는 부류들이었다. 그들에게는 오직 예수만이 소망이었고 기쁨이었으며 예수

사랑으로 채워진 사람들이었다. 교인들은 여자들이 대부분이었다. 그들은 갈릴리와 납달리 사람들처럼 사망과 저주의 그늘에 앉아 소망이 없던 사람들이었다. 유일하게 예수만이 산 소망이었다.

그러한 가운데 그 지역에서는 자연스럽게 예수를 믿는 무리들이 더욱 형성되었다. 그들이 의지할 것이라고는 예수와 믿음의 형제자매들뿐이었다. 이러한 사람들은 많게는 수십 명씩 비밀 결사대처럼 조직을 형성하기도 하고 몇 명으로 이루어진 조직도 있었다. 특히 탈북자들이 많은 지역에는 중국에 갔다가 기독교를 접하고 성경 학습을 받고 온 소수의 사람들도 있었다. 그들 가운데는 중국에서 체포되어 강제 송환된 사람이 대부분이었고 몇몇은 자진해서 고향으로 돌아온 사람들도 있었다.

이들은 마치 다윗이 사울 왕을 피해서 들로 산으로 도피하던 때에 사연이 많은 무리가 함께 공동체를 이루어 살았던 것과 같은 모습이었다.

> 그러므로 다윗이 그 곳을 떠나 아둘람 굴로 도망하매 그의 형제와 아버지의 온 집이 듣고 그리로 내려가서 그에게 이르렀고 환난 당한 모든 자와 빚진 모든 자와 마음이 원통한 자가 다 그에게로 모였고 그는 그들의 우두머리가 되었는데 그와 함께 한 자가 사백 명 가량이었더라(삼상 22:1–2).

북한의 기독교인들은 사회에서도 적대층 계급으로 차별받는 한을 품고 사는 사람들이었다. 그도 그럴 것이 과거 북한 정권은 전쟁이 끝난 후 평양을 중심으로 전국의 불순분자들을 분류하여 정치적, 사회적, 사상적 범죄자들을 아오지 탄광 지역과 산간벽지나 외진 국경 지역으로 추방했다. 특히 양강도에는 그런 계층들이 많았다. 타지에서는 그 지역을 "날강도"라고도 불렀다. 그들 가운데는 자신들을 불행하게 한 대상들에 대한 증오로 복수심을 갖고 있는 사람들도 꽤나 있었다. 어떤 극렬분자는 장차 복수할 살생부까지 작성해 둔 사람도 있었다. 이런 부류의 당사자들이나 그 후손들은 그 지역을 임의로 벗어날 수도 없었고 사회적으로 출세하는 것이 원천적으로 차단되어 있었다. 뿐만 아니라 자녀들 가운데 아무리 학업 성적이 뛰어나도 평양에 있는 대학 입학은 불가능했다. 이들은 부모가 반동이며 적색분자로서 분류되었으면 대물림을 이어갈 수밖에 없는 화인을 맞은 인생들인 것이다. 그들이 사는 지역은 현대판 유배지였다.

그러나 그들 가운데는 중국에 탈북했다가 기독교인이 되어 돌아와 은밀하게 예수를 믿으며 전도 활동을 하는 사람들도 있었다. 그 외에도 다양한 경로를 통해 기독교를 접하게 되어 신앙인이 된 경우도 있다. 그런데 이들에게는 기독교와 성경에 대해 좀 더 알고자 하여도 가르쳐 줄 사람도 없었고 기독교 관련 책도 없었기에 성경에 대한 갈망은 더해 갔다. 그들 가운데는 성경을 몰래 갖고 들어온 사람들도 있었으나 성경을 필요로 하는 사람들이 훨씬 많았기에 성경이 태부족이었다. 이들은 사람 수대로 성경을 갈라서 나누어 보았다. 궁극적으로 이 문제들은 해결하기 위해서는 성경을 강 건너의 조선족 교회에 가서 지원을 받아서 가지고 와야 했다.

생명의 떡을 가지러 강을 건너다

그러나 과연 누가 그러한 위험한 일을 감행할 것인가가 문제였다. 이 소식을 들은 철신은 자원하여 자기가 강을 건너가 필요로 하는 성경과 책을 가지고 오겠다며 지도자에게 그 장소를 알려 달라고 했다. 철신은 깡패 시절 돈을 벌기 위해 부하들을 데리고 강을 건너가서 밀수꾼들과 접촉했던 경험이 많았기에 건너편의 지리와 그곳의 사정을 잘 알고 있었다. 그는 어디로 도강해야 안전한지도 알고 있었기에 그 일에는 제일 적격이었다. 그러나 그 이후에 국경의 경비가 더 심해졌고 불법으로 도강하는 자들에게는 현장 사살을 해도 좋다는 상부의 지시가 있었기에 결코 쉽지 않은 문제였다.

자신들에게 성경과 관련 서적들을 지원해 줄 수 있는 곳은 강 건너의 조선족 교회였다. 강변에 위치한 그 교회는 밤이면 십자가에서 붉은 빛을 발하고 있었기에 지하 교회 성도들은 종종 그 붉은 빛 십자가를 보면서 마음속으로 기도를 했고 위로를 받곤 했다. 그들은 그곳을 "하나님의 집"이라고 하기도 했다. 그 교회와 압록강변에 걸쳐서 있는 작은 조선족 처소 교회들이 도강자들에게 양식과 입을 옷과 생활용품들도 제공해 주자, 비기독교인들도 서로 내통하면서 십자가가 있는 하나님의 집에 가면 먹을 걸 준다고 하여 많은 강변 지대의 어린아이로부터 어른에 이르기까지 밤이면 도강을 하여 드나들었다. 굶주림에 시달리는 북한 주민들에게는 건너편 중국은 먹을 양식이 풍부하고 자유가 있고 세계에서 가장 잘 사는 나라라는 인식을 갖고 있었고 복된 선망의 나라였다. 그곳에는 먹을 것이 지천에 깔려 있고 돼지도 강냉이 죽을 배불리 먹고 남겨 놓는다는 부러운 인민의 지상낙원으로 여기고 있었다. 무엇보다 마음 놓고 예수를 믿고 예배당이 있다는 것이 지하 성도들에게는 천국 같은 곳이었다.

드디어 철신과 지도자는 도강 날짜를 정하고 사전에 도강 지점을 답사를 해 두었다. 이 두 사람은 도강하는 그날 밤에 지도자의 집에서 무릎을 꿇고 철신 형제가 안전하게 무사히 강을 건너 돌아올 수 있게 해 달라고 하나님께 간절히 기도했다.

"천지에 주재가 되시며 우리의 생사화복을 주장하시는 하늘에 계신 하나님 아버지! 우리 영혼에 생명의 떡이 되는 하나님의 말씀인 성경을 얻고자 하나님께서 택하신 철신 형제가 믿음으로 이제 도강하고자 하옵나이다. 세상에서 버림받은 이 형제를 믿음의 자녀로 하나님의 품에 품어 주심을 감사드리옵나이다. 이곳 성도들에게 절실히 필요로 하는 성경과 학습서를 가져오기 위해 도강하고자 하오니 그의 생명과 영혼을 귀히 여기시는 하나님께서 천군천사로 가고 오는 길을 순간마다 보호하시고 맡겨진 임무를 잘 수행하고 돌아올 수 있도록 발걸음마다 함께하여 주옵소서. 저가 돌아올 때는 그의 손에 성경이 가득하도록 건너편의 성도들의 마음도 감화하여 주옵소서. 저희의 모든 형편을 아시는 하나님께서 이제는 우리들 각자의 손에 성경이 들려지게 하시사 우리의 믿음도 날로 새롭게 무장되게 하여 주옵소서. 우리를 죄악 가운데서 건져 주시고 자녀 삼아 주신 예수 그리스도의 이름을 높이 받들어 기도드리옵나이다."

철신은 기도하는 가운데 자신도 모르게 두 눈에서 뜨거운 눈물이 흘러내렸다. 그는 밤이 되자 지도자와 같이 미리 보아 둔 인근으로 가서 수풀 속에 은신했다. 밤이 가장 깊은 시간에 급류가 흐르는 도강 지점으로 건너가야 했다. 십자가가 보이는 곳은 바로 가까이 있었으나 그 지점은 경비가 심하고 강폭도 넓어서 위험하기에 강 상류로 올라가 경비병의 감시가 없는 안전한 곳에서 도강을 해야 했다. 철신은 산속에 몸을 웅크린 채 밤이 깊어 가기만을 기다렸다. 그는 자신도 모르게 하나님께 절박하게 기도했다.

"하늘에 계신 하나님 아버지! 이 몹쓸 인간을 하나님의 자녀로 삼아 주시고 이제는 인간답게 살도록 인도해 주셔서 거저 감사합네다. 오늘 저에게 이같이 막중한 임무를 주신 것도 감사합네다. 강을 건널 때 천사를 보내 주셔서 안전하게 건너가 성경책을 무더기로 가져오게 도와주시라요. 예수님께서는 나를 살리시기 위해 무거운 십자가를 지시고 골고다 언덕에 올라가셨는데 저에게는 성경을 지고 올 수 있는 거룩한 임무 잘 감당케 도와주시라요. 하나님 아바지!"

그는 자신이 지난날 탕자보다 더 못되게 살아왔던 삶을 돌이키면서 지금은 하나님의 품안에 있다는 것이 너무도 감격스러웠고 자신이 자랑스러웠다. 강가에 들리는 풀벌레 소리와 강물이 흐르는 소리가 들리는 가운데 주변을 살피면서 그는 압록강으로 접근했다. 그 지역은 군인들이 보초를 서지 않은 곳이지만 강의 물살이 세서 자칫 잘못하면 급류에 휘말릴 수도 있었다. 아무리 둘러보아도 인적이 없었다. 철신은 돌을 하나 들어서 강을 향해 던져 보았다. 아무 반응이 없음을 확인하고 옷을 다 벗은 후에 준비한 비닐에 싸서 머리에 얹은 후 물속으로 들어갔다. 늦가을이었지만 차디찬 강물은 온몸을 순신간에 얼어붙게 하는 것 같았다. 점차 강 속으로 들어가자 물살이 예상보다 심하여 몸의 중심을 잡기가 어려웠다. 철신은 그 순간마다 "주여! 하나님 아바지! 도와주시라요!"라고 속으로 외쳤다.

강폭이 불과 20여 미터에 불과했지만 너무도 멀게만 느껴졌다. 가장 깊은 곳은 가슴까지 물에 잠기었다. 그는 힘을 더욱 내어 물살을 가르며 간신히 깊은 곳에서 벗어나 허리와 무릎까지 차는 곳으로 나오면서 안도의 숨을 쉬었다.

"하나님 아바지 감사합네다."

드디어 무사히 도강한 그는 강 밖으로 나오자 온몸이 와들와들 떨렸다. 그는 즉시 숲속으로 들어가 물기를 대충 털어 낸 다음 비닐봉지에서 옷을 꺼내어 입고 강변을 벗어나 동네로 접어들었다. 중국인들과 조선족들이 섞여 사는 동네였다. 인기척이 나자 동네 개들이 짖어대기 시작했다. 마치 개들이 뛰쳐나올 것만 같았고 중국 경비대들이 당장이라도 잡으러 올 것만 같았다. 철신은 뛰다시피하여 큰 도로변으로 나왔다. 길에는 가끔 사람들이 보였고 차들도 수시로 다니었다. 그는 뛰는 가슴을 억누른 채 교회가 있는 방향으로 발걸음을 재촉했다.

드디어 십자가가 가까이 보이기 시작했다. 그는 마치 자기를 기다려주는 가족들이 있는양 설레는 마음으로 교회의 문을 열고 들어갔다. 인기척이 나자 예배당 입구 옆방에서 나이 많은 아주머니가 나왔다.

"무슨 일로 여기에 오셨습네까?"

철신은 좀 당황했다. 이내 자신이 온 목적을 설명했다.

"아주마니! 저는 강 건너에서 온 하나님을 믿는 사람입네다. 거기에 우리 형제들이 성경이 좀 필요해서 제가 대표로 건너왔습네다. 방으로 좀 들어가서 자세한 말씀을 드리고 싶습네다."

사찰 집사는 방으로 들어오라고 했다. 철신은 자기가 여기까지 온 이유와 목적에 대해 소상히 이야기하자 반색을 하며 따뜻한 마음으로 대해 주었다. 그 아주머니는 잠시 기다리라고 하면서 어딘가에 전화를 했다. 철신은 혹시 자기를 중국 국경 경비대에 전화로 알리는 것 아닌가 하는 생각도 들었지만, 교회 책임자인 전도사에게 전화를 한 것이었다. 전화를 마친 아주머니는 그에게 잠깐 기다리라고 하더니 잠시 후에 밥상을 차려 가지고 왔다.

"강을 건너오느라 시장할 터인데 마음껏 드시라요."

북한에서는 보지 못한 잔칫상 같은 밥상을 안겨 주었다. 그 상에는 하얀 쌀밥이 백두산 봉우리만큼 높이 담겨 있었다. 철신은 지금까지 그렇게 흰 쌀밥이 가득 담긴 밥그릇을 보지 못했다. 거기에다 구수한 된장국이며 콩기름에 복은 돼지고기며 고춧가루에 버무려진 붉은 김치며 보기만 해도 임금님 밥상 같았고 배가 불러오는 것 같았다. 불시에 찾아왔음에도 마치 자신을 위해 이 교회에서 미리 잔칫상을 준비한 것이 아닌가하는 생각이 들기도 했다. 중국에서 이같이 평소에도 풍성한 잔칫상 같은 식사를 하고 있다는 것이 믿겨지지 않았다.

아주머니는 배고플 터인데 어서 먹으라고 인자한 표정으로 그를 바라보았다. 철신은 자신을 어머니 같은 사랑으로 대해 주는 것이 이상하기만 했다. 거지꼴 같은 자신을 조금도 업신여기지 않고 극진한 사랑으로 대해 주는 것이 신기하기만 했다. 철신은 평생에 단 한번 밖에 없을지도 모르는 임금님 밥상 같은 식사를 정신없이 먹어 치웠다.

식사를 다 마치자 구수한 숭늉을 내 왔다. 그냥 물이 아니라 누룽지 밥알들이 들어 있었다. 난생처음 먹어 보는 숭늉을 남김없이 마셔 버렸다. 그 방은 바닥이 뜨끈하여 온몸이 방바닥으로 녹아내릴 것 같은 느낌이 들었다. 조선에서는 추운 겨울에도 늘 냉방에서 웅크리며 잠을 잤었는데 이같이 훈훈한 방에서 지내고 있는 모습이 더없이 부럽기까지 했다.

얼마 후 밖에서 오토바이 소리가 나더니 방문을 열고 젊은 남자가 들어왔다. 그가 이 교회의 지도자였다. 그 아주머니는 그를 전도사님이라고 깍듯이 아들 같은 사람에게 존칭을 썼다. 철신도 그 전도사님에게 인사를 했다.

"전도사님! 초면에 이렇게 융숭하게 대접해 주셔서 거저 죄송스럽고 감사할 뿐입네다."

전도사는 철신에게 어디서 왔냐고 물었다. 철신은 자신의 이름과 거주지에 대해 간략히 말했다. 전도사는 그 말을 듣고 의외의 말을 하였다.

"그 지역에는 예수를 믿는 분들이 많습니다. 우리 교회에는 밤이면 종종 여러 북한 사람들과 예수를 믿는 사람들이 성경이나 양식을 얻으러 옵니다."

전도사님은 그 지역 사람들을 여럿 만났다고 하며, 그가 온 것이 생소하지 않은 듯이 말했다.

철신은 자신을 비롯한 지도자와 그 지역의 사람들 중에 일부만이 예수를 믿는 줄만 알고 있었는데, 그 전도사의 말에 그 지역에 많은 기독교 신앙인들이 있다는 것이 믿어지지 않았다. 그 전도사는 앞으로 필요한 것이 있으면 언제든지 와서 지원을 받으라고 했다. 그는 자기 사무실로 데리고 가더니 철신이가 요구하는 성경과 성경 학습 서적을 여러 권을 주었다. 책장을 넘겨 보니 그 책은 중국에서 출판된 것이 아니라 남조선에서 만든 책자들이었다. 철신은 남조선의 기독교인들이 여기까지 와서 이 교회에 이런 자료들을 제공한다는 것이 믿어지지 않았다.

어제까지만 하여도 자신의 손에는 한 권의 성경책도 없었는데 막상 중국에 와서 손으로 만져 보니 너무도 신기한 마음이 들면서 눈물이 핑 돌았다. 그 교회 전도사는 철신에게 여기 온 김에 교회 예배당에 들어가 기도를 하고 가라며 2층으로 데리고 갔다. 난생처음 보는 큰 회의실 같은 방이었다. 거기가 바로 예배실이었다. 큰 방에 많은 사람들이 앉을 수 있는 의자들이 놓여 있었고 앞에는 높은 단상과 그 뒤에는 크나큰 십자가가 걸려 있고 전등이 십자가를 밝히고 있었다. 그는 마치 천국의 하나님 보좌 앞에 서 있는 것 같은 기분이 들었다. 철신은 앞으로 나아가 강대상 아래에 무릎을 꿇었다.

"하나님 아버지! 이 추악하고 죄 많은 나를 거룩한 교회로 인도하시고 저를 품어 주시오니 거저 감사합네다. 나는 이제 죽어도 한이 없습네다. 저를 천국 문에 이르게 하셨습네다."

철신은 자신도 억제 못하는 눈물을 떨구었다. 감정이 복받친 그는 흐느껴 울기까지 했다. 왜 눈물이 나는지 몰랐으나 그의 가슴에는 뜨거운 예수님의 사랑이 용솟음치는 듯했다.

그 전도사는 철신에게 오더니 오늘 돌아갈 것 같으면 서두르라고 했다. 아니면 며칠 더 있으면서 성경 학습을 받고 가도 된다고 했다. 그 순간 어떻게 해야 할지 몰랐으나, 자신을 눈이 빠지게 기다리고 있을 지도자와 동지들을 생각하면 바로 가야 했다.

그 전도사는 지금 갈 것 같으면 오토바이로 강 입구까지 데려다 주겠다고 했다. 철신은 큰 비닐 가방에 10여 권이 넘는 성경과 여러 책을 어깨에 메었다. 임무를 완수했다는 생각이 들면서 뿌듯한 생각이 들었다. 그 교회 전도사는 언제든지 필요하면 도움을 받으러 오라는 말까지 해 주었다. 보잘 것 없는 자신을 극진한 사랑으로 대해 주는 것이 이상하기도 했고 고맙기 그지없었다. 전도사는 가기 전에 함께 기도하자면 철신의 손을 꼭 잡고 간절한 기도를 해 주었다.

"사랑이 많으신 하나님 아버지 이 밤에 조선에서 강을 건너온 믿음의 형제를 보내 주셔서 감사합니다. 강 건너에서 하나님의 말씀을 사모하여 건너온 믿음의 형제를 보호하여 주시옵소서. 이 성경으로 저들의 믿음을 새롭게 하시고 그 믿음이 장성한 분량에 이르게 하여 주옵시고 강 건너에 있는 저들도 우리처럼 마음 놓고 믿음의 생활을 하며 교회도 세울 수 있도록 조선 땅을 새롭게 하여 주옵소서. 이제 이 형제가 이 밤에 강을 건너 돌아가오니 저를 천군 천사로 지켜 주셔서 안전하게 당도케 하여 주옵소서."

전도사의 간절한 기도에 가슴이 뭉클해진 철신은 자신의 거친 손을 잡아 주는 따뜻한 손이 마치 예수님 손처럼 느껴졌다. 전도사는 자신의 옷 주머니에 손을 집어넣더니 중국 돈 몇백 원을 주면서 그곳에 성도들에게 필요한 것을 장마당에서 사서 쓰라며 철신의 손에 쥐어 주었다. 그는 철신을 오토바이에 태우고 강 근처까지 데리고 갔다. 오토바이가 더 이상 갈 수 없는 험한 길이 나오자, 그를 내려놓았다. 칠흑같이 어두운 밤이었고 전조등을 켜지 않고 왔기에 더 이상 간다는 것이 불가능했다. 철신은 여기까지 태워다 준 것만 하여도 너무 감사했다. 그 전도사는 철신에게 빨리 가라며 재촉했고 그도 속히 돌아가야 했기에 더 이상 지체할 수 없었다. 철신은 한참을 가다가 뒤를 돌아보았으나 너무 어두워서 그 전도사를 볼 수 없었다. 하지만 오토바이 엔진 소리가 들리지 않은 것은 철신을 뒤에서 잠시 지켜보고 있다는 것이었다. 그는 그 전도사가 눈에 보이지 않았지만 그 방향을 향해 허리를 숙여 감사를 표했다.

철신은 성경책과 벗은 옷을 비닐 가방에 잘 챙겨서 머리에 이고 건너왔던 그 강 길로 들어서서 조심스럽게 도강을 했다. 강을 무사히 건너온 철신은 엎드려서 한참을 전방과 좌우를 살펴보았다. 돌도 던져 보았다. 아무 반응이 없음을 확인하고 올 때에는 가볍게 왔으나 무거워진 성경 보따리를 등에 지고 무사히 지도자의 집까지 가지고 가야 했다. 동이 트기 전에 당도해야 했기에 발걸음을 재촉했다. 철신은 사람들의 눈에 뛰지 않는 길을 택하여 숨 가쁘게 걸어서 마침내 지도자의 집에 당도했다.

철신을 보내 놓고 뜬눈으로 밤을 지새운 지도자는 문 두드리는 소리를 듣고 이내 달려 나와 반갑게 맞이하면서 그를 힘껏 포옹했다. 그는 철신을 보내 놓고 밤새 안전하게 임무를 마치고 돌아오게 해 달라고 하나님께 기도하고 있었던 것이다. 철신은 마치 큰 보물단지를 갖고 온 것처럼 보따리를 풀어 보였다. 거기에는 한국에서 보내온 성경 학습 재료와 가죽

포장과 지퍼로 장식된 성경책이 십여 권 이상이 들어있었다. 그 성경책들을 손으로 직접 만져 본 지도자는 말했다.

"야! 이제야 우리도 당당하게 하나님 말씀을 손에 쥐게 되었어. 우리 믿음의 동지들이 엄청 기뻐할 거야. 이제는 성경을 더 이상 갈라 찢어서 볼 일이 없게 됐구만. 철신 형제가 이 크나큰 임무를 성공리에 완수해 주어 우리 모두가 하나님 말씀에 푹 빠져들게 됐구만. 앞으로 이 성경 교재를 갖고 우리가 보다 체계적으로 하나님 말씀을 배우고 가르쳐서 우리도 중국의 조선인들 교회 못지않게 믿음을 새롭게 해야 갔어. 이제 우리 철신 형제의 역할이 더 커졌구만 그래."

철신은 밤새 자신이 다녀온 이야기를 소상히 설명했다.

"지도자 동지! 그 교회 전도사님이 앞으로 우리에게 성경 이외에도 양식과 옷이며 생활용품도 지원해 주겠다고 했습네다. 그리고 그 전도사님 이야기로는 우리가 사는 이곳에 우리 말고도 믿는 사람들이 많다고 했습네다. 믿어지지 않았습네다."

지도자 형제는 그 말에 이렇게 말했다.

"우리가 하나님을 믿게 되었다는 것은 우리 말고도 얼마든지 다른 사람들도 하나님을 믿고 있다는 거지. 우리 지역이 탈북자들과 도강자들이 제일 많은 지역이니까 충분히 그럴 수 있을 거야. 하나님께서 다른 무리들과 연합되도록 허락하시면 피차 큰 힘이 될 수도 있갔지. 이제 우리도 하나님 말씀 위에 든든히 서게 되었으니까 우리 조직을 더 단단히 하고 안전하게 해야 되겠어. 사방에서 우리를 감시할 수도 있으니까. 더욱 조심도 해야 하고, 철신 형제에 대해서는 안전부에서 계속 주시하고 있을 거야 그러니 더욱 긴장의 끈을 놓지 말고 조심하도록 해야겠어."

순교의 반열에 세워지기 위해

그 말을 들은 철신은 지도자 동지에게 자신의 계획을 말했다.

"저도 예수님을 믿고 난 후에 달라진 모습을 어떻게 숨겨야 하나를 고민했습네다. 많은 생각 끝에 이렇게 하기로 했습네다. 다름 아니라 내가 미친 사람처럼 행동을 해야겠습네다. 그 생각을 하게 된 것이 몇 년 전 감옥 생활을 할 때 같은 방을 쓰던 수감자가 어느 날 갑자기 미친 짓을 하는 것이었습네다. 일부러 그러는 것 같지는 않았습네다. 침을 흘리고 정신이 온전치 못한 바보같이 된 것이었습네다. 그 후 감옥에 있는 사람들이나 감시자들이 그를 인간 취급하지 않고 어느 누구도 그를 간섭 안 하고 내버려 두었습네다. 나도 그 같은 짓을 하면 안전부나 군경비대에서도 저를 신경 쓰지 않을 것입네다. 이제 강 건너 조선족 교회에 자주 다니면서 물자를 날라 다니려면 그 방책이 가장 안전할 것입네다."

그 후에 철신은 정말 철저히 변신을 하여 정신병자처럼 미친 짓을 하고 다녔다. 온몸에 오물을 묻히고 옷 차림새나 모든 행실이 정말 미친 사람처럼 보였다. 동네 아이들은 철신에게 돌팔매질을 하고 막대기로 때리기도 하고 욕질을 해대었지만, 이런 수모를 잘 견뎠다. 그러자 동네에서는 그를 아주 미친 사람 취급을 하게 되었다. 그가 이런 미친 짓을 하고 다니자 강변 경비대 군인들도 다가오면 냄새나는 그를 피해 버리고 강변까지 가까이 가도 방임했다.

그러나 안전부에서는 의심의 눈으로 바라보았다. 그가 정말 미치광이가 됐는지 시험하기 위해 그 동네 아이를 시켜 길거리에 굴러다니는 개똥 덩어리를 고구마라고 하면서 먹게 했다. 이를 알아 챈 철신은 그 개똥 덩어리를 고구마라고 하면서 입에 넣고 씹어 삼켜 버렸다. 이 모습을 확인한 안전원은 철신이가 정말 미쳤다고 단정을 하고 그를 더 이상 의심과 감시를 하지 않게 되었다.

이런 이야기를 들은 지하 성도들은 너무도 가슴 아파하면서 눈물을 흘렸다. 지난날에는 깡패여서 누구도 그를 상대하지 않고 공포의 대상이었는데, 이제는 예수를 믿고 지하 교회의 일을 안전하게 수행하기 위해 일부러 미친 짓을 하는 그가 너무도 가여웠던 것이다. 그런 행세가 계속 이어졌다. 그가 이제는 강을 건너가도 군인들은 구걸하러 중국에 가는 줄 알고 내버려 두었다. 그런 행동을 철신은 계속하면서 중국의 조선족 교회를 출입하여 많은 설교집과 간증집, 복음성가집과 설교 테이프까지 갖고 왔다. 그 가운데 지하 성도들이 가장 감동과 은혜를 받은 책들은 한국에서 출판된 간증집이었다. 주기철 목사님의 일대기와 안희숙 여사의 『죽으면 죽으리라』, 손양원 목사의 『사랑의 원자탄』, 김석근 목사의 『주여 지옥문을 닫아 주소서』, 배동윤 목사의 『시련의 언덕을 넘어서』 등의 서적과 한국 목사님들의 설교 카세트테이프 등도 날라다 주면 성도들이 돌려 가면서 보고, 듣고 크나큰 감동과 은혜를 받았다. 이러한 책을 통해 그 지역의 성도들의 믿음이 한껏 높아졌다.

철신은 이처럼 미치광이 노릇을 하면서 갖가지 수모와 수치를 당했으나 자신의 그러한 행동이 성도들의 신앙생활에 도움이 된다면 그보다 더한 수모와 희생도 감수할 각오가 되어 있었다. 그도 중국에서 자신이 위험을 무릅 쓰고 가지고 온 신앙 서적과 간증집을 보면서 많은 감동을 받으며 먼저 간 신앙인들의 믿음을 본받아야겠다는 각오를 새롭게 했다. 그의 믿음도 더욱 성숙한 단계에 이르게 되었다. 그는 이 같은 믿음의 심부름꾼을 자처하면서 생명을 걸고 그 지역의 성도들의 믿음이 새로워지는 것에 보람을 느끼면서 그 일을 중단치 않았다.

어느 겨울날 압록강도 얼어붙어서 다른 때같이 차가운 강물을 건널 필요가 없게 되었다. 철신은 늘 기도하는 가운데 날을 정하여 다시 얼음이 언 강을 건너가 중국 조선족 교회에 가서 성경과 신앙 서적 등을 얻어 가지고 자신이 입고 있는 거적 같은 외투 안에 숨겨서 다시 강을 건너 와 강둑으로 올라섰다. 그때 마침 그 인근에서 경비를 돌던 경비병과 마주치게 되었다. 철신은 군인과 마주치기 전에 피하기 위해 급작스럽게 방향을 바꾸어 서둘러 가던 중에 그만 품 속에 감추었던 조그만 성경책이 발 아래로 떨어졌다. 이 모습을 이상히 여긴 경비병은 철신을 서게 하고 그의 옷을 뒤졌다. 그러자 품 안에서 여러 책들이 발견되었다. 이를 수상하게 여긴 경비병은 안전부에 철신을 인계했고 압수된 성경은 증거물로 바쳐졌다.

안전부로 인계된 철신은 이제 더 이상 정신병자 행세가 통하질 않았다. 이제는 자신이 죽는 길 밖에 없다는 것을 안 철신은 인간으로서는 감당키 어려운 모진 고문과 죽음까지도 각오했다. 잔악한 안전원들은 마치 특급 간첩이라도 잡은 듯 철신에게 사실대로 진술하도록 모진 고문을 가했다.

"네 놈이 몇 해 전에는 깡패 노릇을 하면서 우리 인민과 당에 악질적인 반당적 행동과 무고한 인민들을 괴롭히더니, 이제는 미친 척하면서 미제국주의 놈들이 받드는 예수를 믿어! 그것도 모자라 국경을 넘나들면서 당에서 금하는 성경까지 들고 들오는 겁 없는 짓을 백주에 행하다니, 네 놈은 당장 총살감이야! 그래, 네가 중국을 넘나들면서 누구로부터 무슨 임무를 받고 누구와 접선을 했고 무슨 반국가적 간첩질을 했는지 지금이라도 순순히 자백하면 너의 목숨은 보장해 줄 수도 있고, 뿐만 아니라 재판 시에 형량을 감해 줄 수도 있으니 다 털어 놓아라. 너에게 마지막 기회를 주니 살고 싶으면 우리에게 협조해야 해. 만일 순순히 불지 않으면 그 다음에 너에게 돌아오는 것이 얼마나 가혹한지 너의 상상을 초월한 고문이 너에게 가해질 거야. 그러니 몸 상하지 말고 이실직고해야 할 거다. 네가 분명히 알아야 할 것은 네 놈이 설사 입을 다문다고 해도 네 주변에 대해 조사를 진행하면 다 나오게 되고 하나도 남김없이 다 처벌될 것이야. 너의 배후가 밝혀지는 것은 시간문제야. 다 들어날 것이니까 괜히 쓸데없는 고통 받지 않기를 바란다. 우리 안전부에서는 이 문제를 엄중히 다루어 여기에 관련된 반동 불순 악질분자들을 샅샅이 찾아내어 준엄한 법의 심판을 받도록 할 거야. 그러니 너라도 살 궁리를 하는 것이 좋을 거야."

철신은 이미 자신의 생명은 하나님 손에 달려 있다고 판단을 하고 겁박을 주며 짐승처럼 흥분해서 날뛰는 그 조사관에게 담담하고 강한 어조로 입을 열어 말했다.

"내가 강을 넘나들면서 성경을 운반하고자 했을 때는 이미 나의 생명은 이 땅에 있지 않고 하늘에 있다고 믿고 있었기에 이같이 결행한 것이었소. 나는 이미 이런 결단과 행동이 우리 인민들에게 진정 필요한 하나님의 말씀을 전하는 일이라고 확신했기에 내 생명을 하나님께 기꺼이 받쳤소. 그렇기 때문에 나는 하나님께서 주신 거룩한 임무를 다 수행한 것이요. 이제 나는 사명을 다 완수했기에 이제 죽는다고 해서 두려워하지도 않을 것이고 후회도 없을 것이요. 당신들에게 구차하게 생명을 구걸하지 않을 것이요. 내가 하늘에 이르면 영원한 하늘의 상급이 있을 것이라 확신하고 있소. 나의 죽음이 이런 거룩한 임무 수행을 하다 받쳐진 것이라면 더 없이 영광스럽고 자랑스러운 것이 아니겠소. 그러니 더 이상 시간 끌지 말고 당신들이 행할 바를 속히 행하시오. 성경에 예수님께서도 십자가에 못 박혀 죽임을 당했고 스데반 집사도 하나님의 말씀을 전하다가 폭도들에게 돌에 맞아 죽음으로 거룩한 순교의 제물이 되었소. 이 부족하고 죄 많은 내가 그런 반열에 들었다는 것이 얼마나 자랑스러운 일인지 당신들은 모를 것이요. 나의 죽음이 이미 하나님께서 작정하신 것이니 하나님께 감사할 뿐이요. 당신들이 나의 생명을 끊어버릴지라도 예수님을 향한 나의 믿음과 충성심은 조금도 감하지 못할 것이요. 나는 오히려 이렇게 죽는 것이 얼마나 감사한지 모르오. 그러니 더 이상 나로 인해 당신들이 하나님께 죄짓지 않기를 바랄 뿐이요."

조사관들은 그의 입에서 살려 달라는 말이 나올 것을 기대했으나, 너무도 당당하고 용감하게 조금도 두려워하지 않고 압도하는 말로 대응을 하자, 자존심이 상한 조사관은 분을 못 참고 몽둥이를 들어서 사정없이 철신의 온몸을 내려쳤다.

"이 종간나 새끼! 네 놈이 정말 예수한테 미쳐도 단단히 미쳤구만, 내가 너의 정신을 바로 잡아 주마."

그 조사관의 눈빛은 살기와 분노심에 차서 철신을 금방이라도 죽일 듯 달려들었다. 철신의 온몸에 피가 흐르고 거의 죽음 상태에까지 이르도록 만신창이가 되었다.

안전부에서는 그가 성경을 소지하고 중국을 다녀온 배경과 배후의 인물과 조직을 밝혀내기 위해 그 다음 날에는 다른 조산관이 들어와서 철신에게 먹을 것을 주며 사실대로 진술하라며 갖은 협박과 회유를 다했지만, 그들이 알아내고자 하는 것에 대해 절대 입을 열지를 않았다. 철신을 향한 잔악한 고문과 심문이 교대로 이루어졌으나 그의 입에서는 그런 이야기는 하나도 없었고 오직 자신의 신앙고백과 오히려 그들을 전도하려 했다. 이에 더욱 악에 바친 저들은 거의 죽음 직전까지 몰고 갔다.

며칠 후 철신이가 안전부에 잡혀갔고 고문을 모질게 받고 있다는 사실이 마을 사람들과 성도들에게도 알려졌다. 그러나 그들은 결코 나설 수도 없었고 그와 아는 사이라고 할 수도 없었다. 그 지역의 모든 성도들의 생명이 이 일로 인해 바람 앞에 등불이 되었다. 지도자를 비롯한 온 성도들은 오직 기도밖에 할 일이 없었다. 그들은 금식을 하면서 하나님 앞에 매달렸다. 철신의 생명과 영혼을 하나님께서 붙드시고 저로 하여금 힘을 얻게 하여 주시고 간악한 관원들 앞에 굴종하지 않고 생명을 보전하게 해 달라고 각자가 온 힘을 다해 모두가 주야로 기도했다.

그러던 어느 날 철신은 정신적으로나 육체적으로 탈진된 상태였고 정신을 차리지 못했다. 이제 그는 순교자의 반열에 설 수밖에 없는 지경에 이르렀다. 정신이 혼미해졌고 고함치는 조사관들 앞에 아무 반응이 없었고 그저 잠잠하기만 했다. 그의 온몸은 피자국과 멍으로 얼룩졌지만 얼굴은 이제 이 세상 사람의 표정이 아니었다. 초대교회의 스데반처럼 영원한 화평을 누리는 곳으로 홀연히 들림 받은 것이었다. 그의 사망을 확인한 안전원들은 가족도 없는 철신의 시신을 아무도 알 수없는 곳에 묻어 버렸다. 철신은 어딘가에 암매장 되었지만, 그곳을 찾을 수도 없었다. 왜냐하면 매장지를 알고자 하는 사람을 발견 시에는 그를 잡아 철신과의 관계를 심문하고 그 조직을 들추어 내려 할 것이 분명하기 때문이었다. 그곳의 성도들은 "죽으면 죽으리라."는 산 순교자의 신앙으로 짧은 믿음의 생애를 마감한 그가 이제는 하늘나라에서 고통과 슬픔과 눈물이 없는 영생 복락을 누리도록 기도할 뿐이었다.

> 성도들의 인내가 여기 있나니 그들은 하나님의 계명과 예수에 대한 믿음을 지키는 자니라 또 내가 들으니 하늘에서 음성이 나서 이르되 기록하라 지금 이후로 주 안에서 죽는 자들은 복이 있도다 하시매 성령이 이르시되 그러하다 그들이 수고를 그치고 쉬리니 이는 그들의 행한 일이 따름이라 하시더라(계 14:12-13).

뒷 이야기

이 이야기는 북한을 출입하면서 북한 지하 교회를 지원 활동을 했던 탈북자 출신 김경철 형제가 알려 준 실화를 기술한 것이다. 양강도 지역에서 복음을 전하며 신앙생활을 하다 순교한 성도들이 2000년대 초에만 해도 50-60명에 이른다. 장차 통일이 되면 그 지역의 순교자들을 추모하는 순교비를 세우고자 한다.

북녘 땅에는 지금도 순교의 행렬이 이어지고 있다.

백두산에서 외치는 세례 요한

_강석진

강 선생님! 제 마음속에는
오직 조선에서 공산 마귀의 아성이 무너지는 순간까지
목숨 바쳐 싸워야 한다는 생각 밖에 없습니다.
더 많은 일꾼들을 공부시키는 것이
주 예수 그리스도의 나라를
북조선 땅에 만드는 것이라 믿기에
죽도록 충성할 뿐입니다.

역적이 되어 강을 건너 백두산에 둥지를 틀다

1998년 10월, 황기철은 평양 수도 호위사령부 예하의 군대에서 중대장으로 근무 중에 있었다. 그러던 어느 날 갑자기 이름도 알 수 없는 기관에서 출동을 하여 그를 호출하더니 군복을 벗기고 일상복으로 갈아입힌 다음 눈을 가리고 차에 태워 어디론가 호송해 갔다. 그는 왜 이런 일을 당해야 하는지를 항의해 보았으나 돌아오는 것은 무참한 주먹질과 욕설뿐이었다. 그들도 아무 말이 없었고 황기철은 더 물어볼 수도 없었다. 그들은 단지 상부의 명령을 수행할 뿐이었다.

기철이 이같이 붙잡혀서 수용된 곳에는 수십 명의 사람들이 이미 와 있었다. 그들은 모두 공포에 떨고 있었다. 기철은 어느 누구보다도 자신의 장래를 장담하고 있었고 상급 장교가 되는 꿈에 차 있었다. 그가 속한 군부대는 모두가 부러워하는 북조선에서 최고 상급 부대였다. 그 군부대는 전쟁이나 유사시에 평양을 수호하고 최고 지도자를 호위하는 임무가 주어진 특수부대였다. 기철은 누구보다도 군과 지도자를 위해 목숨까지도 아낌없이 내어 놓을 수 있는 각오와 충성심을 갖고 있었고 오랫동안 그렇게 교육을 받아 왔다. 그런 자신이 갑자기 포승줄에 매인 이유가 궁금했고 분노했다. 미칠 것만 같았다. 며칠을 그곳에서 사람 취급도 하지 않더니 한밤중에 모두를 깨워서 눈을 가린 채 트럭에 실려 어디론가 데리고 갔다. 오랫동안 험악한 길을 달리면서 온몸에 흙먼지를 뒤집어썼다. 도착한 곳은 심심산골 함북도의 어느 철광산 지역이었다. 기철은 왜 자신이 무슨 이유로 이런 곳에 왔는지 궁금했고 스스로 분개했다.

함께 잡혀온 일행들은 연병장 같은 곳에 집합되었다. 모두가 사색이 되어 있었다. 기철은 아직 혈기 왕성했고 늘 자신만만했기에 자신이 어떤 모함을 받았다면 곧 해명되어 복귀될 것이라는 희망을 놓지 않았다. 그러나 이내 그의 그런 생각이 얼마나 순진하고 허망한 것인지 알고는 그 자리에서 죽고 싶었다. 강단 마이크 앞에 선 한 지휘관은 살기가 등등한 목소리로 말했다.

"당신들은 조국과 당과 장군님을 배반한 역적의 배신 종파이기에 여기에 온 것이요. 이제부터라도 동무들은 노동 교화와 사상 투쟁으로 인간 개조되어 당과 조국을 위해 몸이 부서져라 충성을 한다면 장군님의 크나큰 배려로 원대 복귀도 가능할 것이요."

기철은 자신이 무슨 죄가 있기에 역적이 되었는지 도대체 알 수가 없었다. 분명한 죄목도 가르쳐 주지 않고 무조건 역적이라는 것이었다.

그런데 그 무리 속에 놀랍게도 형님이 서 있는 것이었다. 소스라치게 눈을 의심했다. 형님도 그곳에 와 있었다. 그의 형님도 그와 같은 부대의 상급 장교로 근무하고 있었고 그에게는 가족이 있었다. 왜 형님까지 역적이 되었는지 이해할 수 없었다. 형님은 기철보다 먼저 이곳에 압송되어 온 것 같았다. 훈시가 끝난 후 형님에게 다가갔다. 형님도 그를 보자 아연실색했다. 그런데 형님은 모든 것을 알고 있는 듯 담담하면서도 모든 현실을 포기한 듯했다. 기철은 형님을 통해 또 그곳에 와 있는 사람들을 통해 그와 형이 왜 이곳에 오게 되었는지를 알고 다시 한 번 놀랄 수밖에 없었고 분노에 치를 떨 수밖에 없었다.

다름 아닌 황장엽 선생의 먼 친척이라는 이유였다. 그 형제들은 황장엽 선생이 자신의 친척인지도 몰랐고 얼굴을 한번 본 적도 없었다. 그는 조선에서는 최고의 권력자 중에 한 사람이고 김일성대학의 총장을 역임했고 주체사상을 창안한 주체사상 학자였다. 1997년에 그가 한국으로 망명했다는 것을 그 해에 공식적으로 발표되기도 했고, 소문을 통해 익히 알고 있었다. 그때에는 왜 그런 최상층의 권력자가 남조선으로 망명했는지 상식적으로 이해할 수 없었고 그 사람이야말로 민족의 배신자라며 흥분하기도 했었다. 그 당시 김정일은 "배신자는 갈테면 가라."고 했다는 소문이 돌았었다.

그 당시 김정일은 황장엽과 관련된 모든 주변 사람들과 친인척 7촌 내의 모든 사람들을 숙청하라는 지시를 내렸고 그와 조금만 인연이 있어도 같은 역적 취급을 했다. 심지어는 그가 사용한 건물까지 폭파시켜 버리도록 지시했다. 이처럼 황장엽과 아무 인연이 없는 무고한 사람들까지 수용소로 보내고 그의 최측근들을 총살시켰다. 김정일은 황장엽의 남한 귀순이 자신의 통치에 치명타를 준 것이었기에 이에 악에 바쳐서 극악한 반인륜적인 만행을 지시한 것이었다. 이곳에 잡혀 온 사람들 모두가 맑은 하늘에 날벼락을 맞은 사람들이었다.

두 형제는 작업장과 배식소에서 마주칠 때가 있었다. 그들은 이곳에 계속 있는 날에는 결코 오래가지 못하고 영양실조나 작업 중에 안전사고로 언제 개죽음 당할지 모른다고 생각했기에 탈출을 계획해야만 했다. 그러나 좀처럼 탈출 기회를 잡을 수 없었다.

1999년 4월말에는 황 씨 가문은 모두 총살형에 처한다는 흉흉한 소문이 돌았다. 두 형제는 이래도 죽고 저래도 죽는 인생, 이 잔악한 수용소에서 짐승 같은 대우를 받아가면서 사느니 차라리 탈출하다 총에 맞아 죽더라도 여기를 벗어나 중국으로 가야겠다는 결심을 굳혔다. 탈출 시기를 앞당길 수밖에 없었다. 날짜를 잡은 두 사람은 목숨을 건 탈출을 마침내 감행했다. 그 철광산은 워낙 깊은 산골이라 동서남북을 가늠할 수 없었고 울창한 수풀과 협곡과 산봉우리로 둘러싸여 있어 도망하고 은신하기에 좋은 조건이었다. 그러나 이곳을 벗어난다는 것은 보통 사람들에게는 거의 불가능한 곳이었다. 두 형제는 특수 군사 훈련을 받았기에 몸 하나만 성하면 얼마든지 살아남을 수 있고 산중에서 생존하는 방법도 이미 터득하고 있었다.

마침내 탈출의 기회가 찾아왔다. 두 사람은 갱도용 목침을 마련하기 위해 산에 가서 나무를 베어 오고 운반하는 도중에 탈출하기로 했다. 그곳은 이동거리가 멀었고 작업장과는 상당히 떨어져 있고 깊은 산중이라 일찍 해가 떨어져 어둠이 빨리 찾아오는 곳이었다. 그들은 작업 시간이 종료되는 즈음에 각자가 편리할 때 작업 대열을 벗어나 제법 떨어져 있는 건너편 서쪽 바위 아래서 만나기로 약속을 했다. 해가 저물어 가는 시간이 되자, 작업반장이 작업 완료하라는 신호가 있었다. 베어 낸 나무토막을 어깨에 메고 집합장소로 가야 했다. 그러나 두 사람은 집합 장소로 가지 않고 잠시 작업의 뒷마무리를 하는 척하고 그 작업조의 시야에서 벗어났다. 그리고는 죽을힘을 다해 멀리 떨어져 있는 서쪽 바위로 달렸다.

깊은 산중이기에 몇십 미터만 떨어져도 나무에 가려서 사람을 찾을 수 없었다. 이제 불과 몇십 분 후면 집합 장소에서 인원 점검을 할 때, 탈주자가 확인되면 바로 수색 작업이 시작될 것이기에 초를 다투는 탈주였다. 그러나 그 시간은 이미 어두워지는 시간대이기에 추격한다는 것은 불가능했다. 그들은 그 점을 활용한 것이었다. 작업장과는 반대 방향에 있는 봉우리를 향해 죽을힘을 다해 달렸다. 두 사람은 군에서 달련된 산악 훈련을 받았기에 산행은 자신 있었다. 모래주머니를 다리에 차고 장거리를 구보하는 것이며 은폐술 등 각종 훈련 받은 것이 이때 발휘되었다.

기철은 약속된 서쪽 바위 봉우리 아래에 먼저 당도했다. 그는 형님 이름을 나지막히 불러 보았으나 아무 반응이 없었다. 이미 해는 기울어져 어두워진 상태였다. 얼마 후에 숲속에서 소리가 들리기 시작했다. 잠시 후 기철의 이름을 부르는 형님 목소리가 들렸다. 드디어 형님도 탈출에 성공한 것이었다. 그 두 사람은 마치 사선에서 살아 돌아온 형제들처럼 서로 힘껏 포옹했다. 다음 날 아침이 되면 대대적으로 개를 동원해 군부대는 추적할 것이기에 잠시도 지체할 수 없었다. 두 형제는 그곳에서 빨리 멀리 벗어나야 했다.

밤길이지만 달빛과 북두칠성을 방향 삼아 될 수 있는 한 서남쪽으로 향했다. 거기 백두산에서 중국 국경지대로 이동해서 중국으로 넘어가야 안심할 수 있기 때문이었다. 그 거리는 대충 80킬로미터 이상은 될 것 같았다. 그들은 죽을힘을 다하여 몇 개의 산등성을 타고 중국 방향으로 산행을 이어 갔다. 산중에는 아직 잔설이 남아 있었고 찬바람이 드셌지만 이마와 등과 온몸에는 땀이 빗물처럼 흐르고 있었다. 두 사람은 최고의 대우를 받는 특수부대에 있었기에 건강 상태는 매우 양호했다. 만일 그 강제 노동수용소에서 몇 달을 더 보낸다면 체력이 다 고갈되어 탈출을 감행할 수도 없었을 것이다.

두 형제는 탈출을 위해 치밀한 준비를 해 왔다. 형은 주머니에 구운 감자와 비닐봉지에는 강냉이 가루을 가져왔다. 기철은 비닐봉지에 생 옥수수 낱알과 주머니 칼과 성냥을 준비했다. 그들은 몇 시쯤인지도 몰랐지만 배에 허기를 느끼면서 바위 위에 앉아서 형이 준비해 온 구운 감자를 허겁지겁 삼켰다. 그 맛은 지금까지 먹어 본 감자 중에 최고의 맛이었다.

그 두 사람은 갑자기 부모님들과 동생들이 생각났다. 식구들은 민간인이기에 다른 수용소로 끌려갔을 것이다. 자신들처럼 온전치 못했을 텐데 가족들은 지금 어디엔가 붙잡혀 가서 어느 광산지대로 추방되었는지 걱정이 되면서 눈물이 왈칵 쏟아졌다. 기철에게는 장래를 약속한 여자가 있었다. 그의 수중에는 그녀가 보내온 많은 편지나 사진 한 장도 없기에 더욱 그립기도 했다. 두 형제는 많은 생각을 하면서 서로 부둥켜안고 한참을 통곡했다. 온 육신이 늘어질 대로 늘어져 남은 산행을 어떻게 해야 할지도 생각해 보았다.

그들은 차가운 산바람이 부는 가운데 지친 몸을 좀 더 추스르기 위해 바위에 누워 밤하늘을 바라보았다. 기철은 왠지 그 별들에게 자신들을 지켜 달라고 호소하고 싶었다. 두 사람은 땀이 식으면서 추위를 느끼기 시작했다. 온몸이 더욱 무거워져 더 이상 몸을 움질일 수 없자 바위틈을 찾아내어 낙엽 등을 모아다 바닥에 깔고 서로의 체온을 의지하면서 산 멧돼지처럼 하룻밤을 보냈다.

그들은 해가 밝아 오기도 전에 잠에 깨어나 아침식사를 했다. 형은 남은 옥수수 가루를 반으로 갈라 기철에게 주면서 이게 마지막 식량이라며 입에 털어 넣었다. 형은 힘을 내서 다시 중국 쪽으로 가고자 재촉했다. 그들은 천근만근인 몸뚱이를 일으켜 다시 산등성을 타고 중국 백두산 쪽을 향했다. 그렇게 해가 중천에 떠오를 때까지 산을 탔다. 목숨을 건 탈주에 온몸이 나뭇가지에 긁히고 옷이 찢기고 얼굴이 할퀴었지만 조금도 이를 의식하지도 못했다. 갈증을 느낀 그들은 계곡을 찾아 물로 한없이 배를 채웠다. 그 포만감은 돈으로도 살 수 없는 것이었다. 두 사람은 백두산 천지의 장군봉을 나침판 삼아 다시 산행을 이어 갔다. 백두산 봉우리에는 하얀 눈이 덮혀 있었기에 눈에 쉽게 띄었다.

그들은 중국 쪽으로 접근하기 위해서 중국과 조선 사이를 가르는 압록강 상류 줄기를 대충 어림잡아 산 아래로 내려갔다. 빨리 강줄기를 찾아서 건너가야 탈출이 보장되는 것이기에 각별히 신경을 써야 했다. 특히 강변에는 국경을 지키는 군대들이 경비가 삼엄하기에 그들의 눈에 띄지도 말아야 했다. 그렇게 거의 반나절을 이동한 끝에 마침내 압록강 줄기를 찾아냈다. 그러나 바로 건널 수 없었다. 이곳은 국경지대로 경비가 심하여 순찰대에 탈주자들이 노출이 될 수 있기에 안전하게 밤을 이용해서 건너기로 하고 다시 산속으로 들어가서 해가 질 때까지 기다리면서 지친 몸을 햇볕을 쬐며 휴식을 취했다. 어둠이 찾아오자 미리 봐 둔 지점을 향해 접근을 하여 압록강으로 들어섰다. 강 깊이는 기껏해야 무릎정도였고 물이 흐르는 소리가 크게 들렸다. 강폭은 불과 10여 미터의 개울 같았다.

마침내 압록강을 무사히 건넌 두 사람은 다시 죽을힘을 다해 중국 방향 산속으로 달려 들어갔다. 중국에서도 변방 부대들이 항시 경비를 서기에 일단 안전거리를 확보해야 했다. 될 수 있는 한 중국 내지로 깊이 들어가 있어야 안전하고 안심할 수 있기 때문이었다. 이제는 중국으로 넘어왔으므로 중국 경비대에만 들키지 않으면 살아남을 수 있는 것이었다. 반나절 가까이 중국 안쪽으로 들어섰기에 그들은 이제 더 이상 도망칠 필요가 없었다.

두 사람은 다시 산 위로 올라갔다. 산 아래는 아무래도 산중의 민가 사람들의 눈에 띌 수도 있기에 적어도 산 중턱에 올라가 안전한 시야와 거처를 확보해야 했다. 그 지역은 비교적 완만한 경사진 산이기에 힘들이지 않고 오를 수 있었다. 몇 시간을 그렇게 올라가자 산 아래를 한 눈에 볼 수 있는 산 중턱에 이르렀다.

이제 그들에게는 당장 몸을 숨기고 잠을 잘 수 있는 곳이 필요로 했다. 한참을 동굴이나 움막 같은 데를 찾아 다녔다. 둘이 흩어져서 찾기로 했는데 얼마 후 형님의 목소리가 들렸다. 잠자리를 찾았다는 것이었다. 그곳에 가 보니 누군가가 토굴을 만들어 놓은 것인데 사용하지 않은지 오래된 것 같았다. 두 사람이 충분히 발을 뻗고 누울 수 있었고 토굴 앞에 나뭇가지로 가리고 낙엽과 건초를 바닥에 깔면 그런대로 지낼 수 있을 것 같았다. 두 사람은 중국으로 넘어와 첫날밤을 산 짐승처럼 흙 동굴에서 야숙을 했다. 그러나 어제처럼 두렵거나 불안한 마음은 없었다.

그들은 산에서 사람이 먹을 수 있는 야생 동물이며 계곡에 동면중인 개구리와 산중의 야생 열매 등을 야생 곰처럼 먹기 시작했다. 두 사람은 군대의 장교 훈련을 받을 때에 외부의 부식을 지원 받지도 않고 생존하는 요령을 배웠기에 그 실력을 충분히 발휘했다. 덫을 만들어서 야생 토끼도 잡아먹었다. 그런 생활이 이어지면서 그들의 건강 상태는 오히려 수용소

때보다 더 나았다. 특히 개울가의 아직 동면중인 개구리 뒷다리는 별미였다. 산중에서 먹거리는 충분했다. 계곡에서 잡은 가재며 개구리 뒷다리는 먹고 남으면 햇볕에 말려 놓았고 들 열매도 나중을 생각해서 보관해 두었다. 산은 배고픈 사람에게 풍요한 식품 창고와도 같았다. 하지만 그런 야인 같은 생활을 계속할 수는 없었다. 이런 상태로 기약 없이 산중에서 살아가기 위해서는 근본적인 대책이 나와야 했다. 의복과 신발과 불이 필요했다. 그들은 이미 신석기 시대로 돌아가 원시인처럼 적응해 가고 있었다. 그러나 그들은 태어난 후 참다운 자유를 느끼었고 해방감을 갖게 되었다. 그동안 늘 감시와 통제 속에서 서로를 견제하며 오직 상부의 명령에 죽고 사는 강요된 삶만을 살아왔고 그런 삶에 익숙해 있었다. 이제는 새장에서 풀려난 새처럼 창공을 마음껏 날고 있었으나 기본적인 의식주 문제가 해결되지 않자 그 불편은 점차 고통스러웠다. 자유도 먹거리가 해결이 되지 않으면 별 의미가 없는 것이었다.

그들은 위험을 무릎 쓰고 산 아래에 내려가서 인근 마을이 있는지와 화전민들이 살고 있는지를 확인하기로 하고 둘이 흩어져 찾아보았다. 그렇게 한 나절을 다른 산등성을 넘어가 찾아보았다. 기철은 산 아래로 내려가던 중에 벌목장을 발견했다. 산중에도 놀랍게도 중국 노동자들이 벌목을 하고 있었다. 작업 중에 그들이 중국말로 지껄이는 소리가 간간히 들렸다. 그 광경을 보면서 좀 긴장도 되고 겁도 났지만 무슨 수를 써서라도 살아남아야 했기에 마음을 독하게 먹었다. 가장 필요로 하는 물품이 바로 성냥이나 라이터와 이불이 필요로 했다.

기철은 조심스럽게 멀리서 그 주변을 두루 살펴보았다. 그들은 작업장에서 거리가 좀 떨어진 곳에 임시 천막을 만들어 놓고 숙식을 하면서 벌목을 하는 것이었다. 그는 마치 도둑고양이처럼 접근하여 비닐 천막으로 되어 있는 곳에 들어가 보았다. 그곳에는 그들의 침낭과 먹을 양식인 쌀과 밀 포대가 있었고 콩기름과 야채들도 있었다. 천막 밖에는 장작으로 밥과 국을 끓여 먹는 솥과 그릇들이 널려 있었다.

그 모습에 기철은 눈이 휘둥그레지면서 필요한 것을 훔쳐 가기로 하고 우선 쌀과 침낭 두 개와 냄비 하나와 밥그릇과 수저와 콩기름 한 병과 성냥 한 통을 싸 가지고 급히 도망쳐 나왔다. 단숨에 움막에 도착했다. 기철은 그제야 세상의 모든 것을 다 얻은 듯했다. 우선 형님과 같이 쌀밥을 먹고 싶었다. 평양에서 군대 급식 받을 때 먹어 봤지, 쌀밥을 본지도 꽤 오래되었다. 그동안 수용소에서 굶어 죽지 않을 정도의 강냉이 죽과 감자로 배고픔을 이겨 냈기에 체중도 많이 줄어 든 상태였다.

기철은 형님이 돌아오면 쌀밥을 대접해서 서로 배터지게 먹어야겠다는 설레는 마음으로 불을 피우고 냄비에 쌀을 안치고 밥이 끓기만을 기다렸다. 한참 후에 형님이 자루에 뭔가를 이고 돌아왔다. 그 자루에는 감자가 반쯤 담겨 있었다. 형님도 기철처럼 산 아래 민가에서 도둑질을 해 온 것이었다. 그들은 이제 용감한 도둑 형제가 되었다. 형은 동생이 쌀밥을 짓는 것과 훔쳐온 침낭을 보고 기철을 한껏 치켜 세워 주었다.

"야, 너는 언제 그런 도둑질을 배웠나? 군사 훈련 대신 도둑질 훈련만 받았구만. 너 때문에 이제 만석지기 지주 부럽지 않게 됐어. 아니 그보다 산적 임꺽정이 된 거야. 조선에서는 의적이지. 살다 보니 이런 연극도 해 보네."

두 형제는 오랜만에 너털웃음으로 그간의 고생을 다 털어 냈다. 이렇게 해서 그들은 산중에 마적단이 되었다. 두 사람은 이제 먹을 것에 대해 걱정할 필요가 없었다. 필요할 때마다 산 아래에 내려가서 늑대가 민가에 내려가 닭 잡아먹듯 하면 되기 때문이었다.

하루는 형이 몸이 불편하다고 하면서 오늘은 움막 굴에서 쉬겠노라고 하여 기철은 혼자 먹거리를 만들어 오겠노라고 하면서 산 아래로 내려갔다. 그는 계곡에서 개구리와 가재 등을 잡으며 오늘은 형에게 영양 보충을 해 드려야겠다는 생각을 하고 많이 채집했다. 하루를 거의 그렇게 보내고 산 막사로 돌아오면서 움막에 가까이 와서 외쳤다.

"형님! 저 왔시요."

그런데 아무 소리가 들리지 않았다. 갑자기 불길한 생각이 들어서 달려가 보니 그 토굴이 무너져 있었다. 기철은 머리털이 쭈뼛 서면서 형이 저 안에 있을 것이라는 생각에 큰 소리로 형님을 불렀다. 아무 움직임과 소리도 들리지 않았다. 형이 숨이 아직 붙어 있으면 살려 낼 수 있다는 판단을 하고 나뭇가지를 꺾어서 흙을 파헤쳤다. 형의 발끝이 보였다. 그의 손가락에서는 이미 피가 흐르고 있었다. 흙더미를 헤치고 형의 발을 끌어당겨 밖으로 끌어 내렸다. 그의 숨결 소리를 들어 보려 했으나 아무 기식이 없었다. 형님을 부르며 몸을 흔들어 보아도 아무 말이 없었다. 이미 싸늘한 시신이 되어 있었다. 백두산에 봄이 오자 해토가 되면서 무너져 내린 것이었다.

"형님! 정신 차리시라요. 아우가 왔시요! 날래 일어나시라요! 같이 살자고 이같이 여기까지 왔는데 왜서 혼자 가십네까. 형님 말해 보시라요!"

형은 이미 저 세상 사람이었다.

"오! 하늘이시여! 우리 형제는 왜 이렇게도 모진 시련과 불행을 겪어야 합네까? 차라리 나도 이 자리에서 이 보잘 것 없는 목숨을 당장 가져가 주시라요!"

기철은 하늘을 향해 소리치며 산짐승 소리를 내면서 울부짖었다. 어느덧 온 주변이 어둑해지기 시작했다. 지칠 대로 지친 기철은 당장 그 자리에서 머리를 바위에 쳐 박고 죽고만 싶었다. 그는 형의 차디찬 시신을 끌어안은 채 밤새 늑대처럼 하늘을 향해 울부짖었다.

"형님! 이제 하늘나라에 가셔서 편히 쉬시라요. 그곳은 이 세상과는 다르갔지요. 이런 세상 홀로 살아 뭣합네까? 몇 달 동안 형님과 함께 지내면서 행복했소. 난 그걸로 위로받겠수다. 이 산중에 나 홀로 살아남아 뭣하겠습네까? 나도 곧 형님 뒤를 빨리 따라가고 싶소!"

해가 중천에 떠오르자 기철은 형의 시신을 다시 그 토굴에 집어넣고 흙으로 덮고 돌을 주어다가 올려놓았다. 기철은 다시 한 번 그 흙무덤에 온몸을 엎드려 껴안고 한없이 눈물을 흘렸다. 소리쳐 울 힘도 없었다. 그저 뜨거운 눈물이 흙 속으로 스며들 뿐이었다. 그는 형님이 이같이 이국땅 산중에 묻히기 위해 목숨을 걸고 이처럼 여기까지 온 것인가 하는 생각도 해 보았다. 그러나 탄광 수용소에서 개고생하다가 생명을 마친 것보다 나았다는 생각을 하면서 스스로 위로했다. 그는 형님의 무덤을 보면서 이같이 말했다.

"형님! 앞으로 조선에 새로운 세상이 오면 내래 이곳에 와서 형님 유골을 고향으로 갖고 가서 양지바른 곳에 잠들게 하겠시오. 이 약속 꼭 지키겠수다."

기철은 진달래 꽃송이를 꺾어다가 형의 발꿈치에 올려놓았다.

"형님! 이제는 편히 잠드시라요! 저 세상에서는 꼭 행복하시고 소원 다 이루시라요. 형님!"

기철은 필요한 물품을 챙겨 가지고는 묻힌 형을 뒤로 한 채 다른 거처를 찾기 위해 산 너머에 다른 곳을 찾아갔다. 기이하게도 저녁 무렵에 헤매던 중 산 아래 중턱에 어느 폐가를 발견했다. 앞에는 조그만 텃밭도 있었다. 얼마 전까지만 해도 사람이 살았던 곳이었다. 기철은 그곳에서 새로운 삶을 시작했다.

신비한 믿음의 불청객들과의 만남

어느덧 6월 하순으로 접어들면서 높은 백두산에도 푸릇푸릇 싹이 자라나고 야생화들도 만개하기 시작했다. 산에는 고사리가 자라나기 시작했다. 또 각종 산딸기 같은 열매도 한껏 달려 있었다. 새로운 변화가 깊은 산중에도 나타났다. 다름 아닌 산중에 경쟁자들이 나타났다. 그 산에 오직 그만이 있은 줄 알았으나 갑자기 4–5명이 나타나 고사리를 따며 약초 등을 캐기 시작했다. 기철은 그들이 중국 사람들인 줄 알고 별로 신경을 안 썼으나, 멀리서 그들이 이야기하는 것을 들어 보니 그들도 같은 조선 사람들이었다. 그렇다면 그들은 이 근처에 사는 조선 동포들인지 아니면 강 건너의 같은 동포로서 국경을 넘어와 여기까지 와서 약초와 산나물을 채집하기 위해 여기까지 온 것인지 분간이 되지를 않았다.

기철은 긴장했다. 저들이 만일 자신을 발견하고 조선에서 도망쳐 온 사람인 줄을 알고 신고만 하면 조선에서 체포하러 올 것이라는 생각이 스쳤다. 그렇다고 저들을 쫓아 낼 수도 없는 노릇이었다. 또 여기서 다른 곳으로 도망갈 수도 없었다. 다행히 저들이 채집하는 지역은 기철이 기거하는 곳과는 많은 거리가 있었다. 며칠을 두고 보아도 그들은 그가 있는 근처까지는 오질 않았다. 그러나 언젠가는 우연히 자신을 발견하거나 집을 찾아내면 집으로 올 수도 있기 때문에 고민이 되었다. 그렇지만 그로서는 별다른 방법을 취할 수도 없었기에 하늘에 맡길 수밖에 없었다.

어느 날 저녁, 기철은 일찍 누워 잠을 청하고 있었는데 갑자기 사람들 인기척이 났다. 일어나 보니 나물을 채집하는 그 일행이 집 앞에 와 있었다.

"집에 주인장 계십네까?"

기철은 당황해 하면서 그들이 무슨 일로 왔는지 물어보았다.

"무슨 일로 나를 찾아 왔습네까?"

그러자 그중에 나이가 듬직한 한 사람이 다감한 어조로 말을 했다.

"우리는 조선에서 건너와 산중에 약초와 산나물을 채집하는 사람들입네다. 막사로 돌아가는 중에 이 집이 눈에 들어오기에 사람이 살고 있나 확인하고 싶어서 들른겁네다."

그들이 강을 건너온 조선 사람이라는 것이 확인되는 순간 몹시 긴장이 되었다.

저들 중에 혹시 보위부 첩자는 없는 것일까? 경계심도 들었다. 그런데 그들의 말투나 인상이 험악한 사람들은 아닌 것 같았다. 기철은 그들을 방으로 불러 들였다. 자연스럽게 그들과 대화가 이어졌다. 기철은 그동안 형이 저 세상 사람이 된 후 너무도 외롭고 삶의 의욕을 상실한 가운데 주로 방에서 누어 있는 시간이 많았었다. 산중의 외로움을 벗 삼아 보내는 것이 생활의 전부가 되다시피 했다. 그러던 차에 말이 통하는 동포를 만나게 되자 자신도 모르게 본능적으로 그들을 반갑게 맞았다. 하지만 그 사람들이 자신에게 해를 미칠지도 모른다는 불안감을 떨쳐 내버릴 수가 없었다. 조선에서는 조직 중 몇 명 중에는 한 명이 꼭 감시자로 암약하는 경우가 허다했기에 그중에도 보위부의 끄나풀이 있다면 자신의 생명은 언제 어떻게 될지 모르기에 경계심을 내려놓을 수 없었다.

그들은 기철을 중국에 사는 조선족 동포로서 약초를 캐며 홀로 산중에 사는 홀아비로 알고 있었다. 그들 중에 좀 나이가 있는 듯한 사람이 조심스럽게 물어 왔다.

"동무는 뭔 일로 이처럼 산중에 홀로 살고 계십네까? 억양이 우리 조선인과 같습네다."

그 말을 듣는 순간 기철은 좀 긴장을 했지만, 같은 동포를 만난 기쁨이 더 앞섰기에 고향 친구들을 만난 것처럼 감정의 절제력을 잃고는 말문을 열어 자신도 조선에서 건너온 사람이라고 밝히면서도 자신의 이력은 밝히지 않은 채 대화를 시작했다. 그들 중 한 사람은 기철이의 표정을 살피면서 다시 말문을 열었다.

"이 산중에 와 계신 데에는 말 못할 사정이 있는 것 같소이다. 우리는 동무에 대해 더 이상 알고자 하지 않을 것이요. 우리를 오늘 하루 이 방에서 잘 수 있도록 허락해 주신다면 그걸로 만족하고 고맙겠소이다. 뜨듯한 구들장에 앉아 있으니 몸 좀 풀고 가고 싶소이다. 우리는 한 달 이상을 습한 천막에서 보내다 보니 몹시 피곤한 상태에 있소이다."

간곡한 어투로 부탁을 했다. 기철은 더 이상 그들을 경계하지 않았다. 좁은 방에 6명이 호롱불도 없는 방에서 서로의 얼굴도 알아보지 못한 채 둘러앉아서 이야기의 꽃을 피우며 밤을 보냈다.

그들과 기나긴 대화 중에 기철은 자신도 모르게 그들에 대한 경계심을 풀고는 얼마 전 형이 죽은 일과 이곳까지 탈주한 이야기며 지난날의 일들을 가감 없이 풀어 놓았다. 그러자 그중에 한 사람이 갑자기 물었다.

"형제님은 하나님에 대해 들어 보셨습네까?"

그러더니 자신들은 모두 하나님을 믿는 기독교인이라면서 성경과 예수에 대하여 이야기를 꺼냈다. 그러자 기철은 이 사람들의 정체가 뭔지 알 수가 없었다.

"동무들은 도대체 무순 공작을 하는 분들입네까? 이제는 속 시원히 밝혀 주시라요."

"우리는 그저 평범한 노동자들이요. 봄철이 되면 상부 기관에 신고를 하고 백두산에 들어와 약초와 산나물을 채취하여 말려서 그것을 중국인들에게 팔아 돈을 벌기 위해 때로는 중국 국경을 넘어와 채취를 하고 있는 것이요. 늦가을까지 이런 활동을 하고 다시 조선으로 돌아가서 소속 기관에 약정한 돈을 바치고 나머지 돈으로 우리는 일 년 생활을 꾸려 나가고 있소이다. 아마 일반인들은 우리의 이런 일들을 잘 모를 것이요. 우리 모두가 당의 신뢰를 받기에 이처럼 오랫동안 조선과 중국의 국경을 넘나들면서 채집 활동을 하고 있는 것이요. 우리들에게는 다 처자식이 있기 때문에 다른 생각은 할 수가 없지요. 고향에 남아 있는 가족들이 일종에 볼모로 붙잡힌 것이나 다름없는 것이요. 우리가 이처럼 산짐승이 되어 거의 반년 가까이 이런 생활을 해야 우리 식구들 먹여 살리는 것이지요. 조선에는 우리처럼 이런 일을 하는 사람들이 좀 있소이다. 우리가 이처럼 중국 경계선을 넘어 이곳까지 오는 것은 아시다시피 조선의 산중에는 나무와 숲이 적어서 중국의 산처럼 임산물이 많지가 않소이다. 그래서 부득이 불법으로 국경선을 넘어와 중국에서 산나물 등을 채집하고 있는 것입네다. 봄이 되면 우리뿐만 아니라 많은 채집꾼들이 해마다 중국 지역의 백두산에 들어와 이런 활동을 하고 있는 것이요. 그리고 우리는 조선에서 마음 놓고 신앙생활을 못하지만 이곳에서는 마음 놓고 찬송도 하고 기도도 하고 자유를 누리고 있으니 조선 사람치고는 복 받은 노동자들이지요"

기철은 그들이 스스로가 자신들은 예수를 믿는 기독교인들이라는 말이 좀처럼 믿어지지 않았다. 예수를 믿는 자들은 모두 미 제국주의 앞잡이고 조선 전쟁 시에 모두 남쪽으로 내려간 줄로만 알고 있었는데, 이들같이 예수를 믿는 사람들이 지금도 조선에 존재한다는 것이 신기하기만 했다. 그들은 돌아가면서 기철에게 성경 이야기와 기독교에 대해서 설명을 했다. 마치 기철을 기독교인으로 포섭하기 위해 온 특수 공작대원들 같았다. 그는 정신적으로 긴장감을 높이며 그들에게 설복당하면 안 된다는 생각을 굳게 먹었다. 자신이 마치 독안에 든 쥐처럼 되어 버린 것 같았다. 그들은 기독교에 대해 통달한 사람들이었다. 모두가 다 언변이 뛰어났다. 이 분야에 많은 교육을 받은 사람들 같았다.

그들 중 한 명은 조선의 기독교 역사도 줄줄 꾀고 있었다. 그들의 이야기 중에는 인류의 시조 이야기며 하나님이 천지와 만물을 만드셨다는 이야기를 비롯해서 어린이 동화 같은 홍수 심판에 대한 것 등 밤이 지새도록 재미있는 이야기를 들려주었다. 기철은 그 이야기를 듣는 중에 자신도 모르게 깊이 빨려 들어가고 있었다. 그런 이야기를 하던 중에 그중에 한 사람이 노래를 가르쳐 준다면서 자기가 먼저 선창을 하면 따라하라고 했다. 제목은 "주안에 있는 나에게"였다. 처음에는 생소했지만 몇 번 부르다 보니 그 가사 내용이 내 마음에 스며들기 시작했다.

주안에 있는 나에게 딴 근심있으랴
십자가 밑에 나아가 내 짐을 풀었네
주님을 찬송하면서 할렐루야 할렐루야
내 앞길 멀고 험해도 나 주님만 따라가리.

그 노래를 몇 번씩 반복해 부르자 기철 자신도 모르게 감정이 복받쳐 울먹이며 부르게 되었다. 왠지 그 노래는 눈물샘을 자극하여 주체할 수 없는 눈물이 나왔다. 기철은 그 노래에 감동이 되면서 자신이 한없이 연약해진 것만 같았고 스스로가 뭔가에 홀려 있는 것 같은 신비한 감정에 사로잡혔다. 그 노래 이외에 또 몇 곡을 더 불렀다. 그 노래들도 그의 심금을 울렸다. 그들은 노래를 중지하더니 그중에 한 사람이 기철을 위해 하나님께 기도해 주겠다면서 손을 잡았다. 그의 손은 거칠었지만 왠지 혈육의 정이 통하는 듯했다. 그의 기도는 마치 기철이의 마음을 깊이 꿰뚫어 보는 듯이 아픈 심정을 샅샅이 훑어 내리면서 쓰다듬어 주듯 그를 감싸 주었다.

"전능하신 하나님 아버지! 이 시간 주 안에서 이 형제님을 만나게 해 주셔서 감사합니다. 이 깊은 산중에 외로이 살아가며 그간 많은 상처와 슬픔을 안고 홀로 견디며 살아온 이 형제를 불쌍히 여기시고 위로하여 주옵시고 주님의 품 안에 안아 주옵소서.

이제는 전능하신 하나님 아버지만을 온전히 의지하며 하나님의 도우심을 받아 새로운 삶을 살도록 인도하여 주옵소서. 불가피한 사정으로 조국을 떠나 홀로 서 있는 이 형제를 주님께서 자녀로 삼아 주시고 주님께서 선한 목자가 되어 주셔서 이 형제의 생명을 지켜 주시며 이제는 주님을 영접하여 외롭지 않게 살게 하옵시고 이 땅에 사는 동안 온전히 창조주 하나님을 기억하며 십자가에 돌아가신 예수님만 바라보고 영원토록 하나님의 품에 안겨 살게 하옵소서."

그의 장황하고도 어머니 같은 따뜻한 위로의 음성이 기철이의 마음을 새롭게 변화시켜 주었다. 그 기도를 듣는 중에 기철은 자신도 모르게 완전히 엎드려서 어린아이처럼 펑펑 울었다. 그동안 가슴 속에 담고 혼자 분노하고 두려워하며, 원망했던 감정이 한꺼번에 폭포수처럼 쏟아져 내리면서 돌처럼 굳어져 있던 심장이 다시 박동하는 것 같았다. 참으로 신비한 체험이었다. 그들은 알 수 없는 이상한 무리였다. 그들에게는 신비한 능력이 있었다. 이 같이 기철은 기독교인들을 백두산 산중에서 만나고 마음을 열고 함께 화통하고 있는 상황이 마치 귀신에 홀린 듯했다. 그날 밤은 기철에게 돌이킬 수 없는 삶의 크나큰 전환점이 되었다.

다음 날 아침 그들은 같이 밥을 지어먹고 약초와 산나물을 채취하러 더 깊은 산으로 들어갔다. 기철은 그들과 하룻밤 사이에 영원한 동지가 되어 버렸다. 그들은 작업 중이나 걸어갈 때도 늘 기독교 노래를 불렀다. 어느덧 기철은 그들과 한 무리가 되어 함께 약초와 산나물을 채취하러 다녔다. 기철은 이제 더 이상 외롭지 않았고 두렵지 않았고 살 희망을 갖게 되었다. 그들은 이제 한 식구, 한 형제가 되었다. 하나님께서는 불과 얼마 전에 하나밖에 없는 형님을 하늘로 데려 가시더니 더 많은 믿음의 형제요, 동지들을 엮어 주셔서 삶의 생기를 갖게 해 주셨다. 참으로 신기하기만 한 일들이었다.

그들은 저녁이면 한데 모여서 밥과 산나물, 그들이 가지고 온 된장과 고추장을 풀어서 국을 끓여 매일 잔칫상처럼 차렸다. 저녁을 해 먹고는 성경 이야기를 듣고 찬송을 흥겹게 부르며 천국 같은 나날을 보냈다. 그들은 매우 신비한 사람들이었다. 마치 하나님께서 하늘에서 보낸 천사들 같았다. 그들은 조선 사람들이었지만 조선에 속한 사람들 같지 않고 머나먼 외계의 사람들처럼 신비했다. 분명한 점은 그들도 다 가난한 사람들이었고 하층의 일반 노동자들이었지만 그들의 표정과 언행은 늘 온유했고 따듯했고 행복한 무리였다. 그들과는 금세 한 혈육같이 정이 들었다. 이들이 믿는 하나님이라면 믿어야겠다는 결심을 하게 되었다.

양식이 떨어질 것 같으면 어딘가에 가서 쌀이며 된장, 김치 등 필요한 용품들을 조달하여 갖고 왔다. 이상했다. 그렇다고 도둑질하는 사람들은 아니었는데 어디에선가 갖고 오는 것이었다. 궁금하여 물어보니 자신들을 상대하는 중국 채집 상인들을 통해 물물교환도 하며 산야초를 팔아서 현금화한다고 했다. 그들은 모두 그 깊고 깊은 백두산 계곡이며 산등성이며 산 지형을 손바닥 보듯 훤히 알고 있었고 주름잡고 다녔다. 기철도 이들을 통해서 중국 상인들과 접촉하는 장소며 민가의 위치를 알게 되었다. 그제야 어떻게 살아야 되는지를 그들을 통해 터득하게 되었다.

기철은 그들을 만남으로 인해 일찍이 평생에 누려 보지 못한 행복과 평안을 누리게 되었다. 5개월 가까이 그들과 함께하며 많은 성경 이야기도 알게 되었고 혼자서 찬송가도 여러 곡을 부를 수 있게 되었을 뿐만 아니라 기도도 할 수 있게 되었다. 자신도 모르게 예수쟁이가 되어 버렸다.

어느덧 백두산에 서리가 내리게 되었다. 이제 그 무리도 고향으로 돌아가야 한다면서 귀향을 준비했다. 그들은 몇 개월간 채집한 희귀한 산야초와 산나물 등을 팔아 돈을 벌었기에 각자의 집으로 돌아가는 것이다. 그들 모두가 매년 중국에 철새처럼 왔다가 기러기처럼 날아서 고향으로 돌아가는 날개 달린 사람들 같았다. 그중에 한 사람이 기철을 부르더니 적지 않은 돈을 주면서 양식과 생필품을 사 쓰라고 했다. 그러면서 한마디를 더했다.

"황 형제, 얼마 있지않아 한 사람을 보내 줄 테니 기다려 보시라요. 그 동지는 우리와 생사고락을 함께하고 있는 탈북자 출신의 믿음의 동지요. 그 친구가 여러모로 실생활에 많은 도움을 줄 것이니 기대해 보시오."

왠지 빈말 같지 않았다. 그들이 모두 떠나는 그날은 어린아이처럼 몹시 슬펐다. 기철은 자신도 그들과 같이 조국으로 돌아가서 고향의 가족들을 만나면 좋으련만 가족들 역시 어디엔가 강제로 어느 황량한 곳에 내쳐져 있을 것을 생각하니 더욱 괴로워졌다. 그들이 떠난 심곡의 움막 같은 거처는 더욱 적막감이 돌았다. 다시 반년 이상을 기다려야 형제 같은 그들을 만날 수 있다는 것이 유일한 기다림이고 희망이었다.

홀연히 나타난 믿음의 동지

백두산에도 본격적인 겨울이 오면서 칼바람 같은 차디찬 삭풍이 불기 시작했고 온 세상이 흰 눈으로 뒤덮여 적막감은 더했다. 그들이 보내주겠다는 그 사람을 날마다 동구 밖 바라보듯 기다리게 되었다. 중국 쪽의 큰 찻길에서 거기까지 찾아오려면 거의 반나절 이상을 걸어야 올 수 있는 깊은 산중에 있었다. 그동안 봄으로부터 가을까지는 돈벌이를 위해 이른 아침부터 저녁까지 산 다람쥐처럼 산을 타고 다니며 채집 활동을 해왔으나, 이제는 기나긴 월동을 준비하기 위해 땔감을 넉넉히 비축해 두어야 했다. 모든 것을 자급자족해야 해서 다람쥐 쳇바퀴 돌듯 분주해야 했다. 그러나 해가 지면 외로운 산장지기 신세였다. 그래도 긴긴밤을 홀로 지낼 수 있었던 것은 그들로부터 배운 찬송과 기도가 있었기에 가능했다. 무시로 흥얼거리며 찬송을 했고 기도하는 시간도 점차 많아졌다.

기철은 하나님께서 자신을 이처럼 훈련시키는 데에는 무슨 뜻이 있을 것이라는 생각이 들기 시작했다. 그동안 준비해 놓은 장작과 나뭇가지가 다 떨어져서 아침 일찍 땔감을 주으러 다녔다. 때로는 벌목장에 가면 좋은 장작감도 이삭 줍듯이 주어 올 수 있었으나 거리가 너무 멀었다. 그 나무꾼들도 역시 눈이 오고 날씨가 추워지자 철수하고 빈 장막처럼 되어 버렸다.

어느 날 땔감을 등에 잔뜩 짊어지고 내려오는 데 웬 형님뻘 되는 키가 큰 사람이 집 앞에 서 있었다. 기철은 직감적으로 지난번 그 예수 믿는 형제들이 보내 주겠다고 한 그 사람이라는 것을 확신할 수 있었다. 그 사람은 먼저 물었다.

"당신이 황 형제 맞습네까?"

처음부터 동생대하듯 했다.

"반갑소이다. 나는 경철 동지라고 하오. 얼마 전 제 동지들로부터 이야기를 많이 듣고 황 형제를 꼭 만나 보라고 하여 이같이 먼 길을 마다하지 않고 찾아왔소이다. 진작 오려고 했는데 다른 곳 월동 준비를 도와주느라고 시간이 좀 지체되었소이다. 이렇게 산중에서 만나게 되어 정말 반갑수다. 건강은 하오? 산중에서는 거저 건강이 큰 밑천이외다."

기철은 한 눈에 그를 의심 없이 받아들이고 반갑게 맞아 주었다.

"경철 동지! 정말 고맙수다. 이 험하고 먼 거리를 나 한 사람을 위해 여기까지 와 주다니 거저 고맙고 황송할 뿐이외다. 마치 작년에 돌아가신 형님을 뵈온 것 같습네다. 그러지 않아도 사람이 몹시 그리웠고 약속된 그 사람이 오늘 오나, 내일 오나 하고 날마다 저녁 시간이 되면 길 쪽을 바라보는 것이 습관처럼 되어 버렸습네다. 아이고 참 죄송합네다. 귀한 손님을 이렇게 마냥 세워만 놓고 이야기에만 몰두한 것 같습네다. 토굴 같은 움막집이지만 들어오시라요."

그의 발아래에는 큰 배낭이 있었다. 그 큰 배낭에 무엇이 있는지 궁금하기도 했다. 일단 그를 방안으로 들였다. 그리고는 아궁이에 장작을 집어넣고 불을 지폈다. 다시 방에 들어오자 그는 기철을 위해 배낭에서 여러 생활용품들을 꺼냈고 난생처음 보는 새까만 표지의 책을 주었다.

"황 동지! 이 책이 성경책이요. 여기 산중에 있으면서 겨울 동안 달통해 보시오."

그 책을 받아본 순간 어떤 신비로운 느낌이 들면서 두 손으로 공손이 받았다. 마치 임금님이 하사하는 진품인양 느껴졌다. 이 책이 그동안 그 친구들이 많이 이야기를 해 주었던 바로 그 성경책이었다. 기철은 너무도 감격했고 이제 이 산중에서 이 책이 너덜거리도록 많이 읽어 뇌 속에 다 녹여 넣어야겠다는 각오를 했다. 실로 오랜만에 만져 보는 책이었다. 그것도 생각지도 못한 성경을 손에 넣게 되다니 하늘에서 내려 준 책 같았다.

기철이 그에 대해 묻지도 않았는데 자신의 지난날을 풀어 놓았다.

"나도 황 동지처럼 당과 수령만을 위해 몸이 부서져라 충성을 했던 사람이었소, 8년 전에 조선 양강도 혜산에서 당간부급으로 있다가 당의 지시를 실행치 않고 거역을 하여 반동으로 낙인찍혀서 출당을 당하게 되었소이다. 그 즈음에 중국에 다녀온 탈북자 출신에게 전도를 받고 예수를 믿게 되었소이다. 그리고 그 무리들과 함께 활동을 했는데, 그만 그 사실이 고발되었고 체포되기 직전에 친구가 귀띔을 해 주어서 가족들을 놓아두고 야반도주하여 압록강을 건너왔소이다. 살길이 막연했는데 하나님께서 인도해 주셔서 조선족 처소 교회의 도움과 한국 선교사들을 만나게 되어 그들로부터 지원을 받아서 조선에 남아 있는 지하 기독교의 동지들을 돕고 있고 지금까지 그 일을 해 오고 있소이다.

지금 생각해 보면 이 모든 일들이 하나님의 은혜이고 인도하심이었소이다. 그 전까지는 오직 거짓 우상인 사람에게 충성하며 살아왔었으나, 하나님께서 나를 사탄의 올가미에서 풀어 주셔서 이제는 하나님의 자녀와 일꾼이 되어서 이같이 조선의 우리 동포들을 마귀의 굴속에서 구출해 내는 일에 충성하고 있소이다. 아마 황 동지도 하나님께서 나처럼 쓰시기 위해 조선 땅에서 끌어내어 하나님의 일을 맡기려 훈련을 시키는 것일 것이요. 황 동지의 지난날의 아픔과 고통이 결코 헛되지 않을 것이요. 이제부터 나와 주 안에서 하나님 나라의 일을 위해 몸과 마음을 같이 해서 주를 위해 힘을 합칩시다. 나 또한 외로운 사람이요. 이렇게 같은 처지가 되어 만나게 된 것도 다 하나님의 은혜요. 그러니 이제 예수의 피로 맺어진 형제이고 동지이니 잘 지내봅시다. 그리고 내 이름은 김경철이라 하오."

김 동지는 성격이 매우 시원시원하고 과거에는 조선에서 한 가닥 했던 그런 사람 같았다. 그가 준비해 온 것 중에 라디오와 각종 생활용품이 있었고 제일 반가운 것은 전등과 초였다. 이제 밤이 되어도 불편할 것이 없게 되었다. 무엇보다도 라디오가 있게 되었다는 것이 새로운 친구가 생긴 것 같았다. 그는 기철에게 라디오를 통해 성경에 대해 많이 배울 수 있으니 새벽 4시면 남조선 극동방송에서 남조선의 교회 목사님의 설교와 찬양과 세상 돌아가는 소식도 들을 수 있으니 꼭 들으라고 당부했다. 기철은 이제부터 산중의 비문명 생활에서 문명인의 삶을 살 수 있게 되었다.

기철은 약 3개월 만에 사람을 접하게 되었다. 김 동지를 만난 것이 마치 바다에서 표류하다가 무인도에서 만난 사람같았다. 그와 밤을 지새우며 서로가 지난날의 이야기를 많이 주고받는 가운데 그는 기철을 많이 위로해 주었다. 김경철 동지 역시 기철 못지않게 많은 험악한 일들을 조선에서 겪으며 살아온 특출한 지난날들의 이야기들을 들려주었다. 그는 마치 항일 시대의 항일 투사 같은 믿음의 전사였다. 기철은 하나님께서 같은 처지인 김 동지를 동역자로 보내 주셔서 이제 새로운 삶을 살도록 하셨다는 것을 확신하게 되었다. 그는 새벽이 되자 기철에게 라디오의 사이클을 조정하여 제주도에서 방송되는 극동방송을 듣게 해 주었다. 너무도 신기했다. 구만 리 같은 머나먼 제주도에서 방송하는 것을 그것도 하나님의 말씀을 들을 수 있다는 것이 너무도 신기했고 감사했다.

그와 많은 이야기를 주고받은 가운데 지난번에 왔다가 간 그 동지들과는 오랫동안 신앙 동지로서 지내왔고 저들이 필요로 하는 것들을 김 동지가 마련하여 조선에 보내 주고 있고, 김 동지는 중국에 와 있는 한국 선교사님들과 연계를 갖고 물자를 지원받아 활동을 하고 있다고 했다. 기철에게는 거짓말 같이 들렸지만 그가 이처럼 온 것이 이를 증명하고 있는 것이었다. 그 물건 중에는 한국에서 보낸 신앙책자며, 생활용품과 한 겨울을 충분히 날 수 있는 오리털 잠바며 전투화 같은 가죽 신발 등이 남조선의 기독교인들이 보내 준 것이 확실했다.

그는 아침에 함께 기도하자며 절절히 기도했다.

"황 동지, 이제 오직 하나님만 바라보고 앞으로 조선의 복음화를 위해 쓰임 받는 믿음의 용사가 되시오. 장차 조국에 교회를 세우는 데 함께 힘을 모읍시다."

그러면서 한 마디 덧붙였다.

"황 동지는 이미 군에서 장교로서 부하들을 거느려 보았고 상급자의 수준 있는 교육을 받았으니 그 경험을 살려서 조선의 복음의 전사들을 키우는 지도자가 되어야 합니다. 그러기 위해서는 먼저 성경을 완전히 독파하고 성경구절을 많이 외우고 기도를 많이 해서 지도자의 자질을 갖추어 보시오."

왠지 그의 말이 하나님 말씀처럼 위압적으로 들렸다. 그는 두 달 후에 다시 오겠다고 하면서 눈길을 헤치며 홀연히 시야에서 사라졌다. 신출귀몰하는 홍길동 같았다.

백두산 산중에서 세례 요한의 훈련을 받으며

그가 떠난 후에 성경의 첫 장을 열어 보았다 창세기 1장 1절이 성경의 첫 구절이었다.

태초에 하나님이 천지를 창조하시니라.

도대체 너무도 기이하고도 신비한 글이었다. 온 세상을 하나님이 창조했다는 뜻이 이해되지를 않았다. 이 세상은 저절로 이루어진 것이고 오랜 세월 속에서 생명체가 저절로 생겨나고 진화해서 지금의 온 세상이 이루어진 것으로 그렇게 알고 있었는데, 온 천하와 생명체들을 하나님이 창조했다는 말에 신비감을 느끼며 창세기를 반복하여 읽으며 생각의 되새김질을 해 보았다. 몇 달 전에 함께 있었던 조선 친구들이 이야기로 들려주었을 때와 그 내용을 책으로 직접 보니 느낌과 생각이 완전히 달랐다.

만일 이 책의 내용이 과학적으로 역사적으로 모순이 있다면 지금까지 이 책이 존재할 수가 없었을 터인데 과학이 발달한 현대에도 이 책을 세계인들이 지속적으로 본다는 것은 분명히 진리이며 과학적 근거가 있기 때문이라는 생각이 점차 들게 되었다.

창세기 내용에 흠뻑 빠진 기철은 촛불을 켜 놓고 촛농이 떨어지는 줄도 모르고 책장을 넘기며 성경에 도취했다. 김 동지 말로는 중국에는 개혁개방된 후에 산골 마을에도 교회당이 있고 기독교인들이 날이 갈 수록 많아지고 있다는 말을 했었다. 그때는 그 말이 신빙성이 가질 않았으나, 이젠 거짓이 아닐 것이라는 생각이 점차 들었고, 김일성이 어린 시절 어머니와 함께 칠골교회를 다녔었다는 김일성 전기의 내용이 떠오르면서 김일성이 왜 조선인들에게는 하나님을 못 믿게 하고 미신이라고 하며 기독교를 미 제국주의자들의 종교라고 선전을 했는지 의문이 생기기 시작했다. 김일성은 살아서나 죽어서나 조선의 하나님으로 자리 잡고 있다는 점에 회의감이 들기 시작했다.

기철은 김 동지의 말대로 이 성경을 열심히 탐구하면 모든 의구심이 해결되고, 새로운 진리의 세계가 열릴 것이라는 생각이 점차 들게 되었다. 그러기 위해서는 이 겨울에 성경책을 뇌 속에 녹여 넣겠다는 작정을 했다. 하지만 막상 성경을 읽어 내릴수록 알 수 없는 말들이 많았고 이해할 수 없는 단어와 문구들이 부지기수였다. 기철은 이런 내용들을 이해하기 위해 그가 주고 간 성경 교재도 보고 극동방송을 새벽마다 들으며 많은 기도를 하면서 기나긴 겨울을 보냈다. 산중의 시간은 구름처럼 지나갔다.

김 동지는 정말 두 달 후에 다시 천사처럼 나타나 기철에게 여러 기독교 서적과 생활용품들을 갖다 주었다. 제일 반가운 물건은 치약과 칫솔과 비누였다. 더욱 진화된 문명인이 될 수 있었다. 김 동지는 지난번 그 동지들도 잘 있다는 안부도 전해 주었다. 저들은 이제 금년 봄 5월이면 다시 올 것이라고 했다.

"황 동지는 내년 봄에 조선에서 건너오는 동무들에게 성경을 가르칠 수 있도록 성경을 충분히 탐독하고 연구하여 준비하시오. 조선에서는 안전상 성경을 장시간에 걸쳐서 지속적으로 가르치는 것이 매우 어렵소이다. 그래서 저들과 함께 논의를 했는데, 새로이 전도된 사람과 지도자들을 새롭게 세우기 위해서 성경 지식과 믿음을 수준 있게 높이기 위해서 꼭 필요한 교육 과정을 실행하기로 했소이다. 그러니 황 동지께서 이에 대한 준비를 철저히 해 주시오."

김 동지의 그런 일방적인 지시에 너무 어처구니가 없었다.

"김 동지가 잘 아시다시피 이제 성경에 대해서는 강아지 눈뜬 격인데 어떻게 반년도 안 되는 준비 기간 내에 내가 다른 사람들에게 성경을 가르칠 수 있겠습네까? 언어도단입네다."

"성경이나 세상 지식이나 누가 태어나면서부터 배워 가지고 나옵네까. 나도 지난날에 그러했소이다. 지금부터라도 열심히 공부하고 부족하면 하나님께 지혜를 열심히 구하시라요. 믿는 자에게는 능치 못할 일이 없소이다. 내 생각에는 하나님께서 황 동지를 이같이 쓰시기 위해 백두산 골짜기로 몰아넣으시고 훈련을 시키는 것이라 봅네다. 그러니 믿고 결단하고 시작하시오"

그의 말은 곧 명령이었다. 기철은 자신의 의견을 조금도 배려치 않고 일방적으로 통보하고 명령하는 것이 좀 기분이 상하긴 했다. 그렇지만 한편으로 생각해 보면 하나님께서 이 기회를 통해 나도 믿음의 동지들과 뜻을 같이하고 조국을 새롭게 건설하는 역사적 임무를 주신 것이라는 생각이 들기도 했다. 김 동지는 그런 과업을 잘 준비하도록 여기에 필요한 성경 학습지도 책자들을 가져다 준 것이었다. 기철은 그동안 성경을 두 번을 통독하여 이제는 어느 정도 이해가 되었고 특히 라디오로 극동방송을 들으면서 성경을 터득하는 데에 큰 도움을 받았다. 기철에게는 라디오가 성경학교였고 선생님이었다. 김 동지는 그 다음 날 아침 식사를 하고 마치 우편배달부처럼 책 보따리를 넘겨주고 훌쩍 떠났다.

기철은 독학으로 겨울 내내 성경을 통독하고, 암송하고, 탐독하면서 여러 다양한 성경 학습 교재도 겸하여 공부했다. 성경의 내용과 핵심을 짚을 수 있었고 신약과 구약의 내용을 꿰어 변증할 수도 있게 되었다. 어느덧 봄의 기운을 느낄 수 있는 4월이 왔다. 이제 한 달만 더 있으면 지난 해 기철에게 믿음의 은인들이었던 그들을 다시 만나게 될 것을 생각하니 가슴이 설레기도 했다. 개울가에는 아지랑이가 피어오르기 시작하고 얼음장 밑으로 물 흐르는 소리가 제법 크게 들려 봄의 생동감을 느끼게 했다. 기철은 그들이 이제 오나, 저제 오나 저녁때만 되면 집으로 들어오는 숲길을 바라보았다. 산중의 외로운 삶을 오직 하나님을 의지하고 산다고 하지만 인간적인 외로운 정서는 어찌할 수 없었다.

기철은 성경에 나오는 세례 요한이 이스라엘에 메시아 오심을 알리기 위해 광야에서 야인 생활로 준비했던 것처럼, 이 백두산에서 조선에 오실 예수를 전하는 데 쓰임 받는다면 이보다 더 의미 있고 가치 있는 일이 있을까 하는 생각도 해 보았다.

5월 하순경에 들어서자 산에는 산나물들이 피어나기 시작했다. 이제 산나물을 채취하는 그 동지들이 오늘 중이라도 들이닥칠 것만 같았다. 그러던 어느 날 드디어 그 일행으로 보이는 여섯 명이 찾아왔다. 기철은 그들을 보는 순간 마치 죽은 형님이 돌아온 듯 반가워 그들을 와락 껴안았다. 그들 중 두 명은 지난번 그 형제들이었으나 네 사람들은 처음 본 사람들이었다. 그들 등에는 마치 피난민처럼 많은 짐들을 갖고 왔고 한 사람은 양은 솥단지까지 메고 왔다. 단단히 준비하고 온 것이었다. 그 지도자 형제는 기철에게 네 사람을 소개했다. 이들은 작년에 전도 받은 형제들인데 성경에 대해 잘 알지 못하니 초보적인 수준에서 잘 가르치라는 것이었다. 막상 그 같은 임무를 받으니 긴장도 되었다. 혹시 소경이 소경을 인도하게 되는 것이 아닐까 하여 조금은 두렵기까지 했다.

그들 일곱 명은 저녁에 쌀밥을 솥단지에 그득히 하고 그들이 갖고 온 김치를 썰고, 된장을 풀어 말린 산나물을 넣고 감자도 넣어 고기 없는 잔칫상을 차려 놓고 바닥에 펼쳐 놓았다. 그 지도자는 먼저 하나님께 감사 기도를 드리자면서 절절한 기도를 했다. 밥을 눈앞에 두고 눈을 감고 기도하는 가운데 감격의 눈물이 떨어지고 있었다. 너무도 감사한 일이었다. 이 산중에 믿음의 동지들을 보내 주시고 한 지붕 밑에 거하는 믿음의 식솔들을 보내 주셨으니 더 이상 필요할 것이 없게 되었다. 또한 기철에게 성경을 가르칠 수 있는 임무를 주셨으니 더욱 감사했다. 그는 이제 두려울 것이 없었고 부러울 것이 없었다. 마치 만만대군을 거느린 장수 같은 기분이었다. 지도자의 감사의 기도마다 여섯 명의 아멘 소리가 힘차게 들렸다. 마치 그 분위기가 백두산 중에 천국이 내려온 것 같았다. 그들에게는 성경이 없었으나 얼마 전 경철 동지가 주고 간 여러 권의 성경과 찬송이 있었기에 성경을 학습하는 데에 아무 문제가 없었다.

다음 날 새벽에 극동방송을 들으면서 먼저 예배를 드렸고 식사를 마친 다음에는 네 사람은 남아 성경 학습을 하고 나머지 두 사람은 약초와 나물을 채집하러 나갔다. 그들은 점심에 다시 들어와 밥을 먹고 기철을 포함하여 모두가 함께 산중에 들어가 채취 작업을 했다. 저녁이면 식사를 마친 다음 손뼉을 치면서 찬송가를 힘차게 불렀다. 이제 이 백두산에 토담 예배당이 세워졌고 성경학교가 세워진 것이다. 하나님이 임재하신 거룩한 장막이 된 것이었다. 솔로몬의 성전이 금은보화로 꾸며졌을지라도 이보다 더 은혜가 넘쳤을까. 모두가 감동과 은혜를 시시때때로 체험했다.

예수님께서 두 번째로 이 세상에 오신다면 갈릴리에 오시지 않고 이곳 백두산 산중 토담 예배당에 오실 것이라는 상상도 해 보았다.

기철은 성경 가르치는 일에 큰 힘을 얻었고 겨울 내내 성경과 학습 서적을 헤어지도록 보았기에 있는 그대로, 아는 대로 가르치는 데에는 아무 문제가 없었다. 배우는 형제들은 성경을 체계적으로 배워 보지 않았기에 저들도 의욕을 갖고 열심히 배웠다.

기철은 이제 김경철 형제가 이야기하던 대로 성경을 가르치는 지도자가 되었다. 불과 작년만 하여도 성경에 대해서는 눈뜬 소경이었는데, 이제는 성경 선생이 되었으니 군대에서 왕별을 단 것보다 더 자신이 높아진 것 같았다. 그들 중 지도자 형제는 앞으로의 계획을 이야기했다. 이제 이번 봄부터 이 산중에서 "백두산 성경학교"의 지도자가 되어 그들이 수시로 보내는 사람들에게 성경을 가르쳐야 한다는 것이었다. 이는 조선의 지하 교회 조직과 김경철 동지와 협의 끝에 결론을 내린 것이라며 마치 기철을 교장 선생이라도 임명하듯 그렇게 세워 놓은 것이었다.

기철은 이곳에 처음 왔을 때 자신이 유배지에 온 것 같았고 마치 아골 골짜기에 버려진 버림받은 인생 같았으나 하나님께서 자신을 이 백두산 장군봉보다 더 높이 세워 주셨다. 그는 그들로부터 그러한 이야기를 들으면서 가슴이 뜨거워졌고 왜 하나님께서 그동안 감당키 어려운 고난을 주셨는지 이제야 알면서 하나님의 깊은 뜻을 헤아리게 되었다.

기철은 2년 가까이 산중에 있으면서 그 몰골이 마치 야만인처럼 변해 있었으나 표정과 영성은 마치 선지자 같았다. 세례 요한이 광야에서 짐승의 털로 몸을 가리고 석청과 메뚜기를 먹으면서 야생인으로 살았지만 회개와 천국을 선포했던 그런 선지자 같은 모습이었다. 하나님께서는 이 시대에도 조선을 복음으로 변화시키시기 위해 이 같은 무명한 한 청년을 들어서 산중에서 복음을 외치며 장차 쓰임 받게 될 복음의 사명자들을 배양하는 산중의 갈릴리로 삼으신 것이다.

어느덧 늦여름으로 들어서는 8월 하순경에 김경철 동지가 다른 형제 하나를 더 데리고 많은 짐을 싸 들고 다시 나타났다. 그들의 손에는 닭 두 마리가 잡혀 있었다. 기철은 그 사람들보다는 그 닭에 시선이 멈추었다.

"어이! 황 형제, 사람은 안 보이고 닭만 보이나?"

이를 알아챈 김 동지는 기철에게 소리를 질렀다. 기철은 그제야 달려가 그의 짐을 받아 안고 들어왔다. 김 동지는 기철을 칭찬하기 시작했다.

"황 형제의 성경 가르치는 실력이 대단하더구만. 벌써 조선에 소문이 났어. 정말 대단하고 고맙네. 앞으로 더 큰 사명을 감당하라고. 하늘에 상급이 많을 거야."

그 일행은 저녁에 닭 한 마리를 잡아 솥에 넣고 쌀과 약초를 집어넣어 기름이 동동 뜨도록 보약 다리듯 끓였다. 실로 얼마 만에 먹어 보는 닭고기인가. 하나님께서는 이같이 먹는 것으로도 상급을 가득히 베풀어 주셨다. 뿐만 아니었다. 이런 국수를 먹어 보았냐며 이 국수는 남조선에서 만든 건데 꼬부랑 국수 라면이라며 내일 이것을 끓여서 잔치를 하자는 것이었다. 기철은 그 다음 날까지 가장 긴 밤을 보냈다. 저녁에 모두 돌아오자 큰 솥에 물을 펄펄 끓게 하고 국수 삶듯이 끓였다. 그는 처음 보는 포장된 국수였다. 거기에는 조그만 봉지에 붉은 가루가 들어 있었다. 그것이 맛내기라는 것이었다. 그 국수 라면 끓는 냄새가 코를 자극했다. 산중에 국수 라면 잔치가 열렸다. 조선에서는 결혼식에 국수를 손님들에게 대접하는데, 이 백두산에 신랑 신부는 없지만 그들 모두 신부였고 예수님이 그들의 신랑이 되셔서 오병이어의 국수 라면 잔치를 베풀어 주신 것이었다. 평생 그 맛을 잊을 수 없는 꼬부랑 국수였다.

잔치 같은 식사를 마친 다음 김 동지는 기철에게 이런 농담을 했다.

"하나님께서 어제 오늘처럼 잘 먹여 주신 것은 앞으로 더 많은 일을 시키려 먹이신 거야. 돼지를 잘 먹이는 것은 잔칫날을 위한 것처럼 말야."

기철이와 모두가 웃어 댔지만 뼈 있는 말이었다. 기철은 자신이 하나님의 일꾼으로 사도 바울이나 세례 요한처럼 쓰임 받다 죽임을 받는 날이 올지라도 기꺼이 자발적으로 순교의 제물이 될 수 있다는 각오를 이미 가슴에 새겨 놓았다.

매년 이런 사역이 진행되었다. 연례 행사였다. 그동안 몇 년의 세월이 흘러 매년 백두산 산중에는 엘리사의 선지생도들이 모여 하나님의 말씀을 배운 것처럼 끊임없이 조선의 믿음의 사람들이 모여 복음의 전사가 되기 위해 지속적인 훈련이 이어졌다. 2006년 12월, 성탄절을 앞두고 김경철 동지는 월동에 필요한 것들을 등짝에 짊어지고 다시 찾아왔다. 김 동지는 기철에게 갑자기 다른 말을 했다.

"우리가 이처럼 조선의 믿음의 동지들이 활동할 수 있는 데에는 다 그 뒤 배경이 있어. 무슨 말이냐 하면, 우리가 활동하는데 드는 비용이며, 물자며, 조선 동지들에게 각종 양식과 옷이며, 약품, 성경, 라디오 등은 모두 남조선 한국 교회와 선교사님들이 후원해 주고 있는 거야. 내가 뭔 돈이 있어 이렇게 하갔어. 하나님께서 연약한 우리를 도우시고 장차 우리로 하여금 조선의 복음화와 통일을 위해 함께 준비하라고 다 이같이 엮어 주셨고 도우시는 거야. 그래서 하는 말인데, 내가 그동안 중국에 들어와 있는 한국의 강 선교사 한 분에게 많은 도움을 받고 있어. 그 선교사님과는 5년 이상을 함께 일하고 있는데 황 형제에 대해 소상히 보고를 했더니 앞으로 우리 하는 일을 더욱 적극적으로 도와주시겠다고 했어. 그 선교사님은 특히 황 형제에게 본인이 간증하는 것을 녹음해 오거나 편지를 받아 오라고 했어. 녹음하는 것이 부담이 되면 내일 내가 내려갈 때 갖고 갈 수 있도록 먼저 감사 편지 한 장 쓰라구."

기철은 한국 교회와 선교사님들이 자신을 기억하고 있고 이처럼 물심양면으로 도와주고 있다는 사실을 이제야 알고 너무 감사했다. 하나님께서는 조선에 남아 있는 성도들과 이 산중에 묻혀 사는 기철을 기억해 주시고 남조선의 교회와 연관시켜 주셔서 이 같은 일을 감당하게 하신 것이 기적같이 여겨졌다. 너무도 감사하고 무엇보다도 결코 홀로가 아님을 이처럼 확증해 주신 것이 기철을 향하신 하나님의 극진하신 사랑으로 가슴에 와 닿았다.

기철은 김 동지가 준 종이에 편지를 썼다.

존경하는 강석진 선생님께 올립니다.

이 시각도 조선의 죽은 영혼들을 위하여 기도로, 생활필수품으로 성심성의껏 도와주고 계시는 모든 분들께 북조선 교회 모든 성도들의 이름으로 뜨거운 인사를 감사하며 올립니다. 경철 형님의 말씀을 통하여 선생님들의 말씀을 전해 듣고 너무도 큰 힘을 얻고 하나님의 뜻을 이루기 위하여 힘쓰고 있습니다. 경철 형님의 말씀에 선생님이 나의 생활상과 과거를 듣고 싶어 하신다 하시기에 간단히 지난날을 말씀드리려 합니다.

저는 함경도 함흥시에서 태어서 인민학교와 중학 과정을 마치고 18살 되는 해에 군대에 입대하여 4년 되는 해에 군관학교에 입학했고, 2년간의 군관학교 생활을 필하고 평양 수도방위사령부 경비대대 중대장으로 군사 복무를 하던 중 저와 7촌벌 된다는 황장엽 비서의 월남 사건으로 인하여 군 현직에서 강직되어 함경도 광산에 추방되었습니다.

2000년 봄에는 황 씨 가문에 대한 조선 보위부의 살육 계획이 있다는 소문을 듣고 저와 형님은 탈출을 하여 중국에 와서 새로운 삶을 살게 되었습니다. 백두산에서 피신 중에 형님은 토굴이 무너져 생명을 다했고 저는 김경철 형님의 도움과 지도하에 믿음의 생활을 하고 김경철 형님과 함께 조선의 복음화를 위해 일하게 되었습니다. 김 형님께서 나의 과거를 소상히 간증으로 써 보라고 했으나 미안하지만 저는 나의 가슴 아픈 과거를 파헤치고 싶지 않고 글을 쓰는 재주도 시원치 못합니다. 앞으로 기회가 되면 녹음을 하여 드리도록 하겠습니다.

강 선생님, 저의 마음속에는 오직 조선에서 공산 마귀의 그 아성이 무너지는 순간까지 목숨 바쳐 싸워야 한다는 생각 밖에 없습니다. 내가 더 많은 하나님의 일꾼들을 공부시키는 것이 주 예수 그리스도의 나라를 북조선 땅에 만드는 것이라 믿기에 이 일을 위해 죽도록 충성할 뿐입니다. 조선 땅에서 겪는 우리 가정의 불행과 오늘도 겪고 있는 조선 인민의 저 불행을 가셔 줄 분은 오직 예수님 밖에 없음을 절감했기에 그 이상의 것은 생각해 볼 여유가 없습니다. 살이 찢기고 뼈가 부스러지는 한이 있어도 우리는 이 길로 갈 것이라 믿어 주십시오.

천만 마디의 말이 무슨 필요가 있겠습니까. 오직 행동만이 우리에게 필요하고 우리는 반드시 하나님의 능하신 손 안에서 승리하여 공산 마귀의 아성을 무너뜨리고 하나님 나라를 조선 땅에 세울 것입니다. 하나님이 함께하고 있습니다. 아멘! 고맙습니다.

강 선생님 ! 우리의 승리를 기원해 주시기를 바랍니다. 몸 건강하십시오.

2006년 12월 24일

백두산 산중에서 황기철 올립니다.

뒷 이야기

이 이야기는 오랜 동안 북한의 지하 교회를 위해 함께 일해 온 김경철 형제로부터 황장엽의 먼 친척인 황기철 형제의 이야기를 여러 차례에 걸쳐서 들은 사실들을 정리하여 서술한 것이다. 나는 김 형제를 통해 그가 백두산 중에서 귀한 사역을 수행할 수 있도록 몇 년에 걸쳐서 후원을 했다. 그는 한국으로 탈북하여 올 수도 있었지만 하나님께서 주신 북조선의 복음화를 위한 거부할 수 없는 사역에 몸 바쳐 충성하는 것이 하나님께서 더 기뻐하신다는 것을 확신하고 외롭게 백두산 산중에 남아서 귀한 사역을 해 온 것이다. 이는 누군가가 감당해야 할 북한을 향한 복음 전파의 사도적 사명을 이름도 빛도 없이 황 형제가 감당하고 있는 것이다.

북한의 복음화는 이처럼 하나님께서 친히 준비하시고 남겨 놓으신 사람들을 통해 진행하시고 있으며 바로 이 황 형제 같은 고난 받은 형제들을 통해 절망 중에 있는 북한의 백성들을 위로하며, 소망을 주고, 생명과 구원의 말씀을 백두산 중에서 선포하며 북한의 지하 교회의 사역자들을 양육하고 있는 것이다. 이들이야말로 북한 지하 교회의 뿌리이고 남은 자들인 것이다.

필자는 그 형제를 만나 보고 싶었으나, 그는 자신의 신분 노출을 꺼려했고 나 또한 백두산의 깊은 산중까지 가서 만난다는 것이 쉽지 않아 한 장의 편지로 대신해야 했다. 2007년에는 북방선교부 부장 박규형 목사

(2013년 소천)가 김경철과 함께 눈 덮힌 백두산으로 들어가 황 형제를 직접 만나 보았다. 그는 자신을 백두산 깊은 산중까지 찾아 준 한국 목사님의 그 사랑과 열정에 너무 감격하여 목을 놓아 울었다고 한다. 지금도 황 형제의 기도와 외침이 백두산 중에 메아리치고 있다.

그 이후에 매우 안타까운 소식은 김경철 형제가 북한과 접경 도시인 백산에서 밤중에 의문의 교통사고를 당하여 소천했다. 그 형제는 오랫동안 북한 보위부의 표적이 되었다. 그 후에는 더 이상 황 형제와는 연락을 취할 수 없게 되었다.

자강도 소년 스테반의 순교

_강석진

“오마니! 저는 이미 하나님의 자녀가 되어

이 세상에 그 무엇도 부러운 것이 없고 미련이 없습네다.

제게는 천국의 소망이 있고 영생을 얻었는데

이 세상의 생명이 뭐 그리 중요한가요?”

장마당에서 선포된 복음

1999년 11월, 북한의 자강도의 어느 장마당에는 물건을 팔고 사는 사람들과 서성거리는 사람들로 다소 번잡한 가운데 있었다. 그 당시 대부분의 북한 사람들은 식량난과 생필품의 핍근으로 고난의 행군이라 불리는 어려움 속에 하루하루 간신히 연명하는 절박한 삶을 살아가야만 했다.

그때 남루한 옷을 걸친 한 소년이 그 장터에 나타나 장마당에 나온 사람들을 향하여 담대하게 입을 열어 외쳤다.

"동포 여러분! 우리 조선 인민들은 하나님을 경외하고 예수 그리스도를 믿어야 구원받아 천국에 갈 수 있습네다. 이 땅에 백성들은 굶주림과 생활고 속에 고통의 나날을 보내며 소망 없이 살아가고 있습네다. 하나님께서는 조선인들이 하나님을 부인하며 우상 숭배에 빠지므로 이 땅에 기근을 내리셨습네다. 이제 우리 조선 동포들도 구원받을 수 있는 기쁜 소식을 듣게 되었습니다. 우리 모두가 창조주 하나님과 그분의 독생자이시며 구원자가 되시는 예수 그리스도를 믿으면 누구나가 다 구원을 받을 수 있습니다. 성경에는 '주 예수 그리스도를 믿으라 그리하면 너와 네 집이 구원을 받으리라.'고 증거하고 있습니다. 우리는 아무 조건없이 값없이 영생을 얻을 수가 있게 되었습니다. 동포 여러분!"

그 소년의 얼굴의 표정은 조금의 두려움도 없이 거침없이 예수 그리스도를 증거했다. 그때 그 장마당에 모였던 사람들은 그 소년의 갑작스런 일장 연설에 그 이야기가 무엇인지, 저 소년이 왜 저런 말을 하는지 모두 의아해 했다. 일부 사람들은 저 아이가 정신이 좀 이상한 것이 아닌가 하고 냉소하는 사람들도 있었다. 처음 들어 보는 그런 소리에 몇몇 사람들은 호기심을 갖고 그 주위에 모였으나 진지하게 듣는 사람은 아무도 없었다.

곧 이어서 시장 입구 쪽에서 몇몇 사람들이 급히 그 소년을 향해 뛰어왔다. 그들은 그 장마당을 관리 통제하는 안전원들이었다. 그들은 그 소년을 향해 험악한 욕을 해대며 즉시 개 끌듯 어디론가 데리고 갔다. 그 소년의 이름은 김철명이었다.

한줌의 양식을 위해 두만강을 건너다

철명은 1996년 겨울에 양식이 떨어져 굶주리고 있는 어머니와 동생들을 남겨 둔 채 굶주린 배를 움켜쥐고 가족들을 살리기 위해 얼어붙은 두만강을 홀로 도강했다. 이미 몇 년 전부터 북한의 많은 사람들이 먹을 것이 없어 초근목피로 연명을 하며 아사자들이 전국 곳곳에 쓰러져 가고 있었고 국경 지대에 사는 많은 사람들이 먹을 것을 위해 남녀노소할 것 없이 두만강과 압록강을 건너 중국으로 넘어가고 있었다. 철명이네 가정에도 굶주림의 고통이 심하여지자 자신의 가족을 구하기 위해 그같이 중국으로 건너오게 되었다.

그가 낯선 생면부지의 이국에 왔으나 어느 누구도 자기에게 물 한 잔, 따뜻한 밥 한 그릇 주는 사람들이 없었다. 굶주림으로 정신이 혼미할 정도였다. 철명은 용기를 내어 중국 연길 시내까지 걸어 들어와 조선 글자로 쓰여 있는 어느 작은 식당으로 들어가서 자신은 북한에서 왔는데 밥 좀 달라고 했다.

"아주마니! 저는 조선에서 건너왔는데 며칠 동안 아무 것도 먹지 못했습네다. 밥 한 덩어리를 줄 수 있갔는디요?"

마침 손님들도 없어 식당에는 주인 아줌마만 있었다. 주인은 그 소년이 북조선에서 온 줄 알고 누가 볼세라 주방으로 데리고 들어가 밥솥에서 뜨거운 쌀밥을 된장국에 말아서 대접해 주었다. 철명은 정신없이 밥을 먹다가 갑자기 숟가락을 놓았다. 두고 온 동생들과 어머니가 생각이 나 목이 메어 더 이상 삼킬 수가 없었다. 그 아주머니는 "애야, 너라도 실컷 먹고 힘을 내어라. 산 사람의 목구멍에 거미줄 치겠냐. 요즘 여기에 조선 아이들이 와서 돈벌이도 하여 돌아가는 애들도 있으니 일단 밥이나 다 먹어라"고 격려해 주었다. 다시 밥을 먹고 있는 철명을 측은히 여기며 바라보고 있던 아줌마는 철명에게 조심스럽게 말을 다시 건넸다.

"애야, 너는 지금 당장 돈을 벌 수도 없으니 일단 내가 너에게 소개해 주는 곳으로 가서 좀 지내다가 기회를 봐서 돈벌이를 할 수 있는 곳을 알아 보아라."

그 말을 들은 철명은 의구심이 생겨서 혹시 자기를 위험한 데로 팔아넘기려고 그런 것이 아닌가 하고 아줌마에게 물어보았다.

"아주마니, 저를 중국 공안원들이나 외국에 팔아넘기려고 그러는 거 아닙네까?"

그러자 아줌마는 펄쩍 뛰면서 말했다.

"애야, 나는 나쁜 사람이 아니란다. 나는 하나님을 믿는 사람인데 너에게 도움을 주려는 것이야. 내가 너를 안전하게 보호해 주려고 그러니까 나를 믿고 네가 직접 가서 판단해라. 거기는 연길에서 제일 큰 예배당인데 거기에 가면 너같이 조선에서 온 아이들을 거저 먹여 주고 재워 주고 성경 학습을 시켜 주는 곳이야."

그 말을 들은 철명은 더욱 이상하게 생각되어 다시 물어보았다.

"아주마니 예배당이 뭐하는 기관인가요. 감옥소나 수용소 같은 데인가요?"

아주머니는 철명을 다시 설득시켰다.

"여기 중국에는 조선과는 달리 하나님을 믿는 사람들이 많단다. 거기는 하나님을 믿는 사람들이 다니는 곳이고 거기를 교회라고 한다. 교회는 불쌍한 사람들을 많이 도와주고 있는데 요즘 조선에서 넘어와 오고 갈 데없는 사람들을 보호해 주고 있으니까. 네가 가서 원하지 않으면 안 가도 좋으니 일단 가 보거라."

철명은 그 아주머니의 착한 인상과 자신에게 잘 해 주는 것을 보고 그 말에 믿음이 가게 되었다.

"아주마니, 그럼 아주마니 말을 믿고 내래 가 보갔습네다."

이렇게 해서 철명은 아줌마가 가르쳐 준 곳으로 갔다. 철명은 자신이 살던 마을과는 다르게 고층 건물과 많은 차들과 화려한 상점 등이며 별천지에 온양 신기하기도 하고 긴장감을 느끼면서 그 교회로 찾아갔다. 눈앞에 붉은 벽돌로 지은 큰 건물과 그 위에 십자가가 높이 달린 모습이 신기하기도 하고 뭐를 하는 곳인가 약간은 겁이 나기도 했다.

교회의 문 앞에 서서 얼쩡거리자, 누군가가 나타났다.

"애야! 무슨 일로 왔느냐?"

겁에 질린 철명은 아줌마가 알려 준 대로 이야기했다.

"저는 조선에서 왔습네다. 여기 오면 밥도 먹여 주고 잠도 재워 준다고 해서 왔습네다."

그는 "나를 따라 오거라." 하면서 철명을 교회와 좀 떨어진 곳으로 데려갔다. 아파트 건물이었다. 그 집에는 이미 10여 명의 이상의 조선 아이들과 어른 몇 명이 있었다. 그곳에 모인 아이들은 일명 '꽃제비'들이었다. 이들은 부모들이 다 죽거나 가족이 해체되어 고아처럼 홀로된 아이들이 강을 건너와 중국에서 떠돌이 생활을 하는 아이들이었다.

철명은 그곳에서 난생처음 보고 만져 보는 성경책을 보게 되었고 아침과 저녁에 성경 배우기와 성경 통독을 했다. 도대체 무슨 내용인지 무슨 뜻인지 몰랐으나 거기에서는 삼시세끼를 따뜻한 쌀밥과 따끈한 국이며 콩기름에 볶은 야채며 두부와 돼지고기까지 먹여 주기에 성경 공부가 지루했지만 붙어 있어야만 했다. 그에게는 날마다 잔칫상 같았다. 철명은 하얀 쌀밥에 된장국에 맛있는 반찬을 먹을 때마다 두고 온 가족들이 생각이 나서 종종 밥상 앞에서 눈물을 떨구었다.

잠을 잘 때면 보고 싶은 어머니와 동생 생각에 이불을 뒤집어쓰고 눈물을 삼키며 울었다.

"오마니! 저만 중국에 와서 날마다 쌀밥을 삼시세끼 잘 먹고 있습네다. 그럴 때마다 오마니와 동생들 생각이 납네다. 저를 용서해 주시라요. 여기서 성경 학습 마치면 돈을 벌어 많은 쌀을 갖고 가갔습네다. 기다려 주시라요. 오마니!"

그러나 자신이 쌀을 좀 싸 가지고 간다고 하여도 근본적으로 가족들의 양식 문제가 해결되는 것도 아니고, 빈손으로 돌아간다면 오히려 밥상에 숟가락을 하나 더 얹어 놓아야 된다는 것을 알기에 그저 가슴앓이만 할뿐이었다. 철명은 어느덧 그곳 생활에 적응을 하게 되었다. 성경도 많이 읽었고, 선생님들이 성경에 나오는 모세와 다윗과 요셉과 예수님에 관한 영화를 보여 주어 성경에 대해 많은 이해를 갖게 되었다.

그는 성경에 점차 흥미를 갖고 누구보다도 열심히 성경 학습에 열중하게 되었다. 어느 때는 남조선의 목사라고 하는 분들이 오셔서 성경을 깊이 있게 가르쳐 주기도 했다. 하루 일과 중에 제일 기다려지고 흥미를 갖는 시간은 성경 학습을 다 끝내고 저녁 휴식 시간에 위성으로 남조선 텔레비전을 보는 것이었다. 그런 새로운 환경과 가르침에 철명의 의식과 생각에 많은 변화가 왔고 기도와 찬송에도 남다른 재주를 보였다.

북한 선교의 꿈을 품은 철명이

철명은 여러 아이들보다 나이도 많았고 그들 가운데서도 선생님들에게 많은 관심과 사랑을 받았다. 거기에는 올망졸망한 10세 남짓한 어린 남자 아이들이 대부분이었다. 여러 선생님들의 가르침 가운데 선교라는 말을 많이 하셨다. 그분들의 이야기는 "조선이 하나님을 믿는 나라가 되도록 하기 위해서는 너희 같은 조선 사람들이 성경을 잘 배워 예수님의 제자처럼 되어 조선에 돌아가 복음을 전하고 장차 그곳에 교회를 세워야 한다."고 강조했다.

철명은 그 이야기가 처음에는 나와는 상관없는 일처럼 들렸으나 점차 그 가르침이 서서히 마음속에 자리 잡히면서 하나님께서 자신을 중국에 보내셔서 하나님을 믿게 하여 조선에 선교사로 쓰시기 위해 이처럼 하신 것이라는 생각이 들었다. 그 후 철명은 기도할 때마다. 자신이 조선의 사도 바울처럼 복음을 전하는 선교사가 되게 해 달라고 기도하기 시작했다.

"하나님 아버지! 이 부족한 저도 바울 선생님처럼 하나님의 말씀을 우리 조국에 전할 수 있도록 나를 그 땅으로 보내 주시옵소서!"

철명은 이런 기도를 날마다 아침저녁으로 반복했다.

중국에 온지 1년 이상이 되었고 철명의 신앙과 성경 지식도 높아지면서 선생님들은 그를 전도사 양육반으로 옮겨서 2년을 더 배우도록 특혜를 주었다. 철명은 하나님께서 자신을 선교사로 쓰신다면 이 한 몸 바쳐서 예수님의 제자들처럼 사도가 되어 조선에도 중국처럼 곳곳에 예배당을 세우고 조선의 가족들과 동포들에게 복음을 전할 수 있는 그날이 속히 오게 해 달라고 열심히 기도를 했다.

철명의 가슴 속에는 어느덧 '나는 조국의 복음화를 위해 택함 받은 선교사'라는 확고한 소명감을 갖게 되었다. 어느 날 철명은 선생님에게 호소했다.

"선생님, 저를 조선에 돌아가서 복음을 우리 인민들에게 전할 수 있도록 보내 주시라요."

그러나 선생님은 아직 때가 되지 않았고 더욱 학습을 받아 앞으로 조선이 자유스러워지면 그때 가야 된다면서 오히려 설득을 했다.

어느덧 철명의 중국에서의 생활이 3년이 되어 갔다. 이제는 그 스스로가 생각하기를 '내가 이곳에 더 이상 머무르고 배우기만 하는 것이 내게는 의미가 없어.'라고 마음을 굳혔다. 철명은 가까운 시일 내에 두만강을 건너 조선으로 돌아가야겠다는 각오를 다졌다. 그 후 그는 종종 두만강 강가에 나가 정탐을 하고 돌아오곤 했다.

그러나 철명에게는 떨쳐 버릴 수 없는 고민이 있었다. 자신이 강을 넘어 집에 도착하면 주변에서 신고가 들어가 바로 보위부에 체포될 것이 분명했다. 왜냐하면 어느 주민이든지 신고 없이 오랜 동안 부재중인 경우 외국으로 도주한 것으로 간주하기 때문에 갑자기 나타나면 그 경위를 조사받게 되어 있다. 중국으로 도주한 사실도 엄하게 처벌을 받지만 중국에서 한국인 선교사들에게 성경 교육을 받고 기독교인이 된 경우는 간첩으로 뒤집어 씌어 정치범으로 몰아 총살까지 받을 수 있기 때문이었다.

그런 최악의 상황이 본인에게만 미치는 것이 아니라 그의 가족들이 모두 반동으로 낙인찍히며 평생을 차별받거나 수용소로 갈 수도 있기 때문이었다. 철명의 나이가 이제 16세가 되었지만 세상의 아무 경험 없는 그로서는 죽음이 무엇인지, 자신으로 인하여 그 가족들이 겪을 고통을 심각하게 분별하지를 못했다.

그러나 철명은 조선 동포들에게 복음을 전하다 잡히어 처형된다면 예수님과 그 제자들처럼 순교자가 될 것이고, 그것이 한없는 영광이 된다는 생각을 굳히고 있었다. 그는 탁아소에서부터 수령님과 당과 조국을 위해 충성할 것을 세뇌교육 받아 왔고 당과 수령을 위해서 목숨을 바치면 자랑스러운 영웅이 된다는 가르침을 수없이 받아 왔다. 그런 철명에게 그와 같이 목숨을 바쳐 충성해야 할 대상이 이제는 바뀐 것이다. 그의 그런 변화는 누구도 막을 수가 없게 되었다.

자신은 이제 하나님의 구원받은 자녀와 백성이 되었기에 조선 백성들과 나를 위해 십자가에 죽으신 예수님의 사랑을 생각한다면 족히 비교할 수 없는 귀한 것으로 판단했다. 뿐만 아니라 성경의 믿음의 위인들이 하나님 나라를 위해 자신의 생명을 초개와 같이 살랐던 그들의 신앙을 생각한다면 나도 그 뒤를 이어야 한다는 결심으로 돌같이 굳어져 있었다.

가족들과의 슬픈 상봉

어느 날 철명은 어느 누구와도 상의 없이 그동안 자신을 제자로 삼아 많은 사랑과 가르침을 주신 담당 선생님께 드리는 편지 한 장을 남겨 놓고 성경 한 권을 가슴에 품고는 숙소를 빠져나와 몇 년 전 자신이 건넜던 두만강 강가에 이르렀다. 불과 3년 전에는 한 줌의 양식을 얻기 위해 두려움에 강을 건넜으나, 이제는 영원한 생명의 양식을 우리 동포들에게 나누어 주어야 한다는 사명감이 그로 하여금 그때와 같은 두려움이 아닌 사명감으로 채워져 있었다.

어제 저녁 철명은 밤을 지새우면서 하나님께 자신의 가는 길을 보호해 주시고 인도해 주셔서 아무 해 받지 않고 건너 갈 수 있게 해 달라고 기도를 했지만, 다시금 비장한 마음으로 강가 숲에서 무릎을 꿇고 하나님께 기도를 드렸다. 철명은 며칠 전 정탐을 해 둔 곳으로 접근하여 불빛 하나 없고 흑암으로 덮혀 있는 고향을 향해 얼음으로 뒤덮인 두만강을 조심스럽게 건넜다. 강둑에 안전하게 올라서자 어머니와 가족들을 보게 될 것이라는 생각을 하면서 그리 멀지 않은 집을 향해 단숨에 달려갔다. 그의 집 근처에 당도하여 주변을 조심스럽게 살핀 후 대문도 없는 집에 들어가 불이 꺼져 있는 방문 앞에 이르러 방문을 흔들었다. 그러자 곧 어머니의 음성이 들렸다.

"이 밤에 누구십네까?"

몇 년 만에 들어 보는 목소리에 어머니가 살아 계시다는 것이 확인되자 자신도 모르게 목이 메어 떨리는 목소리로 말했다.

"오마니! 철명이 돌아왔습네다."

그러자 바로 어머니가 방문을 열고 나오시더니 철명을 왈칵 끌어안으셨다.

"아니, 우리 아들이 죽지 않고 돌아왔다니 네가 철명이 맞냐?"

한방에 자던 온 가족들이 모두 일어나서 철명을 확인했다. 초롱불도 없는 방이었고 방은 냉기로 썰렁했다. 하지만 모든 식구가 굶어 죽지 않고 살아 있다는 사실만으로도 너무 감사했다. 분명한 것은 어머니의 목소리가 전보다 힘이 없으셨다. 웃음소리로 가득해야 할 가족 상봉이 아직 살아 있다는 사실만으로 감사해야 했다. 어머니와 동생들과의 대화가 온 밤을 새면서 이어졌다. 동생들은 오빠의 중국 생활에 대해 호기심 있게 물어 보았다. 어머니는 아들이 죽지 않고 돌아온 것만으로도 다행히 여기셨다.

그러나 그 기쁨도 잠시였고 동이 트면서 두려움과 불안감으로 변해 갔다. 왜냐하면 곧 인민 반장과 안전부에 신고를 해야 했고 조사를 받아야 했다. 그 후에 철명은 어쩌면 다시 집에 돌아오지 못할 수도 있었다. 만일 그가 돈이라도 벌어 갖고 왔다면 뇌물을 주어 무마하는 것도 가능한 일이지만 그가 손에 들고 온 것은 오직 성경책 하나였다.

철명이 가족들에게 가장 들려주고 싶은 이야기는 자신이 믿고 있는 예수였다. 그 이야기를 들은 온 가족들은 어리둥절했다. 동생들은 호기심 있게 들었으나, 어머니께서는 소리를 치시면서 말했다.

“네가 중국 가서 못된 것에 물들어 왔구나. 그런 소리는 입 밖에도 내지 말아라! 그런 소리를 하면 온 가족이 수용소 감이야 그런 이야기 걷어 치거라.”

어머니는 온 가족의 안전을 위해 그런 말씀을 하셨다. 어머니는 아침을 준비하신다며 부엌으로 들어가셨다. 그사이에 동생들에게 기독교에 대해 옛날 이야기하듯 들려주었다. 잠시 후에 어머니는 상을 들고 오셨는데 밥그릇에는 멀건 강냉이 죽 뿐이었다. 그것을 보는 순간 철명은 다시 눈물이 왈칵 쏟아졌다. 철명은 감정을 억제하고는 밥상 기도를 했다.

"하늘에 계신 하나님 아버지! 그간 어머니와 동생들을 지켜 주셔서 감사합네다. 조선에 많은 백성들이 굶어 죽어 가는 중에도 이 아침에 일용할 양식을 주심을 감사합네다. 우리 조선에도 중국처럼 잘살고 신앙의 자유도 누리는 복된 조국과 우리 가정이 되게 하여 주옵소서. 이 부족한 아들 이제 당장 어찌해야 할지도 인도하여 주옵소서. 내 생명이 주님의 손에 달려 있사오니 주의 뜻대로 인도하여 주시고 저희 어머니와 온 가족들이 다 예수님 믿고 구원받도록 축복하여 주옵소서."

이때 어머니께서는 뒤돌아 우시고 있었다. 이제 아들의 생사가 어찌 될지 몹시 걱정이 되었던 것이다. 철명이도 자신이 곧 어찌 될 것이라는 것을 어느 정도 감지하고 있었기에 자신의 기도가 마지막 기도가 되고 가족들과는 어쩌면 영원한 이별이 될지도 모른다는 것을 생각하니 가슴이 갈기갈기 찢어지는 듯했다. 결국 가족들과 강냉이 죽으로 식사한 것이 마지막이 되었다. 철명은 숟가락을 놓고 어머니에게는 잠깐 친구들을 만나고 오겠다면서 밖으로 나가 장마당으로 향했다.

거기에는 양식과 다양한 생활용품들을 파는 시장터였다. 이 장마당은 3년 전이나 달라진 것은 없었지만 부모 없이 몰려다니면서 주워 먹고 도둑질하고 다니는 꽃제비 아이들이 더욱 많아졌다. 거기에는 학교를 다녀야 할 아이들이 엄마와 함께 나와서 장마당 좌판에서 물건을 지키고 있기도 했다.

조선의 아이들과 중국의 아이들은 너무도 다른 세계에서 살아가고 있음을 다시 눈으로 확인한 철명은 이런 거리의 아이들의 모습을 보고는 가슴 깊은 곳에서 치밀어 오르는 뜨거운 의분을 억제할 수 없었다. 철명은 갑자기 옷에 품고 있던 성경책을 꺼내들고 광야에 외치는 세례 요한처럼 하나님의 말씀을 외쳤다. 그는 누구보다도 많은 성경구절을 암송했기에 구구절절이 성경을 토해 냈다. 철명은 분명히 잘 준비된 말씀의 전도자였다. 그러나 그의 외침에 귀를 기울이는 사람은 별로 없었다.

이 장터에 나온 사람들은 난생처음 예수 그리스도와 영생과 구원에 대해 들어 보는 말이었다. 이같이 순결한 한 소년의 입술을 통해 북한에서도 가장 외진 광산촌의 백성들에게 복음이 선포되었다.

법정에 세워진 철명이

보위부로 즉시 끌려간 철명은 갖은 폭언과 폭행을 당했다. 그들은 마치 크나큰 거물급 간첩이라도 낚은 양 고무되어 그를 묶어 놓고 심문하기 시작했다. 철명은 자신의 그동안의 3년간의 모든 행적에 대해 가감 없이 담대하게 진술했다. 그러나 심문관은 장마당에서 기독교를 전한 것뿐만 아니라 중국에서 어떤 과정을 통해 기독교를 접하고 교육을 받고 누구의 지시에 의해 무슨 목적으로 다시 조선에 들어왔는지, 또 그 배후의 조직이 무엇인지 어떤 단체에서 임무를 주어 파견했는지 등에 대해 가혹한 심문과 고문을 해대었다. 그들은 자신들이 의도하고자 하는 내용을 갖고 집요하게 심문했다. 그럴수록 철명은 자신의 굳건한 신앙으로 맞섰다.

"나는 조선에 하나님의 말씀을 전하러 내 발로 들어 왔습네다. 어느 누구의 지시나 조정 없이 하나님께서 동포들에게 복음을 전하여 저들을 구원하라고 나를 조선 땅에 선교사로 보내셨습네다. 나에게는 배후도 없고 누가 가라고 해서 온 것도 아니고 하나님의 뜻을 좇아 내 스스로가 도강하여 조국으로 돌아왔을 뿐입네다."

철명은 조금도 굴함이 없이 담대하게 증거했다. 그럴수록 갖은 욕설과 주먹질과 몽둥이질이 더 가해졌다. 철명의 온몸은 멍이 들고 얼굴과 머리에 피범벅이 되었다. 다음 날에는 보위부의 상급에 해당하는 사람이 와서 더 엄한 조사를 했다. 그 사람들은 철명에게 폭행은 하지 않았으나 아주 노련하게 회유도 하고 겁박을 하면서 사실대로 진술하면 용서해 주겠다는 듯이 심문했다. 그러나 철명의 대답은 일관되게 동일했고 오히려 그 조사관들에게도 하나님을 믿으라고 권면까지 했다. 그러자 그들은 흥분이 되어 폭행을 가하기 시작했다.

거의 하루 종일 걸린 심문이었지만 그들도 철명이 외부의 사주나 배경이 있는 것 같지 않다는 판단이 서자, 이번에는 그 어머니를 잡아 조사를 했다. 하지만 그 어머니 역시 자신의 아들이 3년 전에 양식을 구하러 중국에 갔다가 아무 소식이 없어 죽은 줄만 알았던 아들이 다시 돌아온 것 외에는 아무것도 모른다고 하면서 오히려 철없는 자신의 아들을 너그러이 용서해 달라며 눈물로 호소했다.

차디찬 심문실에 갇힌 철명은 사도 바울이 복음을 전하다 착고에 차여 옥중에서 찬송을 불렀던 것 같이 찬송을 불렀고, 다시 힘이 나면 무릎을 꿇고 기도를 했다. 보위부원들은 그를 아예 예수 믿다가 정신병자가 된 것인 양 그런 취급을 했다. 철명의 마음은 옥중 안에서 오히려 평안함을 누릴 수 있었다. 자신이 영생의 복된 소식을 모르는 동포들에게 복음을 전하다 예수님과 사도들처럼 핍박을 받고 고난을 받는다는 자체가 하늘에 상급이 되며 하나님 앞에 갈지라도 본분을 다하고 있다는 그런 안도감이 들기 시작했다. 철명은 자신처럼 연약하고 무지한 복음의 초년생이 사도 바울처럼 순교의 반열에 서게 될 것이라는 생각이 들면서 예수님처럼 이 고난의 잔을 거부하지 않고 오히려 당당하게 순결한 믿음으로 주님 앞에 나아가게 해 달라는 기도를 했다.

다음 날도 보위부에서는 어떻게 해서라도 종교 간첩의 빌미를 잡아보려고 그들 나름대로 모진 심문을 해 보았으나, 그가 중국에 불법 월경한 사실과 기독교를 접하고 장기 교육을 받고 다시 조선으로 잠입하여 노상 장터에서 기독교를 전파한 죄목 이외에는 없다는 것으로 결론을 냈다. 그런데 문제는 본인이 이런 반국가적 중한 죄를 짓고도 그 죄를 인정치 않고 용서나 선처를 바라지도 않는다는 데에 있었다. 이렇게 되면 철명에게 더욱 불리해져서 가중 처벌까지 받게 되면 검찰에 넘겨지고 재판을 통해 총살형에 처해질 것이 뻔했다.

지금까지 성인들로서는 종교적인 그런 사례가 있기는 했지만 아직 법적으로는 미성년으로 이런 경우는 처음이기에 그들도 매우 곤혹스러워 했다. 장래가 창창한 그런 아이를 총살형에 처하면 자신들에 대한 주민들의 흉흉한 민심도 의식해야 하기에 최대한 선처를 베풀어 사형을 면케 하고 노동 교화소로 보내어 목숨만은 지켜 주므로 자신들도 도리를 다했다는 것으로 정리하려 했다.

그들이 고심 끝에 생각해 낸 것이 철명의 어머니를 데려가 아들을 설득하여 자신의 죄과를 인정하고 앞으로는 조선의 법을 잘 준수하고 당과 조국에 충성을 다하겠다는 서약서에 손도장만 찍으면 처형만큼은 면케 해 주려 했다. 철명이 어머니도 자식 일로 인하여 거의 반송장이 되어 넋이 빠져 있는 상태였다. 그의 어머니는 수사관이 들려 준대로 그 아들이 그래도 살아날 가망이 있다는 소식에 다시 힘을 내어 아들을 면회하여 그 아들의 마음을 돌이키려 했다.

철명의 어머니는 아들이 수사 과정에서 폭행과 고문을 당하여 여기저기 피멍이 든 얼굴과 핏자국을 보고는 아들을 붙잡고 오열했다. 그 모습을 본 수사관들도 그 자리를 비켜 주었다. 얼마 후 그 어머니는 정신을 가다듬고 아들의 손을 보듬으며 그들이 요청한 대로 설득을 했다.

"애야 철명아! 네가 도대체 뭣에 홀려서 이같이 정신 나간 일을 행했느냐? 이제는 동네에 소문이 다 났다. 네가 중국에 가서 남조선의 특무들에게 포섭이 되어 종교 간첩이 되어 왔다고 한다. 애야, 이제라도 정신을 차리고 중국에 가서 잘못 배운 거 이제 새 사람이 되어 조국과 당의 지시를 잘 받들고 지금까지 네가 행해 온 것에 대해 용서를 구하거라. 여기 조사관님들이 너를 생각해서 살려 내려고 어미를 불러내어 네 마음을 돌이키라고 부탁을 했단다. 이제는 너와 우리 온 가족들이 살아남아야 되지 않겠느냐. 이 어미의 간곡한 부탁이다. 제발 마음을 돌이키거라. 철명아!"

이 같은 어머니의 울부짖는 외침에도 전혀 마음이 흔들리지 않는 철명은 오히려 어머니에게 전도를 했다.

"오마니! 저는 이미 하나님의 자녀가 되어 이 세상에 그 무엇도 부러운 거 없고 미련이 없습네다. 제게는 천국의 소망이 있고 영생을 얻었는데 이 세상의 생명이 뭐 그리 중요한가요. 사람은 어차피 짧은 인생 살다가 떠나는데 고난 많은 세상 오래 산다고 더 나은 것 없습네다. 저는 이제 조선 백성들에게 복음을 전한 것으로 만족하고 하나님 아버지의 품으로 가겠습네다. 오마니의 소원 못 들어 들이는 것 용서하시라요. 저의 가는 길 이미 정해졌습네다. 그러니 더 이상 막지 마시라요. 저는 이미 내 생명을 주님 앞에 드렸습네다. 제가 죽으면 오마니와 동생들도 다 예수님 믿고 구원받게 해 달라고 천국 가서도 기도하겠습네다. 오마니!"

그 말을 들은 그 어머니는 철명을 부여잡고 더욱 몸부림치며 오열했다. 이들 모자간의 모든 대화를 밖에서 듣던 조사관들은 다시 들어와 어머니를 끌어냈다. 잠시 후 책임 수사관이 들어와 철명에게 마지막 기회를 주었다. 자신들의 요구에 응하여 생각을 돌이키면 처형을 면해 주고 교화소 단련을 받은 후 육 개월 후에는 자유를 보장해 주겠다며 다시 회유했다. 그들도 철명의 생명만큼은 지켜 주려고 다방면의 노력을 했지만 그의 결심은 요지부동이었다. 철명은 그날 밤도 변함없이 기도하며 찬송을 했다. 이제 자신의 생명이 얼마 남지 않았음을 알고 그의 마음이 주님 곁으로 다가가고 있었다.

다음 날 아침 일찍이 조사관이 철명을 끌어냈다. 저들은 혹시나 하는 생각으로 철명이 생각을 돌이켰는지를 최종적으로 확인했다. 그에 대해 철명은 자신에게 가해지는 처형을 영광스럽게 생각한다며 조선의 법대로 처리해 달라는 주문을 했다.

며칠 후 철명은 검찰에 넘겨졌고 그 후에는 일사천리로 처리되어 재판 날자가 잡히고 법정에 서게 되었다. 철명은 조금도 두려움이나 불안해하지 않고 오히려 승자의 의연한 모습을 보이었다. 그러나 한 가지 괴로움을 떨쳐 버릴 수 없는 것이 있었다. 다름 아닌 어머니였다. 자신보다 더 가슴을 쥐어뜯으며 괴로워하실 어머니를 생각하니 자식으로서 이보다 더 큰 불효가 또 있을까 하는 생각으로 괴로워했다. 그러나 철명은 이 일로 인해 언젠가 하나님께서 어머니와 동생들도 예수님을 믿고 구원받게 해 주실 것이라고 생각하며 스스로 위로하려 했다.

드디어 공판 일이 정해져 손이 족쇄에 묶인 채 재판정으로 나갔다. 재판은 어디까지나 사형 집행을 위한 요식 행위에 불과했다. 검사는 철명의 죄과를 외세에 의한 종교 간첩 정치범으로 몰아갔고 반국가적, 반체제적, 반민족적 역도범으로서 백주에 노상에서 조선의 인민들에게 외세의 종교를 전파했기에 마땅히 극형에 처해야 된다고 장황하게 논거했다. 피고의 최후 진술도 묵살된 채 판사는 총살형에 처할 것을 판결했다. 사형 선고가 떨어지는 순간 철명은 이미 각오를 한 듯 눈을 감은 채 침묵하고 있었다. 그는 자신도 주님 가신 길을 가게 되었다는 것으로 위로를 삼는 듯했다.

모리아 산에 번제물이 된 철명

철명에게는 이 세상에서는 마지막 밤인 그날, 차디찬 그 감방에는 이미 천사들이 철명을 품고 있었다. 며칠 후 아침에 간수는 철명에게 다가와 포승줄로 손을 묶은 다음 눈을 가리고 차에 태워 어디론가 데리고 갔다. 공개 처형하는 그곳에는 이미 동네 사람들이 강제 동원되어 산 아래 공터에 모여 있었다. 한 쪽에는 나무 기둥이 세워졌고 곧 철명은 눈이 가린 채 기둥에 묶었다.

사형을 집행하는 집행관은 철명의 죄목이 불법 월경을 하여 다년간 외국의 첩자들과 접선과 침투 교육을 받고 밀입국하여 조선의 정세를 혼란케 한 간첩이라고 발표했다. 사형이 집행되는 군중들의 맨 앞줄에는 강제로 끌려 나온 철명의 어머니가 실신 생태에 있었고 동생들이 공포심에 사로잡힌 채 흐느껴 울고 있었다. 거기에 모인 동네 사람들은 이미 소문으로 그 진상을 다 알고 있었기에 그들 모두는 어린 철명을 동정하면서 바라보고 있었다. 집행관은 철명에게 마지막으로 할 말이 있으면 하라고 명하자, 철명은 거침없이 동원된 군중들을 향하여 소리쳐 외쳤다.

"동포 형제 여러분들, 저는 이제 이 세상을 떠나나 여러분들도 저와 같이 구세주이신 예수님을 믿고 구원받아 영생이 있는 천국을 가십시오. 저는 우리 조선 백성들 모두가 예수님을 믿고 구원받도록 천국에 가서도 기도하겠습니다."

철명이 죽는 순간까지도 기독교의 교리를 외치자, 이에 격분한 집행관은 그가 더 이상 말을 못하도록 입을 막으라고 명했다. 두 명의 군인이 달려들어 철명의 입에 재갈을 물리고 보자기로 그의 머리를 뒤집어 씌었다. 곧이어 사격 준비를 명하자 5명의 군인들이 철명의 가슴을 향해 총을 겨누었다.

"쏴!"

그 명령이 떨어지자 바로 총성이 울려 퍼졌다. 그와 동시에 철명의 고개와 상체가 힘없이 아래로 숙여졌다. 그의 가슴에서는 붉은 피가 분출되었고 그 피는 몸을 적시며 발등으로 흘러내려 땅을 적셨다. 철명은 북한의 복음화를 위해 제단에 희생물로 바쳐진 순결한 제물로서 한 마리의 어린 양과도 같았다.

다섯째 인을 떼실 때에 내가 보니 하나님의 말씀과 그들이 가진 증거로 말미암아 죽임을 당한 영혼들이 제단 아래에 있어 큰 소리로 불러 이르되 거룩하고 참되신 대주재여 땅에 거하는 자들을 심판하여 우리 피를 갚아 주지 아니하시기를 어느 때까지 하시려 하나이까 하니 각각 그들에게 흰 두루마기를 주시며 이르시되 아직 잠시 동안 쉬되 그들의 동무 종들과 형제들도 자기처럼 죽임을 당하여 그 수가 차기까지 하라 하시더라(계 6:9-11).

뒷 이야기

이 사건은 철명과 함께 연길교회에서 성경 공부를 한 조선족 처소 교회 전도사가 전해 주었다. 철명의 동네 친구가 중국으로 탈북하여 그 이야기를 상세히 전달해 주어서 중국에서도 철명의 순교를 알게 되었다. 그 후 그 조선족 전도사는 철명의 순교 바통을 이어 받아 북한 선교를 두만강 강가에서 사역을 하고 있다.

필자는 두만강 강가에서 북한 선교를 하는 조선족 처소 교회 전도자를 방문하던 중에 그 전도사로부터 몇 년 전에 있었던 철명의 순교 사건을 상세히 듣게 되었고 그 후에 그런 가슴 아픈 북한의 순교 행전을 기록할 필요가 있다 판단되어 그 이야기를 재구성하여 기록하여 두었다. 지금 이 순간도 북녘에는 복음의 행전과 더불어 순교의 행전도 이어지면서 사도행전 29장을 써 내려가고 있다.

내가 달려갈 길과 주 예수께 받은 사명
곧 하나님의 은혜의 복음을 증언하는 일을 마치려 함에는
나의 생명조차 조금도 귀한 것으로 여기지 아니하노라(행 20:24).

한국전쟁 중의 다윗과 요나단

_강석진

초연이 쓸고 간 깊은 계곡 깊은 계곡 양지녘에
비바람 긴 세월로 이름 모를 이름 모를 비목이여
먼 고향 초동 친구 두고 온 하늘 가
그리워 마디마디 이끼 되어 맺혔네.

궁노루 산울림 달빛 타고 달빛 타고 흐르는 밤
홀로 선 적막감에 울어 지친 울어 지친 비목이여
그 옛날 천진스런 추억은 애달퍼
서러움 알알이 돌이 되어 쌓였네.

들어가는 말

한국전쟁이 치열했던 때에 국군 유격부대 장재덕 대원은 황해도 재령 출신으로 믿음의 용사였다. 그는 적진 황해도 해주에 들어가 특수 작전을 수행 중에 인민군에게 포로가 되어 처형당할 위기에 직면해 있었다. 포로를 감시하는 인민군인 전용순은 신의주 제1교회 청년 회장 출신으로 장 대원을 호송 중에 서로 의기투합하여 탈출을 감행하여 강화도 근처 볼음도로 와서 귀순했다.

그들은 남으로 탈주를 하면서 전쟁이 끝나면 함께 신학교에 들어가 목사가 되어 장차 고향에 돌아가서 교회를 세우자는 결의를 다졌었다. 귀순 후 국군 유격대원이 된 전용순은 그 섬에서 북에서 피난 온 이북 사람들을 대상으로 수개월 동안 열정적인 전도와 설교 활동을 하던 중 갑작스럽게 벌어진 총격전에 유탄을 맞아 사망했다.

그 후에 장재덕 유격대원은 전쟁이 끝난 후에 그 약속을 지키기 위해 신학을 공부하고 목사가 되어 서울에 교회를 개척하고 부흥시킨 후 미국으로 선교사로 파송되어 캘리포니아 산호세에서 목회를 오랫동안 한 후에 은퇴를 했다. 장 목사가 어느 날 새벽 기도를 하던 중에 하나님의 강한 음성을 들었다.

"너는 지난날 너를 살려 준 생명의 은인을 잊지 말고 그 무덤을 찾아가 보아라."

그는 50여 년 만에 볼음도에 그 무덤을 찾아와 헌화를 했다. 그들은 전쟁 중에 동일한 이북 출신의 믿음의 청년들로 서로 총부리를 겨누고 싸웠지만 하나님께서는 전시 중에 그들을 주 안에서 한 형제가 되게 하셔서 영원한 신앙의 동지로 맺어 주신 것이었다.

필자는 장 목사로부터 다윗과 요나단 같은 아름답고도 애달픈 우정 이야기를 듣고 큰 감동을 받아 통일을 앞둔 우리 모두에게 사랑과 화해의 좋은 귀감이라 생각되어 이 글을 쓰게 되었다.

미주 지역의 방송 인터뷰와 장 목사와의 만남

2001년 12월 하순, 캘리포니아 주 산호세 실리콘벨리 지역의 어느 미주 한인 교회의 원로 목사는 새벽 기도에 늦은 시간까지 남아 기도에 집중하고 있었다. 그러던 그 원로 목사는 갑자기 흐느끼며 하나님 앞에 회개의 기도를 했다.

"하나님 아버지! 죄 많고 불초한 이 배은망덕한 저를 용서해 주시고 긍휼히 여겨 주옵소서. 제가 속히 하나님께서 명하신 그 일을 이제 속히 행하겠습니다."

그 목사가 갑자기 이처럼 울부짖으며 기도한 것은 기도 중에 하나님의 생생한 음성을 들은 것이었다.

"장 목사야! 너는 50여 년 전에 너의 생명의 은인을 잊고 있었느냐? 너는 속히 그곳을 찾아가 보거라!"

그는 교회에서 집으로 돌아와 사모에게 기도 중에 하나님의 음성을 들은 이야기를 들려주고는 준비되는 대로 빨리 한국에 다녀와야겠다는 말을 전했다. 그 말을 들은 사모는 갑작스런 남편의 그런 말에 의아해 했지만 너무도 단호한 어조로 이야기하기에 반대는 할 수 없었다. 아침 식사를 마친 후 사모와 같이 차를 들면서 한인 라디오 방송을 듣고 있었다.

– 장은주 안녕하세요. "만나고 싶습니다"에 장은주입니다. 이 시간에는 북한 선교를 오랜 동안 사역하시고 있는 강사무엘 선교사님을 저희 방송에서 모셨습니다. 강사무엘 선교사님께서 바쁘신 일정이 있으실 텐데 저희 방송국을 방문해 주셨습니다. 먼저 선교사님께서 자신을 좀 소개를 해 주시죠.

– 강사무엘 네, 주님의 이름으로 문안드립니다. 저는 1991년부터 북한과 접경하고 있는 국경지역에서 다양한 방법을 통해 북한 선교를 지

금까지 해 오고 있습니다. 이번 미주 방문은 연례적인 것으로서 미주 지역의 선교 협력 교회를 방문하기 위해 왔습니다.

– 장은주 그동안 매년 오셨군요. 그러면 저희가 좀 진작 모셔야 됐었는데, 그래도 이번에 모시게 되어서 감사하네요. 우리가 보통 알기로는 북한 선교하면 신변상의 위험도 있고 공개적으로 하기도 어렵다고 들었는데, 많은 어려움이 있으셨겠지요. 그런데 어떻게 북한 선교를 시작하게 되셨나요?

– 강사무엘 네, 제가 중국 선교 2차 사역을 마치고 호기심 삼아 북한과 가장 가까이 근접하고 있는 단동 압록강을 방문하게 되었습니다. 그 방문은 오랜 전부터 계획된 것은 아니었습니다. 저는 그 당시 흑룡강성 하얼빈 지역의 조선족 처소 교회 순회 사역을 마치고 한국으로 가기 위해 산동성에서 인천행 배를 타야 했습니다. 그런데 이틀 정도 여유가 있었기에 말로만 들어왔던 압록강과 신의주를 보고 싶어서 단동을 가게 된 것이었습니다. 그 방문이 제게는 북한 선교를 하게 된 결정적인 계기가 된 것이죠.

– 장은주 그래도 북한 선교에 대한 결정적인 어떤 동기가 있었을 텐데요?

– 강사무엘 예, 저는 원래 북한 선교에 대해 관심도 없었고 아는 바도 없었습니다. 단동을 방문한 다음 날 아침 일찍 압록강 강가에서 신의주 쪽에서 떠오르는 해를 바라보면서 내 자신도 모르게 이런 기도

를 하게 되었습니다.

– 장은주 어떤 기도를 하셨나요?

– 강사무엘 예, 이렇게 기도를 했습니다. 하나님 아버지! 지금 붉은 해가 신의주에 떠올라 저 어둠의 땅을 밝혀 주고 있습니다. 간절히 바라옵기는 하나님의 말씀의 해가 저 어둠의 북녘에 떠올라 저곳을 밝혀 주셔서 저 땅에 있는 우리 동포들이 속히 구원받게 하옵소서! 라고 간절한 기도를 올렸습니다.

– 장은주 그러면 결과적으로 하나님께서 강 선교사님의 압록강 강가의 그 기도를 들어주신 거군요. 그러면 그 이후에 북한의 지하 기독교인들에 대한 직, 간접적인 접촉은 있으셨나요?

– 강사무엘 예, 저도 제일 궁금한 점이 과연 저 북한 땅에 아직 기독교인들이 남아 있을까? 있다면 그들은 어떤 신앙을 갖고 무슨 기도를 하고 있을까? 하는 점이었고, 지하 교회 교인들이 있다면 어떻게 그 사실을 확인할 수 있고, 어떻게 접촉을 해야 하는지가 제일 큰 문제였죠.

– 장은주 네, 선교사님의 그런 말씀을 들으니 점점 호기심이 가고 궁금해지는데, 찬송가 한 곡 들으신 후에 그 다음 이야기를 들려주시죠.

강 선교사와 방송 진행 담당자는 약 30분에 걸쳐 북한 선교에 대한 생생한 간증을 실타래 풀듯이 이야기를 이어 갔다.

외딴 낙도의 비목에 바쳐진 꽃다발

그런 방송이 나간 후 그곳 청취자들로부터 방송국에 몇 통의 문의 전화가 왔었고, 그 지역의 어느 원로 목사로부터 강 선교사 숙소로 전화가 걸려왔다.

"강 선교사님이신지요? 저는 장재덕 목사라고 합니다. 오늘 방송을 통해 많은 감동을 받았습니다. 꼭 뵙고 싶은데, 일정이 어떠신지요. 한번 뵙고 상세한 말씀을 듣고 싶습니다."

"예, 저는 2주 정도 이곳에 있을 예정인데, 내일 낮에 시간이 됩니다."

"그러시면 내일 점심 식사를 같이 하죠. 선교사님의 주소를 알려 주시면 제가 모시러 가겠습니다."

이렇게 하여 강 선교사와 장 목사는 다음 날 대면하여 많은 이야기를 나누었다. 장 목사는 70대 후반의 목사님이었으나, 매우 건강하고 첫인상이 무골 출신의 역전의 용사 같은 풍채와 강한 인상을 갖고 있었다.

"강 선교사님, 저는 나이가 들어 은퇴를 하고 후임자가 교회를 맡고 있습니다. 그러나 목회는 안할지라도 이북의 고향에 대한 교회 재건에 꿈을 포기할 수 없어 하나님 앞에 늘 기도하기로는 속히 통일이 되어 학생 시절 다녔던 황해도 재령교회를 다시 세우게 해 달라고 평생의 기도를 지금까지 하고 있습니다."

강 선교사는 그 연로한 목사님의 주름진 얼굴과 눈빛 속에서 고향을 그리는 간절한 향수와 목사로서 두고 온 교회에 대한 그리움을 읽을 수 있었다. 미주 지역에는 이북 실향민들이 많이 살고 있다. 그들 대부분은 북한에 가고 싶어도 갈 수 없고, 미국으로 이민을 온 것도 공산치하의 악몽과 피해 의식이 누구보다도 강하기 때문일 것이다. 그들 중에는 미처 함께 피난 오지 못한 혈육들도 북한에 있기에 그곳에 대한 그리움은 필설로도 다 할 수 없을 것이다.

그 세대들은 세월의 흐름 속에 점차 소멸되어 가고 있기에 슬픔은 더할 것이다. 그 세대들은 대부분 한국에서 60-70년대 정치적, 경제적으로 암울한 시기에 2세들을 데리고 미국 이민을 왔으며 그들 가운데는 말 못할 사연으로 인해 방북도 못하는 사람들도 있다. 이들 가운데에 북한을 방문하여 두고 온 부모 형제를 상봉하고 온 경우도 있지만, 대부분 북한 방문을 하고 온 것을 후회하거나 오히려 방문 이전보다 더 괴로움 속에 여생을 보내고 있는 이산가족들도 있다.

강 선교사와 장 목사와의 첫 만남은 주로 강 선교사의 북한 선교에 대한 이야기를 듣는 것으로 식사를 함께하면서 시간을 가졌다. 장 목사는 오후에 일정이 있으니, 오늘은 이만 만나고 며칠 후에 다시 만나 상세한 이야기를 나누자며 약속을 하고 헤어졌다.

강 선교사도 계획된 일정을 바삐 보내고 있었다. 후원 교회의 선교 보고를 위한 교회 방문과 개인적인 회합 등으로 많은 사람들을 만났으며, 2주 후에는 미주 지역에서 한인 교회가 가장 많은 로스엔젤리스(Losangelis)와 얼바인(Urvine)으로 가서 한인 교회 방문과 지인들과 그 지역 한인 기독교 방송에 인터뷰가 예정되어 있었다.

미주 지역을 매년 방문해서 여러 교회를 순회하면서 북한 선교 보고를 10여 년 이상 해 오고 있었다. 미주의 한인 교회와 교민들은 한국 교회보다 북한 실정과 북한 선교에 대한 관심을 더 많이 보여 주고 있었다. 그 이유 중에 하나가 고향이 이북 출신인 당 세대들과 그 후손이 많았기에 북한에 관한 최근의 소식을 듣고 싶어 했다. 대중매체들을 통해 북한 소식을 많이 접하기도 하지만, 북한 선교를 하는 선교사로부터는 좀 더 최근의 탈북자들에 관한 생생한 이야기며 북한과 접경하고 있는 지역에서 접한 북한의 내부 사정에 관한 소식 등 북한의 지하 교회에 대한 현장 사역을 듣고 싶어 했다.

북한 선교를 하는 선교사로서는 북한 선교에 관심 있는 사람들에게 매년 별 변화가 없는 북한 실정 이야기나 극단적인 스토리로 그들의 호기심을 충족시켜 주는 것이 부담스럽기도 했다. 북한은 변화를 거부하며 그 상태를 늘 유지하고자 하는 독재 정권이기에 북한의 변화무쌍한 이야기는 들려줄 것이 별로 없었다. 북한의 지하 교회의 소식은 무엇보다도 저들의 비밀 유지가 늘 필요하기에 그러한 이야기도 노출시키는 데에는 한계가 있기에 때로는 적당한 선에서 보고를 해야 하는 것이 애로 사항 중에 하나였다.

장 목사를 만난 지 일주일이 지난 후 다시 장 목사로부터 전화가 와서 두 번째 만남을 가졌다. 장 목사에게는 상봉 못한 이산가족이 아닌 한국전쟁에 대한 남다른 기억과 가슴속에 담아둔 상흔을 간직한 채 평생을 살아온 사연이 있었다.

장 목사와 강 선교사는 식사를 마치고 커피숍으로 자리를 옮긴 다음 대화를 이어 갔다. 그 대화의 내용은 대부분 지난날 이북에서 자라 온 개인의 과거사와 전쟁 이후 한국에서 교회를 개척한 일이며 미국에 와서 다시 이민 목회를 한 회고였다. 그런 대화를 거의 마무리 하는 가운데 장 목사는 갑자기 다음 달에 한국에 꼭 갈 일이 있는데, 강 선교사는 언제 한국으로 귀국하는지 물어보았다. 강 선교사는 다음 주에 한 주간 남가주의 LA 지역을 방문하고 다음 방문지인 동부 지역의 순회 방문 사역을 마치고 약 3주 후에 한국으로 돌아간다고 하자, 장 목사는 그러면 한국에서 만나 강화도 근처의 섬에 같이 가자고 했다.

강 선교사는 좀 의아한 생각이 들어 무슨 일로 강화도 근처의 섬을 가야 되는지 물었다. 장 목사는 지금까지 자신의 삶의 여정을 무용담처럼 이야기하는 것과는 다르게 갑자기 어두운 표정과 어투로 말했다.

“내가 지금까지 살아오면서 약속을 지키지 못한 채 50여 년을 지내왔는데, 그 약속을 지키기 위한 것도 있고, 내 생애의 후회 없는 마무리를 위해서라도 마지막 조국 방문이 될지 모르는 여정을 계획했습니다. 강 목사가 동행해 줄 수 있습니까?”

진지하게 부탁을 했다.

"그러면 서울에서 만나서 같이 가겠습니다."

강 선교사는 장 목사에게 확약을 했다.

장 목사의 그런 비장한 표정이 더욱 궁금해진 강 목사는 호기심이 더욱 나서 다시 물어보았다.

"무슨 일로 그 섬에 가셔야 하나요?"

그러자 장 목사는 눈을 지그시 감은 채 말했다.

"그 섬에 내 신앙의 동지가 묻혀 있어요. 50여 년 전에 외딴섬에 묻혀 있는 그 친구에게 내가 목사가 되면 다시 꼭 너를 찾으러 오마하고 약속을 했는데, 그만 반세기가 지나 버렸습니다. 그동안 그 약속을 지키지 못한 죄책감을 갖고 지금까지 살아왔습니다. 이제 나도 머지않은 날에 그 친구 곁으로 갈 것인데 죽기 전에 그 약속을 꼭 지켜야겠지요. 우리 가족들은 건강상의 이유로 그 섬에 가는 것을 다 반대하지만 꼭 갔다 와야겠어요. 강 목사가 같이 가 준다고 하니 든든하고 감사합니다. 그러면 나는 한국 가는 비행기표 예약도 하고 출국 준비를 해야 하니 추후 또 전화로 연락하기로 합시다."

그날 강 선교사는 숙소에 돌아와 장 목사가 작은 외딴섬에 묻혀 있는 그 친구라는 사람이 누구며, 왜 그곳에 묻혀 있는지와 50여 년이 지났는데도 거기에 꼭 가야 하는지 더욱 의아했다. 전쟁에서 전사한 친구라면 국립묘지나 흔한 공동묘지에 안장되어 있어야 하는데 외딴섬에 50여 년 동안을 묻혀 있다는 것이 크나큰 수수께끼가 되어 버렸다. 강 선교사는 더욱 알고 싶었으나, 대선배 목사인 그에게 아픈 상처를 건드리는 것 같아 더는 물어보지 못하고, 혼자서 추리소설을 쓰듯 상상해 보기만 했다.

강 선교사는 몇 주 전 산호세에서 장 목사에게 들었던 외딴섬에 묻혀 있는 그 신앙의 동지 이야기가 여전히 궁금하기만 했다. 강 선교사는 장 목사의 한국 방문 일정을 확인하기 위해 전화를 하면서 궁금한 부분을 전화상으로 용기 내어 물어보았다.

"장 목사님, 그 신앙 동지라는 분이 어떤 친구였나요?"

"그 친구는 국군이 아니라 인민군 전사였어요."

강 목사는 더욱 의아하여 다시 장 목사에게 물어보았다.

"장 목사님, 그 친구라는 사람이 북한의 인민군이었다면 적군이었을 텐데, 어떻게 50여 년이 지난 지금에도 그를 못 잊고 그 묘지를 찾아가려고 하시나요?"

장 목사는 더욱 침울한 어투로 말했다.

"그 인민군 전사는 내 생명의 은인이었고 그 친구는 정말 신실한 믿음의 청년이었어요. 내가 목사가 되고 지금까지 살아올 수 있었던 것도 그 친구 덕분에 주의 종이 되었고 반평생을 하나님 앞에 쓰임 받을 수 있었죠. 이번에 서울에 가면 상세히 그 이야기를 들려주겠소이다."

장 목사의 음성은 더욱 처진 상태여서 강 목사는 더 이상 묻지 않고, 서울에서 만나 뵙기로 하고 전화 통화를 마쳤다. 수화기를 내려놓은 강 목사는 더욱 궁금해졌다. 강 목사의 생각으로는 도저히 끼어 맞출 수 없는 퍼즐과도 같은 이야기였다.

그러나 분명한 점은 연로한 장 목사가 50여 년 전 그 북한의 인민군 출신인 친구의 우정을 잊지 못하고 있다는 것이었다. 강 목사는 장 목사와 같이 그 섬에 인민군 출신의 묘를 찾아가기로 한 이상, 자신이 그 두 친구 사이에 무언가 할 수 있는 일이 있는가를 생각해 보았다.

50여 년 전 그들은 한 강토에 태어난 꿈 많은 청년이었을 텐데, 전쟁터에서 서로가 적군으로 만나 총부리를 겨누었던 그들 사이에 무슨 사유가 있을까? 인민군 전사는 그 외딴섬에 묻혔고, 살아남은 한 청년은 목사가 되어 태평양 건너와서 목회 사역을 마치고 여생을 보내고 있는 현실이 소설 속의 이야기만 같았다.

전쟁터에서 전사한 군인이라면 마땅히 명예스럽게 자국의 국립묘지에 묻혀야 되지만, 그 인민군 청년은 적군의 시신이었기에 어느 누구도 기억치 않고 찾지도 않는 외딴섬에 외로이 누워 있을 텐데, 비록 망자가 되었지만 신앙인이었던 그에 대한 최소한의 예례가 상징적이나마 필요할 것 같았다.

한국에서는 70년대에 가곡 중에 대중가요처럼 불린 애달픈 노래가 있었다. 그 노래의 제목은 "비목"이었다. 한국전쟁 시 휴전선을 끼고 있는 강원도 화천의 어느 격전지에는 사망한 이름 모를 전사들의 흔적들이 많았다. 그 당시 그들이 전투에 착용했던 어느 철모는 총탄에 구멍이 났고,

그 속에서 이름 모를 야생화가 피어 있는 전쟁의 상흔도 있었다. 이를 본 어느 순찰 장교가 그 무명의 용사들의 비목조차 없는 그 모습에 비문과도 같은 가사를 작시함으로 노래로 불리웠다.

碑木(비목)

초연이 쓸고 간 깊은 계곡 깊은 계곡 양지녘에
비바람 긴 세월로 이름 모를 이름 모를 비목이여
먼 고향 초동 친구 두고 온 하늘 가
그리워 마디마디 이끼 되어 맺혔네.

궁노루 산울림 달빛 타고 달빛 타고 흐르는 밤
홀로 선 적막감에 울어 지친 울어 지친 비목이여
그 옛날 천진스런 추억은 애달퍼
서러움 알알이 돌이 되어 쌓였네.

강 목사는 외딴섬에 묻혀 있는 그 인민군의 묘를 곰곰이 상상하는 가운데 몇 년 전 샌프란시스코 지역의 바닷가로 가는 도중에 도로변 넘어 푸른 잔디밭에 마치 하얀 갈매기 떼들이 앉아 있는 것 같은 모습으로 하얀 십자가들이 무수히 정렬되어 있는 광경이 떠올랐다. 그곳 묘지에는 2

차 대전과 한국전쟁에서 희생당한 미군의 유해가 묻혀 있는 국립묘원이었다. 비목이라는 노래와 그 광경이 떠오른 강 목사는 나무 십자가를 만들어 그 청년의 이름을 새겨 놓는 것이 가장 좋겠다는 판단에서 장 목사에게 다시 전화를 하여 묘지에 세울 십자가를 만들어 가겠으니 그 인민군의 이름을 알려 달라고 했다.

강 목사는 마침 노스캐롤라이나 주 랄릴의 동생네 집 근처에서 공사를 하고 남은 좁다란 나무판자를 구하여 두 개로 잘라서 사포로 매끈하게 다듬고 그 전사자의 이름을 녹색 페인트로 써 놓았다.

〈고 전용순 성도〉

그 형제의 출생연월과 사망일도 그 당시 계급도 알 수 없어 그 같이 간단하게 써 놓을 수밖에 없었다. 그 두 개의 막대는 나사로 연결하면 바로 십자가 비목이 될 수 있게 만들어 놓았다.

강 목사는 여동생 집에 체류하면서 산호세에 있는 장 목사와 수시로 전화를 통하여 출국 일정 진행을 상의했다. 강 목사는 그 지역의 한인 교회를 방문하여 북한 선교 사역 보고를 마치고 밤늦게 돌아와 시차가 3시간이 나는 산호세에 장 목사에게 전화를 하여 한국 방문 일정과 출국 날짜가 정해졌는지 물어보았다. 장 목사는 1월 28일에 서울에 도착하여 며칠간 친인척 방문을 마친 후에 강화도로 가기로 현지와 연락을 해 두었다고 했다. 강 목사도 그 일정에 맞추기로 했다.

반세기 만에 인민군 전사의 묘지에 세워진 십자가 비목

2002년 2월, 어느 날 강화도 외포리 선착장에서 강 목사와 장 목사는 볼음도라는 외딴섬을 가기 위해 여객선을 타고 그곳 선착장에 당도했다. 그 인근의 자그마한 식당에서 식사를 마친 다음 장 목사가 50여 년 전에 그곳을 떠나면서 그 지역에 묘지 관리를 부탁했던 한 사람을 찾아갔다. 그도 나이가 팔순을 바라보는 노인이 되어 있었다.

실로 반세기 만에 만난 것이었다. 장 목사는 벌초용 낫과 톱을 빌려서 잡목과 잡초로 우거진 산길로 접어들었다. 그 산속을 반시간 이상 헤치며 들어가자 야트막한 평지가 나타났고 약간 북돋워진 묘지로 보이는 그 위에는 허접한 잡초들과 주변 나무뿌리가 사납게 얽혀 있었다. 매우 척박한 산인지라 큰 나무는 없지만 반세기 가까이 사람의 손이 가지 않은 그 무덤은 그냥 야지였다. 장 목사는 십자가 비목과 짐을 내려놓고는 강 목사와 같이 무덤 위에 있는 잡초며 넝쿨 잡목들을 쳐 냈다. 얼마 후 무덤 위에 덮인 돌들이 나타났다. 그 돌은 아마도 당시에 시신을 안장한 후에 흙으로 덮고 그 주변의 돌을 주워 무덤 위에 올려놓아 무덤의 형체를 보호하려 했던 것 같았다.

한참을 그런 벌초 작업을 한 후에 장 목사는 자신이 준비해 온 꽃다발을 그의 무덤 앞에 놓았고, 강 목사가 만들어온 그 십자가 비목을 무덤 앞에 세웠다. 그 십자가에는 〈고 전용순 성도〉라는 글자가 쓰여 있기에 그제야 그 무덤의 주인이 누구인지 표시되었다. 장 목사는 전용순의 비목 앞에 무릎을 꿇고 흐느껴 울며 기도했다.

"전능하신 하나님 아버지! 용순 형제가 지금은 하늘나라에서 주님의 품에 안겨 위로를 받으며 영원한 안식을 누리고 있는 줄 아옵나이다. 이 불초한 종, 그와 약속하기를 전쟁이 끝나면 신학교에 같이 가서 하나님의 말씀의 종이 되어 북녘의 고향에 들어가 교회를 다시 세우자고 맹세를 했습니다. 그때의 그 언약을 주님도 아시는 줄 아옵나이다. 하나님께서는 왜 용순 형제를 먼저 데리고 가셨는지 저는 아직도 모르오나, 하나님 앞에 부족한 한 종으로 용순 형제의 몫까지 감당을 못했습니다. 저를 긍휼히 여겨 주옵소서.

용순 형제의 육신이 이곳에 있사오나, 육의 장막을 벗어나 눈물과 애통과 죽음이 없는 주님의 나라에서 주님의 많은 위로와 상급이 그에게 있는 줄 믿습니다. 저도 이제는 불원간에 하나님께서 부르실 터인데, 용순 형제와 맺은 그 언약을 지키기 위해 50여 년 만에 이 곳에 와 그의 유골이 묻힌 이 땅에 무릎을 꿇었습니다. 그동안 그의 무덤 앞에 꽃 한 송이 드리는 사람, 그의 이름 석 자를 기억해 주는 사람이 없고, 이 무덤을 찾아준 사람 없지만 인애하신 주님께서는 천상에서 더 큰 위로와 사랑으로 그를 품어 주시고 있는 줄 아옵나이다. 용순 형제가 피난 시절 이 섬에서 오갈 데 없는 무리들을 향해 세례 요한 같이 하나님의 말씀을 외쳤던 그의 열정을 주님은 기억하고 계실 줄 믿습니다. 그가 그날에 밧모 섬 같은 이곳에서 하나님의 말씀을 외쳤기에 그것이 씨가 되어 이 섬에도 교회가 세워졌습니다. 하나님 아버지! 그의 외침이 결코 헛되지 않게 해 주심을 감사드립니다. 바로 눈앞에 보이는 바다 건너 그의 고향이 있습니다. 속히 저 어둠의 북녘 땅에 하나님의 진리의 말씀과 하나님의 공의가 정오의 해처럼 빛나게 하옵소서!"

장 목사는 온 얼굴에 눈물이 뒤범벅이 되도록 마치 그 형제를 곁에 두고 기도하듯 세월을 뛰어넘어 절절히 가슴에 맺힌 기도를 드렸다. 그 기도를 곁에서 듣고 있던 강 목사도 눈시울이 뜨거워지면서 마치 다윗이 요나단이 전투에서 사망했다는 그 소식을 듣고 절절한 마음으로 "활의 애가"를 부른 그 다윗의 심정을 생각해 보았다.

> 내 형 요나단이여 내가 그대를 애통함은 그대는 내게 심히 아름다움이라 그대가 나를 사랑함이 기이하여 여인의 사랑보다 승했도다(삼하 1:26).

기도를 마친 장 목사는 몸을 추스른 다음 잠시 그 무덤을 향해 묵도를 하더니 다시 한 번 그 십자가를 전 형제의 손을 잡듯 꼭 잡아 보고는 눈가의 눈물을 닦았다.

"용순아, 우리 머지않아 하늘에서 만나게 될 거야. 너무 오랜만에 온 거 용서해라."

장 목사는 십자가가 세워진 그 무덤 앞에서 찬송을 불렀다.

천국에서 만나 보자 그날 아침 거기서
순례자여 예비하라 늦어지지 않도록
만나 보자 만나 보자 저기 뵈는 저 천국 문에서
만나 보자 만나 보자 그날 아침 그 문에서 만나자.

장 목사와 강 목사는 병상에 홀로 누워 있는 전우를 뒤에 두고 돌아서서 나오는 것 같은 마음으로 그 산에서 내려왔다. 두 사람은 그 식당으로 가서 배 타는 시간을 기다렸다. 약 두 시간 후에나 배가 도착할 예정이었다. 강 목사는 전용순 인민군과 장 목사와의 관계에 대해서 장 목사의 표정을 살핀 후 넌지시 물어보았다.

"장 목사님, 전 형제는 같은 고향 친구셨나요? 50여 년의 세월이 흘렀는데도 아직도 그를 못 잊고 그렇게 슬퍼하시는 것을 보니 마치 형제지간이 아니었나 하는 생각이 들 정도였습니다."

장 목사는 아직도 그 슬픈 표정을 채 지우지 못한 채 말했다.

"그 용순 형제는 혈육보다 더한 믿음의 동지요, 주안에서 맺어진 영원한 형제였고, 생명의 은인이었습니다. 평생에 가장 사랑의 빚을 많이 진 사람으로서 가슴속에 묻혀 있는 형제이죠. 그 형제가 아니었으면 이미 이 세상 사람이 아니었을 겁니다. 그가 나를 살려 주었기에 후에 목사도 되었죠. 나는 어렸을 때부터 혈기가 많았고 불의한 일을 보면 못 참았어요. 내가 군에 자원입대한 것도 김일성의 공산군이 남침을 해서였습니다. 바로 국군에 입대해 물불을 안 가리고 적진에 뛰어들어 누구보다도 많이 싸웠고, 그로 인해 훈장도 많이 받았습니다. 그런데 그게 신앙심에서 나온 것은 아니었어요. 그 형제가 아니었으면 전쟁이 끝난 후에도 혈기대로 살았을 겁니다. 그와 맺은 약속을 남자로서 지키기 위해 신학교를 간 거였지요.

내가 어렸을 때 어머니는 나에게 너는 이다음에 꼭 목사가 되어야 한다고 하셨을 때 그저 건성으로 들었어요. 목사가 되겠다고 말을 했지만, 나는 목사가 되기에는 너무 성격이 강했어요. 지금 생각해 보면 하나님께서 용순 형제를 붙여 주셔서 목사가 되었다고, 지금도 그렇게 생각하고 있어요."

강 목사는 그 이야기를 들으면서 인민군 출신의 형제와 어떻게 만나게 되었는지, 왜 그가 이 외딴섬인 볼음도에 묻혔는지에 대해 묻자, 장 목사는 찬찬한 어투로 지난날을 회고하면서 전용순과 자신과의 일들을 들려주었다.

인민군에게 포로가 되어 생명의 은인을 만나다

1950년 6월 25일에 한반도에서는 전쟁이 일어났다. 인민군이 38선을 넘어 파죽지세로 남진을 거듭하면서 낙동강을 앞에 두고 치열한 공방전이 지속되고 있었다. 그해 8월 낙동강 전선에는 장마로 인해 먹장구름이 뒤덮여 있었다. 인민군은 낙동강 도하를 준비하고 있었고 일본에 있는 미 공군은 기상 관계로 거기에 밀집해 있는 북한 군대를 향해 폭격을 못하던 중에 갑작스럽게 하늘이 개이자 오키나와의 미국 B29 폭격기들이 구름떼처럼 출격해 낙동강 전선에 집결해 있던 인민군들을 폭격했고 전세는 역전되었다.

이어서 9월에 맥아더의 인천상륙작전으로 9월 28일에 서울까지 수복했다. 국군과 유엔군은 인민군들을 몰아내면서 북진을 거듭했으나, 10월 15일에 갑작스런 중공군의 인해 전술로 전세가 다시 역전되어 국군과 유엔군은 북으로부터 후퇴를 거듭하고 있었다.

특수부대원이었던 공군 소속의 장재덕 대원은 군 지휘부로부터 적진에 들어가 임무를 완수하라는 명령을 받았다. 전쟁이 발발한 그해 12월 말에 황해도 해주의 해안으로 침투해 육로를 따라 들어가서 적진의 동태 파악과 그 지역의 정보원들과 접선을 하고, 그 지역의 군사 시설 폭파 등 다양한 임무를 수행해야 하는 매우 위험한 작전이었다. 그 작전을 수행하는 시기가 유명한 1.4 후퇴가 이루어진 이후의 일이었다.

침투 지역은 황해도 해안의 용매도로 들어가 내륙 깊숙이 침투해 그 작전을 완수해야 했다. 그 당시 이북 지역의 전선은 분명하게 정해져 있지 않았다. 장 대원을 비롯한 특수 유격대원들은 성공리에 작전 임무를 완수하고 돌아오는 도중에 인민군의 추적을 받게 되었다. 결국 인민군과 치열한 교전이 벌어졌고 그 와중에 부대원 중 몇 명이 희생되었다. 적군은 수적으로 유리해 포위망을 좁혀 왔다. 나머지 여러 대원들이 포위된 상태에서 서로가 뿔뿔이 흩어졌다. 장 대원은 홀로 민가로 숨어들었으나 결국 포위되어 인민군 특수부대원들에게 체포되었다. 그와 다른 몇몇 동지들도 체포되어 인민군 수중에 있는 황해도 해주로 압송되게 되었다.

해주는 몇 달 전 장 대원의 부대원들이 그곳에 잠입해 군사 진지를 폭파하고 다시 점령한 후에 살아남은 인민군과 빨갱이들을 상부의 지시에 의해 모두 처단했던 곳이었다. 그 후 다시 그 지역이 인민군의 수하에 들어가게 되었다. 그가 만일 그곳으로 이송된다면 장 대원은 인민군들과 빨갱이들에게 모진 고문과 잔인한 방법으로 참혹한 죽임을 당할 것이 뻔했다. 그 당시 그로서는 너무도 긴박했고 바람 앞에 등불처럼 그 목숨은 이미 그들의 손에 달려 있었다.

그를 비롯한 수십 명의 다른 포로들과 합쳐져서 모두가 전깃줄에 포승되어 사지로 끌려가고 있었다. 그때 갑자기 하늘에 우군의 전투기가 나타나 포로 일행들을 향해 기총 사격을 가했다. 포로들과 호송 인민군들은 살아남기 위해 민가와 교회와 학교 건물로 숨어들어 목숨을 유지하게 되었다. 호송 인민군들은 다시 미군 전투기가 나타나는 것이 두려워 포로 이송을 멈추고 작은 학교 건물에 머물면서 포로들을 감시하고 있었다.

인민군들은 여러 포로 가운데 장 대원을 거물급 요원을 잡은 것처럼 특별히 감시했다. 그가 잡혀 간 곳에는 약 30여 명의 국군들이 이미 포로가 되어 있었다. 그들을 학교 운동장에 몰아넣고 인민군들은 중무장을 한 채 포로들을 감시하고 있었다. 장 대원은 어머니를 두고 자신이 먼저 죽게 된다면 어머니께서 얼마나 슬퍼하시고 괴로워하실까 생각하니 미칠 것만 같았다.

그는 전쟁터에 나간 자신을 위해 식음을 전폐하고 기도하시는 어머니를 생각하면 어떻게 해서든지 살아서 나가야 된다는 생각 밖에 없었다. 그때 그가 할 수 있는 것이라고는 기도밖에 없었다. 그래서 미친 사람처럼 속으로 중얼거리면서 기도만 했다. 다음 날도 대낮에 묶인 채로 운동장에 나무 아래 꿇어앉은 자세로 기도하는 가운데 비몽사몽 중에 어머니가 교회 마룻바닥에 엎드려 하나님께 울부짖으시면서 "하나님 아버지! 우리 아들 재덕이를 살려 주세요."라고 외치는 소리와 모습이 보였다. 그 순간 그는 자신도 모르게 "하나님 아버지! 우리 어머니를…."이라고 소리를 크게 지르고 말았다. 그때 감시를 하고 있던 한 인민군 병사가 소리쳤다.

"지금 하나님이라고 소리친 놈 누구야! 일어나라우!"

그 인민군은 장부대원들과 총격전을 벌였던 대원이었다. 그는 따발총으로 완전 무장한 군인이었고 등치가 자신보다 크고 압도적이었다. 그 순간 장 대원은 자신도 모르게 정신이 번뜩 나면서 자신도 모르게 그 인민군에게 "내가 그랬습니다."라고 했다.

그 인민군 병사는 "야, 너 앞으로 나오라우!" 그 말을 듣는 순간 그는 이제 여기서 생명이 끝날 것이라는 생각이 들면서 자신을 위해 교회 마룻바닥에 엎드려 눈물로 기도하고 있는 어머니의 모습이 다시 떠올랐다. 그 인민군은 연결되어 있는 포승줄을 풀더니 그의 팔을 꽉 잡고 밖으로 끌어냈다.

"하나님 아버지! 저는 이제 이곳에서 죽을 터인데, 저희 어머니만은 꼭 지켜 주시고 천수를 누리게 해 주옵소서."

장 대원은 마지막 기도를 속으로 했다. 그는 우악스러운 인민군에게 끌려가면서 순간적으로 어머니와의 지난 수십 년간의 추억이 주마등처럼 스쳐갔다. 그의 어머니는 황해도 재령교회의 전도사로서 오랫동안 미국 선교사들과 함께 봉사했고, 일제강점기에는 어린 나이에 교회 어른들과 함께 3.1 운동에 참여해 태극기를 흔들면서 만세를 부르다가 일본 헌병대에 체포되어 옥고를 치르기도 했다. 1938년에는 신사참배 강요에도 굴하지 않고 저항하다 감옥에 수감되어 두 번째 옥고를 치르기도 했다. 유관순 같은 믿음의 여인이었다.

그의 어머니는 나라의 독립을 위해 누구보다도 하나님께 새벽 제단을 쌓으며 기도하는 애국인이었고, 신앙을 위해서는 목숨을 구걸치 않은 신실한 믿음의 여인이었다. 어린 시절 감옥에 갇혀 있는 어머니를 보고 싶어 어른들과 함께 면회하러 갔다가 죄수복을 입고 있는 모습을 보고 많이 울기도 했었다.

출옥 후에도 어머니는 오직 교회를 섬기는 일에 혼신의 힘을 다했다. 해방이 되면서 바로 공산화가 되자 그 지역의 기독교인들의 신앙생활이 자유롭지 못하고, 아들의 장래와 신변에 위험이 올 것을 예견하고 그 아들을 남으로 내려가 공부하도록 독려해 그는 혈혈단신으로 월남했다. 그는 어머니와 헤어진지 5년이 되는 해에 전쟁이 발발되었고, 바로 군에 자원입대하여 어머니와 그 가족을 구하겠다는 일념으로 고된 훈련을 무사히 마치고 공군 소속의 방첩대 특수부대로 배치되어 그 임무를 수행하게 되었다. 그에게 부여된 공작 활동은 적진 깊숙이 침투하여 갖가지 위험한 작전을 완수하는 것이었고, 몇 차례 그런 임무를 수행 하던 중에 마침 어머니가 계신 거처를 찾아내어 귀대할 때에 그 어머니를 무사히 이남으로 모시고 왔다. 어머니는 아들이 위험한 임무를 수행하는 것을 안 후에 매일 철야를 하면서 때로는 금식하면서 아들의 안전을 위해 기도했다.

그 인민군은 장 대원을 금세라도 총살형에 처할 것처럼 거칠게 대하면서 학교 건물과 떨어져 있는 외딴 창고 같은 건물 뒤로 끌고 갔다. 장 대원은 그 자리에서 총살당해 죽는 줄만 알았다. 그런데 놀라운 일이 벌어졌다.

그 인민군은 다짜고짜 물었다.

"너, 하나님을 믿어?"

그때 그는 '이제 빨갱이 인민군에게 이 자리에서 죽는구나.' 하는 생각에 이미 죽은 목숨 하나님 앞에 떳떳하게 죽자라는 생각이 들면서 담대하게 말했다.

"나는 우리 할아버지 때부터 하나님을 믿어 온 기독교인입니다."

그러자 의외로 그 인민군의 표정과 어투가 달라지면서 더 자세히 알고자 하는 듯이 질문을 했다.

"너 고향이 어디야?, 어느 교회를 다녔어?"

장 대원은 더욱 대담하게 말했다.

"우리 어머니는 황해도 재령에 있는 장로교 교회의 전도사님이셨고, 나도 그 교회에 주일학교 때부터 다녔습니다."

"야, 나도 하나님을 믿는 기독교인이야. 나는 신의주 제1교회를 다녔어."

그 인민군은 겨누었던 총부리를 아래로 향하게 하더니 주위를 살핀 후에 작은 목소리로 말하며 굳어진 표정을 풀었다. 그때 그는 자신의 귀를 의심했다. 이는 분명 하나님께서 자신을 살려 주시려고 이 인민군을 만나게 해 주셨구나 하는 확신이 들었다.

그 순간 장 대원은 다시 주위를 살핀 후에 작은 목소리로 그에게 말했다.

"우리 오늘이라도 당장 이곳을 도망하자. 내가 도피할 수 있는 길을 다 알고 있어. 우리 여기를 빨리 벗어나서 남으로 가자. 우리가 이대로 가면 이북 지역은 이미 빨갱이 세상이 되어 신앙생활도 못하고, 언제 어떻게 될지 몰라. 지금 폭격이 심해 가는 도중에 언제 죽게 될지도 모르니 여기를 빨리 벗어나야 돼, 오늘이라도 빨리 남쪽으로 가자. 남으로 가야만 너와 나는 살아남을 수 있어. 그동안 너도 김일성한테 속아서 공산국가에서 자유 없이 살아온 거 잘 알잖아. 남쪽은 모두가 신앙의 자유를 마음껏 누리고 있어. 네가 나와 함께 간다면 내가 힘닿는 대로 너를 도와주갔어. 하나님을 믿는 사람이 너에게 거짓말 하겠니?"

그 인민군은 장 대원에게 말했다.

"그러면 일단 돌아가 있으라우. 내가 알기로는 당분간 며칠을 이곳에 더 있을 거 같아. 아직 상부에서 이동하라는 지시가 없어. 나중에 너를 불러낼 때 그때 나오라우. 그동안 나는 탈출 준비를 하갔어."

그 말을 듣는 순간 그는 어머니의 기도를 하나님께서 들어주셨다는 확신이 들었다. 그는 그 순간부터 하나님께 더욱 간절하게 실성한 사람처럼 중얼거리면서 기도를 했다. 그 생애에 그렇게 혼신을 다해 기도해 보기는 처음이었다. 언제라도 탈출 준비가 되면 한 순간이라도 빨리 도망하고 싶었다. 여기서 이 기회를 놓치면 그가 나를 도와주려 해도 탈주의 가능성은 점차 희박해지기 때문이었다. 그 인민군은 저녁에도 장 형제를 향해 눈빛을 주면서 그를 안심시켰다. 그는 다른 인민군들에게 눈치 채지 못하게 하기 위해 아무 티를 안 냈다. 그날부터는 시간이 정지된 듯 했다. 장 대원은 빨리 해가 져서 어두워지고 달빛도 안 비치는 그런 밤이 되게 해 달라고 기도했다.

그날은 그렇게 밤이 지나고 다음 날 해가 밝아 아침에는 그 친구가 감시 당번이 되었는지 나타나 총을 겨눈 채 포로들을 여러 인민군들과 같이 감시를 했다. 그 형제는 그 병사들 가운데 서서 상급자에 해당되는 계급장을 달고 있었다. 과연 탈출 준비가 잘 되고 있는지 몹시 궁금했다. 밤이 되자 교실로 포로들을 몰아넣었다.

밤이 더욱 깊어가면서 추워지자 포로들은 서로 웅크리며 몸을 밀착시켜 서로의 체온을 의지하려 몰려 있었다. 몇 시쯤인지 알 수 없는 깊은 밤이 되자 감시병들도 졸고 있었다. 그 인민군인들은 미군의 폭격이 두려워 일체 불빛을 내지 못하게 했다.

그때 어둠 속에서 한 사람이 나타났다. 장 대원을 향해 오더니 그를 향한 손짓을 하면서 엄한 목소리로 말했다.

"야! 너 이리 나와. 특별히 조사할 것이 있어."

그는 드디어 때가 왔구나 하는 생각에 벌떡 일어나 그 앞으로 나가자, 장 대원을 체포해 가듯 팔짱을 꼭 끼더니 밖으로 끌고 나갔다. 둘은 빠른 걸음을 재촉하면서 어둠속에 알 수 없는 곳으로 옮겨 갔다. 그날 밤은 다행히도 어느 때보다 캄캄해 몇 미터 앞이 보이질 않았다. 정말 하나님의 도우심이었다. 두 사람은 학교 건물을 벗어나 어둠에 감싸여 어디론가 사라지고 있었다.

그 두 사람은 학교와 상당히 떨어진 어느 숲속 나무 밑에 다다르자 그 인민군은 나무 밑에 숨겨 놓은 배낭을 찾아내어 등에 걸치고 장 대원에게 따라오라면서 소리 없이 죽을힘을 다해 함께 뛰기 시작했다. 그 인민군은 그 근방의 지리를 다 파악하고 있었다. 그렇게 얼마를 정신없이 뛰자 온몸이 땀으로 범벅이 되었다. 서로가 아무 말 없이 그렇게 산등선을 몇 개를 넘었다. 그때처럼 그렇게 죽을힘을 다해 도망친 적은 없었다. 살아야 된다는 생명의 애착이 초인적인 힘이 나게 한 것이었다.

추적하는 소리도 아무 인척도 들리지 않았다. 그들은 산속 나무 밑에 털썩 주저앉았다. 인민군은 배낭에서 물통을 꺼내어 장 대원에게 주면서 먼저 먹으라고 건네주었다. 그 순간 장 대원은 그 물통을 다시 그에게 밀어냈다.

"나는 괜찮으니 너 먼저 먹으라우."

양보를 했다. 그러자 그 형제는 나에게 물었다.

"너는 몇 살이냐."

"나는 금년에 23살이야."

"그러면 내가 조금 아우이구만. 형님이 먼저 마시라우요."

그는 물통을 나에게 건네주었다. 그들은 물 한 병으로 파안대소하며 통성명을 했다. 그때 마신 물은 꿀물보다 더 달았다. 그 순간부터 두 사람은 형님과 아우가 되었다.

그때 그들은 너무도 치쳐 있어 몸을 땅바닥에 뉘이고 차가운 밤하늘의 별을 바라보고 있었다. 용순과 장 대원은 자신들을 위해 기도하시고 있을 부모님들을 생각하면서 눈물을 흘리고 있었다. 그때 갑자기 장 대원은 용순에게 말했다.

"우리 하나님께 먼저 기도하자우. 이렇게 무사하게 하나님께서 우리를 탈출하도록 도와주셨는데 감사의 기도를 먼저 해야 되지 않갔서."

그러자 용순은 몸을 일으키면서 말했다.

"그래 그렇지 않아도 나도 그렇게 생각하고 있었어. 우리는 지금 성경에 나오는 다윗과 요나단 같다는 생각이 들어. 다윗이 도망다닐 때 요나단이 도와주었잖아. 그 두 사람의 우정은 정말 아름답고 영원한 사랑이었어. 그들은 모두 용사 중에 용사였잖아. 이제 우리는 이 순간부터 다윗과 요나단처럼 영원한 우정을 갖자우. 너하고 인연은 정말 하나님께서 맺어주지 않으시면 될 수가 없는 것이야. 우리의 우정은 전쟁 속에서 꽃피운 거야. 우리 영원히 기억하자우."

그들은 그 자리에서 무릎을 꿇고 하나님께 기도했다. 먼저 장 형제가 하나님께 감사의 기도를 드렸다.

"하나님 아버지 정말 감사합니다. 죽을 수밖에 없는 나를 믿음의 형제를 만나게 하셔서 이같이 살려 주시고 이제 자유가 있고, 하나님을 마음대로 믿을 수 있는 곳으로 인도해 주시니 감사합니다. 믿음의 용순 형제를 하나님께서 예비해 주셔서 이처럼 만나게 해 주셨사오니 무사히 남쪽으로 갈 수 있도록 그 길을 인도하옵소서. 그리고 이 순간도 밤잠을 안 주무시고 저희의 생명을 위해 기도하고 계신 부모님들과 가족들도 지켜 주셔서 한 지붕 아래 거하는 그날을 속히 허락해 주옵소서."

장 형제의 기도가 끝나자 용순 형제가 이어서 기도를 했다.

"전능하신 하나님 아버지 정말 감사합니다. 어찌 이같이 전쟁 중에 믿음의 형제를 만나게 해 주셨는지요. 이곳까지 인도하신 하나님께서 우리들의 앞날을 친히 인도하시고 보호해 주옵소서.

그간 내 고향에 모든 교회들이 폐쇄되어서 주일에 예배도 못 드리고 신앙의 자유를 빼앗긴 채 지금까지 억압받고 살아왔는데, 속히 이 전쟁이 끝나면 우리 고향에도 자유가 있게 해 주셔서 빼앗긴 예배당을 다시 찾게 해 주시고 교회의 종소리를 다시 듣게 해 주옵소서. 부모님들이 내가 살아서 돌아오기만을 위해 날마다 눈물을 뿌리며 기도하고 있습네다. 제가 집을 떠나올 때 저를 붙들고 기도하셨던 어머니 건강 지켜 주시고 전쟁이 속히 끝나서 모두가 다시 만날 그날을 허락해 주옵소서. 이제 날이 밝으면 남으로 내려가야 하는데 선한 목자 되신 예수님께서 우리의 앞길을 인도해 주시고 천군 천사로 지켜 주옵소서. 예수님의 이름을 높이 받들어 기도하옵나이다."

그 두 믿음의 전사가 기도하는 중에 흘린 뜨거운 눈물이 콧물과 범벅이 되어 그들의 무릎으로 떨어졌다. 이제 저들은 더 이상 두려울 것이 없었다. 용순 형제는 배낭에서 비상식량을 꺼내어 주먹밥을 함께 나누어 먹으며 배고픔을 달래었다.

해가 뉘엿뉘엿 밝아 오기 시작하자 용순 형제는 배낭에 준비해 온 일반인 평복으로 갈아입었다. 그 형제는 만일의 위기 때를 대비해서 장교용 권총을 배낭 속에 감추어 두었다. 그 총을 본 장 대원은 말했다.

"용순아, 그 총 나한테 줘. 나는 특수 훈련을 받았기에 모든 총기를 다 다룰 줄 알아."

용순은 순순히 그 권총을 그에게 건네주었다.

이제 그들은 남쪽 해안으로 가기 위해 방향을 정하고 산에서 내려와 민가들이 있는 마을로 향했다. 그 마을은 모두 피난을 갔기에 마치 유령 마을처럼 사람들이 떠나고 비어 있었고 적막감이 돌았다. 그 두 사람은 조심스럽게 빈집으로 들어갔다. 마치 흉가와도 같이 되어 버린 집이었다. 살림살이가 여기저기 널브러져 있었고 쓸모 있는 물건은 없었다.

혹시 먹을 것이 없나하여 쌀독과 창고와 다락과 장독대를 샅샅이 뒤졌으나 아무것도 발견할 수 없었다. 지난밤에 주먹밥을 나누어 먹은 이후 먹지를 못해 몹시 허기가 났으나, 별도리가 없었다. 그 두 사람은 일단 해가 질 때까지 그 집에서 은신을 하기로 하고 잠을 청했다. 며칠 동안 용순과 그는 너무도 긴장을 했기에 잠을 제대로 취하질 못했다. 그들은 서로 웅크린 채 깊은 잠에 빠져들었다.

그렇게 한참을 자고 난 후 그들은 당장 며칠을 걸어 해안까지 가야 했기에 양식을 준비해야 했다. 그 양식을 구할 수 있는 유일한 방법은 집집마다 부엌과 창고를 뒤지거나 밭에 가서 혹 미처 캐내지 못한 고구마라도 찾아내야 했다. 그 둘은 서로 흩어져서 양식을 구한 다음 다시 그 집에서 만나기로 하고 각자가 흩어졌다.

그날 그들은 정오쯤 되어 돌아왔다. 그들은 거의 반나절을 돌아다니며 먹을 것을 구했으나 주머니에 넣고 온 것은 쥐가 먹다 남긴 것 같은 말라빠진 옥수수 몇 개와 움막 속에 묻혀 있었던 손가락 같은 고구마 몇 개와 무가 전부였다. 허기가 진 그들은 부뚜막에 불을 지펴 옥수수와 고구마를 구웠다. 그날의 일용할 양식이 부엌 바닥에 놓여 있었고, 용순은 그 먹을 것을 보고는 울먹이며 하나님께 감사의 기도를 드렸다.

"하나님 아바지 감사합네다. 이처럼 들에서도 우리에게 일용할 양식을 주셔서 감격스럽습네다. 내일의 양식도 하늘에 계신 아버지께서 주실 줄 믿습네다."

용순의 눈물의 감사 기도에 울컥한 마음을 억제할 수 없었다. 장 대원은 그를 위로해 주고 싶었다.

"그래, 하나님께서 내일의 양식은 또 준비해 주실거야."

그 두 사람은 반 숯덩이가 된 것을 불어가면서 먹기 시작했다. 그들의 얼굴에는 검댕이가 그려져 있었다. 그들은 그 모습을 보면서 껄껄대며 놀려 대었다.

"야, 이거 다리 밑에 거지가 따로 없구만. 깡통만 차면 영락없이 거지야. 하하하. 내 평생에 이런 신세도 되는구만."

그들은 오랜만에 여유를 부리며 웃어 보았다. 더욱 감사한 것은 자신들의 사지가 멀쩡했고 하나님을 의지하고 있기에 두려울 것이 없었다.

그들은 그날 밤 부뚜막 앞에 온기를 느끼며 굴속에 토끼처럼 서로 체온을 의지하며 잠에 빠져들었다.

그 두 사람은 해가 뜨기 전에 어둠속에서 그 마을을 빠져 나와 강화도와 가장 가까이 위치해 있는 용매도로 가야 했다. 그 당시 이북 지역의 많은 주민들이 유엔군이 철수해 내려올 때 자유를 찾아 남으로 내려가고 있었다. 특히 황해도 해안 지역은 남으로 내려가고자 하는 많은 피난민들이 해안 포구에 배를 타기 위해 구름 떼처럼 몰려들고 있었다.

이 두 사람은 사력을 다해 밤낮을 가리지 않고 도보로 마침내 용매도에 당도했다. 이곳은 직선거리로도 연평도와 가장 가까운 곳이었다. 그곳은 밀물이 들어오면 섬이 되었고 썰물이 나가면 육지가 되는 특이한 지형이었다. 그 일대의 대부분은 인민군이 퇴각하여 국군의 점령 하에 있었고 그 지역이 특수부대의 귀로의 접선지였다. 그곳에는 수시로 특수부대의 함정이 드나들고 있었다.

장 대원은 그 지역의 부대 장교를 만나 지금까지의 자초지종을 보고했다. 그의 보고를 받은 장교는 부대원들이 정해진 접선 날짜에 아무도 나타나질 않아 모두가 임무 수행 중에 사망이나 포로가 된 줄 알았는데, 장 대원만이라도 살아와서 다행이라며 반겨 주었다.

인민군 전용순에 대해서는 담당 장교에게 나를 포로에서 도피시켜 준 은인인 것과 귀순 의사가 있음을 알렸다. 그러자 그 장교는 용순 형제에 대해 간단한 심문과 확인을 거친 후 귀순 용사로 인정을 해 주었다. 그 장교는 작전에 나간 다른 부대원들이 돌아오면 바로 배가 남쪽 볼음도 본부로 갈 예정이니 늘 대기하고 있으라는 지시를 주었다. 그 두 사람은 그 막사에서 국군 비상식량으로 허기진 배를 마음껏 채울 수 있었다.

장 대원은 모든 긴장이 한 순간에 풀어지자 함께 싸웠던 전우들이 생각났다. 그동안 생사고락을 함께했지만, 이번 임무 수행 중에 전사한 동지들과 그 포로 대열에서 자신만이 빠져 나온 것이 크나큰 죄책감으로 몰려오면서 괴로웠다. 그저 바라기로는 언젠가 자신처럼 살아 돌아오기만을 바랬다. 또한 용순 형제 덕분에 구사일생으로 살아 돌아왔지만, 이 전쟁이 끝나지 않는 한 언제 어떻게 될지 내일을 장담할 수 없는 목숨이었다. 내일이라도 당장 출동 명령을 받으면 다시 적진으로 침투해야 하는 명령에 죽고 살아야 하는 신분이었다.

용순 형제도 안도의 표정을 지으면서 이번에는 나에게 고맙다며 눈물을 글썽거렸다. 그 형제는 누가 보더라도 친근감이 가는 호남형의 얼굴에 훤칠한 키며 남자다운 우렁찬 목소리며 한 눈에 보아도 신뢰감이 가는 신실한 믿음의 사람이었다. 뿐만 아니라 구변도 좋아 누구와도 금세 친근감을 느끼게 했다.

다윗과 요나단의 함선에서의 맹약

장 대원과 전 형제는 출항 시간을 기다려야 했다. 다른 특수부대원들과 함께 본부로 귀대해야 했기 때문이었다. 그는 그동안 필사적으로 도망쳐 오느라 전용순에게 신상과 지난날에 대한 것을 묻지 못했으나, 절친한 친구요 형제지간이 됐기에 말을 건네 보았다. 그 형제도 마음의 안정을 되찾았는지 가끔은 찬송도 부르고 고향을 생각하는 노래를 혼자 읊조리면서 부르곤 했다.

그 두 사람은 바다가 내려다보이는 낮은 동산에 올라 고향을 그리는 노래를 함께 불렀다. 노래를 마치자 용순은 묻지도 않은 자신의 이야기를 들려주었다.

"우리 집안은 온 식구들이 너희 집처럼 3대를 거쳐 하나님을 믿어 왔어. 신의주 제1교회를 온 가족들이 그 교회를 다녔어. 할아버지와 할머니는 그 교회의 장로, 권사님이셨고, 부모님은 찬양대와 주일학교 선생님이셨지. 나도 교회 생활을 열심히 하면서 청년부 학생회장도 지냈었어. 할아버지와 아버지는 '너는 이 담에 꼭 하나님의 종이 되어야 한다.'면서 어렸을 때부터 당부의 말씀을 늘 하곤 하셨어. 나 또한 그렇게 되도록 새벽에 교회의 종소리가 나면 할아버지와 할머니, 부모님과 같이 성경책을 들고 새벽 예배를 드리는 생활을 빠짐없이 했었고, 교회 봉사를 누구보다도 열심히 했고, 찬양도 잘해서 청년부 찬양대에서 독창도 했었지.

그런데 해방이 되고 신의주 학생 사건도 터지면서 조선에 주둔한 소련군과 노동당에서는 기독교 신앙인들을 더 억압하면서 주일날 교회 가서 예배를 드리는 것도 못하게 되어 우리 집에서 몇몇 가정들이 은밀히 모여 예배를 드렸어. 나는 신의주사범대학을 다니고 있었고, 우리 형님은 해방되기 전에 서울에서 대학을 다니러 남쪽으로 내려갔어. 그러다 38선이 생기게 되어 형님의 소식을 못 듣게 되었지. 우리 가족은 조선이 공산화가 된 후에도 주일이면 일찍이 일어나 주일예배를 장로님이셨던 할아버지께서 가정예배를 인도하셨어. 그런데 재작년부터 시국이 뒤숭숭하고 갑자기 강제 징병이 생겼어.

금년 6월 25일, 온 가족이 모여 주일날 예배를 아침 일찍이 마치고 났는데, 라디오에서 긴급 보도를 한다는 소리가 들리더니, 곧 이어 김일성이 평양중앙방송에 나와 격한 목소리로 방금 전 이른 새벽에 남조선 괴뢰군들이 불시에 38선을 넘어 북으로 쳐들어 왔는데, 우리 용맹스런 인민군대들이 남조선 괴뢰들을 맞받아쳐 물리치고 38선을 단숨에 넘어서 남진하고 있다는 믿기 어려운 소식을 들었어. 그리고는 그 다음 날부터 조선의 청년들은 남조선을 미 제국주의 마수에서 해방시켜야 된다면서 자발적으로 인민군대로 자원입대해야 된다며 충동질을 했는데 사실상 강제적으로 징발되었어, 그때 나도 징집되어 군대로 끌려가 변변한 훈련도 제대로 못 받고 전선으로 투입되었던 거야. 나는 황해도 지역으로 배치를 받아 근무했고 그러던 중에 우리 주변에 남조선 괴뢰군들이 침투했다는 소식을 듣고 적들을 소탕하기 위해 남조선 특수대원들을 수색하던 중에 너를 포로로 잡게 된 것이지."

용순의 지금까지의 그러한 이야기를 들은 장 대원은 우리 민족이 갈라진 것만 해도 슬픈 일인데 왜 이처럼 또 동족 간에 총부리를 겨누며 처절하게 이 강토를 피로 물들여야 하는지 하나님이 원망스러웠다. 장 형제는 누구보다도 서로가 서로를 죽이는 격전지에서 참혹한 모습을 몸소 많이 겪었기에 동족상잔의 비극의 체험자였다. 이는 분명 민족의 참상이었다. 한 강토에 사는 한 동포인데 남과 북으로 갈라져 서로가 원수가 되고 적군이 되고 어제만 해도 한 동네 이웃이었는데 갑자기 붉은 완장을 찬 빨갱이로 변질되더니 마을 사람들을 반동이라 하면서 잔인한 방법으로 제 이웃들을 처단하기도 했다.

장 대원 역시 군인이었기에 심지어는 고향을 넘나들면서 총부리를 그들을 향해 불을 뿜어야 했다. 피차 마찬가지였다. 피를 피로써 씻어야 하는 참극이 조선 반도에서 일어난 것이었다. 그와 용순의 만남은 비극적인 만남이었다. 장 형제는 그의 그런 가족사와 그의 지난 신앙생활에 대한 이야기를 듣고 용순을 더욱 신뢰하고 의형제 같은 우정을 더욱 돈독하게 할 수 있었다.

저녁에 막사로 내려오자 그곳에는 보지 못했던 청년 대원들이 운집해 있었다. 그들도 모두 적진에 들어가서 임무를 마치고 귀대한 특수부대원이었고 그와는 소속이 다른 대원들이었다. 저녁에 식사를 마친 후 막사로 모이라는 명령이 내렸다. 새로운 지시사항은 내일 저녁 해지기 전에 배가 귀대하기 위해 남으로 출발하니 한 사람도 빠짐없이 그 시간에 집합하라는 내용이었다.

그 두 사람은 드디어 내일이면 안전한 후방으로 내려갈 것이라는 기대감을 갖고 안도했다. 그 시간부터 시간이 그렇게도 더디 가는 무료한 시간을 보냈다. 밤이 되자 시간이 마치 정지된 것 같았다.

그 두 사람은 해가 뜨자 뒷동산에 올라 하나님께 아침 기도를 드렸다. 용순은 신앙생활을 잘해 왔기에 찬송이며, 기도며, 성경도 줄줄 꿸 정도였다. 용순은 찬송을 테너 음성으로 멋지게 불렀다.

저 높은 곳을 향하여 날마다 나아갑니다
내 뜻과 정성 모아서 날마다 기도합니다
내 주여 내 맘 붙드사 그곳에 있게 하소서
그곳은 빛과 사랑이 언제나 넘치옵니다.

용순의 찬송은 하늘에서 들려오는 찬송처럼 장 형제의 가슴을 파고들었다. 그가 부르는 찬송은 곧 그들의 기도와 신앙고백이었다. 그는 찬송을 그렇게 힘 있게 부른 다음 북쪽의 고향을 향하여 고별을 고하듯 두 손을 들고 하나님께 눈물 어린 기도를 드렸다.

"천지의 주재시며 우리의 생사화복을 주장하시는 하나님, 우리 조선 민족을 긍휼히 여겨 주옵소서. 어찌 이 땅이 둘로 갈라져 동족 간에 미워하며 총부리를 겨누며 피를 흘려야 합니까. 이것이 우리 민족의 죄의 피값입니까. 이제는 긍휼히 많으신 하나님께서 우리 민족의 죄악에 대한 진노를 푸시고 속히 포성소리가 멎게 해 주사 조선 민족에게 평화와 자유와 통일을 이루어 주시어 복된 강토에서 하나님이 주시는 영원한 평화를 누리게 하옵소서. 지금 이 순간에도 우리를 위해 눈물 흘리며 기도하고 계실 부모님들을 기억해 주시고 속히 뵈올 수 있는 그날을 허락하옵소서!"

기도는 끝날 줄 몰랐다. 전용순의 기도에 장 대원은 어깨를 들먹거리며 흑흑거렸다. 연약한 어린아이처럼 어머니 생각에 엉엉대며 울었다. 용순도 감정이 격해지면서 기도를 멈추더니 흐느꼈고, 그들은 함께 부둥켜안고 초상집에 상주처럼 목 놓아 울었다.

정오쯤에 식사를 하기 위해 산에서 내려온 두 사람은 배가 떠날 시간을 초조하게 기다렸 다. 그 배는 상륙선이었다. 드디어 상선 지시가 내리자 순서에 따라 배에 올랐다. 약 40여 명 되는 승선원들의 표정이 모두 상기되어 있었다. 목숨 걸고 적진에 나가 성공리에 임무를 마치고 살아 돌아온 다른 부대원들이었다.

몇 주 전에 배를 타고 적진에 함께 들어갔던 전우 가운데 오직 장재덕 대원만 살아남아서 귀대를 하게 된 것이다. 그 옆에는 그들에게 총질을 했던 인민군 용순이 타고 있었다. 어제의 적이었던 용순이 오늘에는 동지가 되었고 인민군 복장 대신 국군 옷을 입고 있었다. 이처럼 신분이 바뀔 수 있었던 것은 그가 조사를 받는 과정에서 귀순 의사를 밝혔고 장 대원을 살려 주고 함께 탈출한 공로를 인정받았기 때문이었다.

이제부터는 장 형제가 용순의 보호자가 되고 보증인이 되어 주어야 했다. 그는 이제부터 생면부지의 아무 연고도 없는 나그네요, 혈혈단신의 신세가 되어야 했다. 앞으로 그의 신상도 어떻게 될지 불안함도 있었다. 그러나 이곳까지 하나님께서 친히 업으시고 인도해 주셔서 자유로운 세상으로 가는 것이기에 용순의 생각은 만감이 교차되고 있었다. 이제는 고향을 영영 떠나게 될지도 모르고, 살아생전에 부모님들과 형제들을 다시 못 보게 될지도 모르기에 두려운 마음이 곁들여 있었다.

이러한 모습을 보고 있던 장 형제는 용순에게 다가가 물었다.

"용순아! 뭘 그리 골똘히 생각하고 있냐."

"어, 나도 모르게 왠지 마음이 뒤숭숭해지는 게 슬픈 생각도 들어, 나는 지금 고향과 점점 멀어지고 있지 않니. 정처 없이 나그네 길을 떠나고 있는 기분이야. 하여간 나도 내 마음을 종잡을 수가 없구나."

장 형제는 용순의 손을 꼭 잡아주면서 말했다.

"너에게는 전능하신 하나님이 늘 계시지 않니. 걱정 말고 하나님께 모든 것을 맡겨 보자우. 나도 혈혈단신 이남으로 왔는데, 이제 너와 나는 떼래야 뗄 수 없는 하나님께서 맺어 주신 형제가 됐잖아. 그러니 걱정 덜라우."

용순은 멋쩍은 표정으로 그를 바라보았다. 그들을 태운 배는 장 대원의 군대 캠프가 있는 강화도 근처의 볼음도로 향하고 있었다. 용순은 망망한 바다를 바라보면서 장 형제에게 진지한 표정으로 말을 건네었다.

"재덕아, 너는 전쟁이 끝나면 무엇을 할 거야?"

"나는 우리 어머니의 평생 기도인 목사가 될 거야."

조금도 망설이지 않고 그렇게 말하자 용순은 더욱 옹골지게 말했다.

"전쟁이 끝나면 말이야 우리 서울에 가서 신학교에 같이 입학해서 목사가 되어 통일이 되는 날에는 고향에 돌아가서 교회를 다시 세우자. 목사가 되는 것은 우리 부모님의 소원이었고 나 또한 하나님의 말씀을 전하는 훌륭한 목사가 되겠다고 서원도 했었어."

그들은 다윗과 요나단처럼 선상에서 맹약했다. 이제 그 두 사람은 더 이상 두려울 것이 없었고, 다시 한 번 형제애를 더욱 돈독히 했다. 이들을 태운 배는 그 섬을 떠나 붉은 노을이지는 서해를 뒤로하며 멀어지고 있었다.

광야에 외치는 세례 요한이 되어

그 두 용사는 늦은 밤 강화도 근처의 볼음도에 당도했다. 그곳에는 장 대원의 캠프가 있었다. 그는 귀대 신고를 하고 그간의 임무 수행에 대한 결과를 보고했다. 무엇보다도 홀로 살아온 것이 몹시도 고통스러운 일이었다. 그 자신도 언젠가는 그 부대원들처럼 전선에서 장렬한 죽음을 맞이할 수도 있는 것이기에 살아 있어도 살아 있는 몸이 아니었다. 그는 무사히 돌아왔다는 안도감보다는 포로로 잡혀가고 교전 중에 전사한 전우들의 얼굴이 눈앞에 사라지질 않았다.

장 대원이 또 해결해야 할 일은 용순의 신분 처리 문제였다. 그는 단순히 피난민도 아니고 포로도 아닌 적군이면서 귀순자요 은인이기에 그를 끝까지 돌봐야 했다. 그의 신원에 대해서는 며칠 전 용매도에서 조사를 받았으나, 이곳에서 더 철저한 조사와 심문을 받아야 했다. 어쩌면 용순은 단순히 포로로 취급받아 후방으로 이송될 수도 있는 문제였다. 장 대원은 상관에게 용순의 신변처리 문제를 각별히 부탁을 했고, 그 문제를 놓고 하나님께 간절히 기도했다.

용순은 며칠 동안 장 대원과 격리되어 조사를 받은 후에야 그 조사 결과를 상관에게 듣게 되었다. 그 결과는 너무도 의외였고 하나님의 도우심으로 놀랍게도 포로가 아닌 자진 귀순한 요원으로 처리되었고 그 부대에 남아서 함께 일할 수 있게 되었다. 상관들도 조사과정에서 유익한 군사 정보를 제공했고 앞으로도 작전을 수행하는 데 있어 전용순의 정보 제공이 필요했기에 그와 같이 처리된 것이었다.

며칠 전만 해도 인민군이었던 그가 국군의 특수부대원이 된 것이다. 그들은 특수 임무를 수행하는 신분이었기에 항상 민간인 복장에 두발도 자유롭게 기를 수 있었고 행동도 자유스러워 특별한 일이 없는 한 행동이 자유스러웠다.

그 당시 섬의 분위기는 한마디로 무질서하기 짝이 없었다. 섬에는 공산치하에서 고생을 했던 이북 피난민들이 자유를 찾아 전토와 가옥을 버리고 목숨을 걸고 도피해 온 사람들이 대부분이었다. 본래 이 볼음도에는 2백여 명 정도의 본 섬주민이 있었으나 피난민들이 몰려와서 수천 명의 사람들로 섬이 벅적거렸고 들과 야산에 움막과 토굴과 천막 등을 쳐 놓고 언제 어떻게 될지 모르는 앞날을 불안한 가운데 보내야만 했다.

새롭게 들려오는 소식으로는 중공군의 엄청난 인해 전술로 인해 아군들이 이북 지역에서 후퇴를 거듭하고 있다는 것이었다. 이 소식을 접해 들은 피난민들은 더욱 불안해했고 피난민들은 계속해서 늘어만 갔다. 앞으로는 전세가 어떻게 될지 앞날을 가늠할 수 없게 되었다. 그 인근의 강화도와 석모도, 연평도 등의 인근 섬들은 옹진반도와 해주와 바로 지척에 있기에 언제든지 공격을 받을 수도 있고 다시 적군의 수중에 들어갈 수도 있었다.

그 자그마한 섬에 그처럼 많은 피난민이 기거하므로 양식 문제도 심각할 수밖에 없었다. 많은 피난민들이 굶주림과 추위에 시달려야 했다. 2월 바다의 강한 바람은 피난민에게 가장 추운 고통을 안겨 주고 있었다.

군부대들도 상황이 어찌될지 내일이면 또 철수를 해야 할지, 특수부대원들은 새로운 임무가 떨어지면 오밤중에도 긴급하게 무장을 하고 적진으로 가야 하는 매우 불안한 상황에 있게 되었다.

용순의 신분 문제가 해결되어 안정되었지만 이북에서 내려온 피난민들의 모습을 보면서 표정은 항상 어두웠다. 며칠 만에 용순과 장 대원은 오랜만에 만나 많은 이야기를 나눌 수 있었다. 그는 갑자기 이런 말을 했다.

"재덕아! 나는 이곳에 와서 자유를 찾았고 대한민국의 국군이 되었지만 마음이 편치 못해. 동포들이 그동안 공산 치하에서 고통을 당하다가 생각지도 못한 처참한 동족간의 전쟁으로 이처럼 고통을 받고 있는데, 이들은 사실 목자 없는 양보다도 더 비참하고 불쌍해. 내일을 기약할 수 없고, 이 섬에서 옴짝달싹도 못하고 이렇게 있으니 완전히 전쟁이 끝나지 않는 한 이 많은 사람들의 고통은 더해질 것 같아. 너나 나는 굶주림과 추위는 면하고 있지만 이 손바닥만 한 섬에 먹을 것이 뭐가 있냐. 또 이 추위에 초근목피도 없고 이 작은 산에 땔감도 부족하고 말이야. 우리 동포들이 죽음보다 더한 고통을 겪고 있어. 너도 보고 있지 않냐. 이러한 상황에 내가 저들에게 해 줄 수 있는 것이 무엇이 있을까 기도도 하면서 생각도 해 보았지만, 일개 병사가 저들에게 해 줄 수 있는 것이 뭐가 있겠어?"

용순은 진지한 표정을 지으면서 장 대원에게 답을 구하는 듯한 눈빛으로 바라보았다.

"용순아, 나 또한 이북이 고향이어서 같은 우리 동포들이 이처럼 버려진 난민처럼 되어 고통 받는 모습을 날마다 눈앞에 보면서 마음이 괴로워. 지금의 전세도 어떻게 될지도 모르고 나 또한 내일 어떻게 될지도 모르는 가운데 있고 말이야. 이런 일들을 나라에서도 못해 주는데 너나 내가 무엇을 저들을 위해 해 줄 수 있겠냐?"

용순은 더 진지한 표정으로 그에게 말했다.

"재덕아, 네 덕분에 나는 새로운 신분이 되어 새 삶을 보장받았잖니. 나는 이곳에 와서 새로운 인생을 살게 된 거야. 너에게 잊을 수 없는 은혜도 입고해서 말인데, 내가 너를 만난 것도 하나님의 은혜로 된 것이야. 내가 이곳의 우리 동포들에 무엇인가 해야 된다는 생각을 하게 되었어."

재덕이는 그에게 그 말에 몹시 궁금해 그를 보면서 말했다.

"네가 뭘 하려는데, 말해 봐."

"재덕아, 하나님께서 나를 넓고 넓은 이남 땅 중에 이 섬으로 인도해 주신 것은 바로 이들을 위해 하나님의 말씀을 전하여 저들을 위로해 주고 불안 가운데 떨고 있는 동포들에게 하늘에 소망을 주라고 보내 주셨다는 생각을 하게 되었어. 이 문제를 놓고 진지하게 하나님께 기도도 했어."

"용순아! 이들에게 설교를 한다는 것이 보통 어려운 일이 아닐 거야. 이들은 너도 보다시피 굶주림과 추위에 떨고 있잖니. 그런 저들에게 설교를 한다고 저들이 듣기라도 하겠니. 그저 듣든지 말든지 광야에 외치는 세례 요한처럼 외치면 모를까 말이야. 그런데 너는 교회에서 청년 회장하면서 설교를 많이 해 보았니?"

용순은 방금 전의 표정과는 다르게 결연한 어투로 말했다.

"그 일이 내 능력으로 할 수 있는 일이 아니라는 건 나도 알고 있어,

그러나 하나님께서 나에게 능력을 주시면 할 수 있다고 생각해. 빌립보서 4장에 사도 바울이 이처럼 말씀하신 성경구절이 있어. 내게 능력 주시는 자 안에서 내가 모든 것을 할 수 있느니라. 이 말씀은 내가 좋아하는 구절인데, 내 가운데 거하시는 성령의 능력을 의지하면 못할 것이 없다고 봐. 내가 이 피난민들에게 밥을 줄 수 있겠니. 돈을 줄 수 있겠니. 베드로가 미문 앞에 앉아 있는 구걸하는 거지에게 나에게는 금과 은은 없으나 네게 명하노니 나사렛 예수의 이름으로 일어나 걸어라 했을 때 그 앉은뱅이가 발에 힘을 얻어 일어난 것처럼 말이야, 내가 이곳의 우리 동포들에게 하나님의 사랑과 소망의 말씀 밖에 줄 수 있는 게 뭐가 있갔어."

"그래, 어쩌면 하나님께서 너를 이곳에 보내 주신 것은 이 피난 중에 오갈 데 없는 불쌍한 이 사람들을 위로해 주라고 선지자 같이 쓰시려고 하는 줄도 모르지, 하나님의 뜻이고 기뻐하시는 일이라면 해 봐라. 나도 너에게 조금이나마 힘이 되어 줄게. 힘내 봐!"

이들은 다시금 이같이 좋은 뜻을 품고 두 번째 약속을 했다. 불과 보름 전에 함께 배를 타고 오면서 함상에서 앞으로 전쟁이 끝나면 목사가 될 것을 서로 약속했기에 신앙의 동지로서 뜻을 같이 하기로 했다.

용순과 재덕은 군부대에서 자신들에게 제공된 군용품 중에 양말과 아껴 두었던 비상식량, 부대원들이 남긴 건빵 등을 모아 주변의 굶주리고 헐벗은 사람들에게 나누어 주었다. 마치 디베랴 광야에서 어린아이가 물고기 두 마리와 보리떡 다섯 개를 예수님 앞에 바침과 같이 자신들의 것을 피난민들에게 나누어 주는 일을 하면서 그들과 가까워지기 시작했다.

엄마 품에 안겨 배가 고파 울어대는 아이에게는 전투식량과 건빵을 주었다. 피난민 대열에서 부모를 잃고 고아가 된 아이들도 적지 않았다. 이들에게도 부대원들이 안 먹는 간식용 당과류를 모아서 이들에게 나누어 주었다. 이런 아이들에게는 갑자기 그 섬에 천사가 나타난 것이었다.

그는 저녁이 되면 이들을 찾아다니면서 두려움과 불안함 가운데 있는 피난민들을 위로해 주고 기도를 해 주면서 소망을 주었다. 그들 가운데는 신앙인들도 꽤 있었다. 피난길에 어딘가에 의지하고 싶고 위로받기 원하는 속에서 전도할 때에 마음의 문을 열고 예수님을 영접하기도 했다.

많은 사람들에게 용순의 얼굴이 알려지면서 몇 명씩 모이면 저들과 대화를 하면서 전도를 했고 위로의 기도를 해 주었다. 어떤 사람들은 용순을 전도사님이라고 부르기도 했다. 그가 나타나는 곳에는 사람들이 모이기 시작했고, 그는 사람들이 모이면 자연스럽게 설교를 했다. 다행히도 군부대 안에 성경이 있었기에 오랜만에 성경을 읽게 되었고 힘을 얻게 되었다. 용순의 활동은 더욱 활발해졌다. 그는 저녁이면 일상적으로 피난민들이 모여 있는 곳에 나타나 불빛도 없는 곳에서 그 회중들에게 설교를 했다. 저녁이 되면 아무 일도 없는 저들은 그가 나타나기만 하면 그 주변에 사람들이 모였다.

그들은 용순의 설교에 귀를 기울이면서 큰 위로를 받으며, 어떤 사람들은 예수님을 영접하기도 했다. 어느덧 용순은 그 섬에서 부흥사가 되어 있었다. 저녁이면 그는 달빛 아래 회중들을 향해 때로는 엘리야처럼, 광야의 세례 요한처럼 천상의 말씀을 외쳤다.

"이곳에 모인 피난 형제자매들이여 들으시오! 하나님께서 이스라엘 백성들이 애굽에서 종살이 할 때에 그들의 신음소리를 들으시고 모세를 준비하셔서 그들을 광야로 이끄셨습니다. 그들에게는 젖과 꿀이 흐르는 언약의 땅이 준비되었습니다. 그와 같이 우리 조선 민족을 사랑하시는 하나님께서는 그간 5년여 동안을 저, 김일성에 의해 우리 조상들이 섬겨 왔던 하나님에 대한 신앙의 자유를 빼앗겼을 뿐만 아니라 조상대대로 이어 농사를 지어 왔던 전토마저 빼앗아 하나님을 부인하는 공산국가로 만들었습니다. 지금 우리가 겪고 있는 지금의 이 전쟁도 저들의 마음을 격동되어 전쟁을 일으키므로 저들 스스로가 하나님의 심판을 받고 있소이다.

지금은 우리가 이곳에 잠시 고통스럽게 우거하고 있으나 긍휼히 풍성하신 하나님께서 우리를 다시 회복시키시고 자유하게 하실 것입니다. 이스라엘 민족이 광야 가운데서도 때로는 쓰디쓴 마라를 만나게 하사 고통도 체험케 하셨지만, 날마다 일용할 만나를 내려 주셨고 불기둥과 구름기둥으로 보호하셨습니다. 하나님께서는 우리를 이 섬에서 보호를 받게 하시고 말씀을 들으며 예배를 드릴 수 있는 복을 우리에게 주셨소이다. 이제 하나님께서는 우리에게 머지않아 다시 평강과 기쁨의 노래를 부를 그날을 허락하실 것이외다. 만군의 여호와께서 고난당하는 이스라엘 백성들을 향하여 아모스 선지자를 세우셔서 이처럼 말씀하셨습네다.

그날에 내가 다윗의 무너진 천막을 일으키고 그 틈을 막으며 그 퇴락한 것을 일으켜서 옛적같이 세우시겠다고 하셨소이다. 이처럼 우리 하나님께서는 머지않은 날에 우리 고향에 무너진 교회를 다시 재건하도록 인도하실 것이고 분명한 것은 이스라엘의 하나님이 우리 조선인들의 하나님이시기도 합네다. 아모스 선지자는 이 시대에도 우리에게 다시 말씀을 주고 있소이다.

> 여호와의 말씀이니라 보라 날이 이를지라 그 때에 파종하는 자가 곡식 추수하는 자의 뒤를 이으며 포도를 밟는 자가 씨 뿌리는 자의 뒤를 이으며 산들은 단 포도주를 흘리며 작은 산들은 녹으리라 내가 내 백성 이스라엘이 사로잡힌 것을 돌이키리니 그들이 황폐한 성읍을 건축하여 거주하며 포도원들을 가꾸고 그 포도주를 마시며 과원들을 만들고 그 열매를 먹으리라(암 9:13-14).

이곳에 모인 부형들이시여! 지금의 이 고난의 때가 얼마 남지 않았소이다. 힘을 내시고 소망을 가지시오. 하나님께서는 우리를 분명 푸른 초장과 잔잔한 물가로 인도하실 것이외다. 어둠이 짙으면 새벽이 가까이 오는 것 같이 가까운 시일 내에 하나님께서는 우리를 가나안 땅으로 인도하실 것이외다. 우리 하나님은 이곳에도 계신 상천하지의 무소부재하신 전지전능하신 하나님이십네다."

그의 설교는 마치 불을 뿜듯 온 회중을 압도하며 은혜의 말씀이 불기둥처럼 저들에게 임했다. 그 회중들은 이러한 집회를 "달빛교회"라 불렀다. 그 피난민 가운데는 고향에서 신앙생활을 하던 사람들도 적지 않게 있어 그들이 자발적으로 전도를 하고 모이는 데 중심이 되었다. 저들은 오히려 이런 피난 생활 중에 새로운 믿음을 회복하게 되었다. 고향에서 공산화가 됨으로 거의 5년 동안 교회가 폐쇄되어 신앙생활을 제대로 못했으나, 오히려 피난 생활을 통해 식었던 신앙에 다시 불을 붙이게 된 것이다. 날이 거듭될수록 해지는 저녁이면 오갈 데 없는 무리들이 용순의 설교를 듣기 위해 누가 오라하지 않아도 모였다. 마치 들판의 양떼들 같았다. 피난민들 가운데는 성경을 소지한 사람들도 있었다. 용순은 군부대에서도 성실했고, 피난민들에게 정서적으로 안정을 주는 대민 봉사의 차원에서 인정을 받아 군인의 신분이었지만 군목처럼 활동을 보장받았다.

그가 설교를 할 때면 얼굴은 마치 사도행전의 스데반 집사가 회중을 향하여 외치는 능력의 사도처럼 거룩한 광채가 그의 온몸을 비추듯 했다.

고통과 불안과 두려움에 차있던 자그만 그 섬은 거룩한 피난처가 되었고 거룩한 회막이 세워진 것이었다. 그는 이미 하나님의 손에 들리어 말씀의 종이 되어 있었다. 이는 분명 성령의 역사하심이었고 성령의 행전이 그 섬에 운행되고 있었다.

장재덕은 그러한 광경을 가까이 보면서 자신도 많은 목사님들의 사경회에 참여해 보았지만 일찍이 받아 보지 못한 많은 은혜와 감동을 받으면서 용순은 분명 하나님께서 이 섬에 보내신 능력의 종이라는 것을 확신하게 되었다. 그 섬에서 그러한 부흥의 행전은 날마다 진행되었다.

엘리야처럼 홀연히 들림 받은 말씀의 종

그 섬에도 어느덧 추운 겨울이 지나고 남녘의 봄소식이 훈훈한 해풍에 실려 왔다. 삭막하기만 했던 그곳에도 푸릇푸릇 잎사귀가 돋아나고 봄의 전령인 산수유도 노란 꽃으로 갈아입고 있었다.

그곳에 피난민들은 속히 전쟁이 끝나면 고향으로 돌아갈 날을 갈망했지만, 좀처럼 반기는 소식은 들려오질 않았다. 시간이 지나면서 점점 흉흉한 소식들이 더욱 들리고 있었다. 뿐만 아니라 그 섬에는 각 군의 특수부대와 용맹스런 '켈로'라는 민병대 조직도 있어서 분위기는 늘 긴장되어 있었으며 때로는 사소한 일로 그들 간에 충돌도 있었다. 그 즈음에 장대원은 상부의 작전 명령을 받고 파견되어 그 섬에 없었다.

어느 날 오후에 평화스럽기만 했던 그 섬에 총성이 들렸다. 총소리와 폭격 소리에 늘 공포를 느껴 왔던 피난민들은 크나큰 전투 상황이 벌어진 것으로 알고 모두 산중으로 피신했다. 용순은 군 막사에 있다가 요란한 총성을 듣고 산과 들판에 그대로 노출되어 있는 피난민들이 걱정이 되어 막사에서 뛰어 나와 피난민들이 운집되어 있는 곳으로 달려갔다. 그

와중에도 총성은 계속 들렸다. 모두가 쥐죽은 듯 어느 사람도 눈에 띠지 않은 상황에 그만이 피난민들이 몰려 있는 곳을 향해 뛰어가고 있었다. 그런데 그들을 향하여 뛰어가던 용순은 마치 돌부리에 걸린 듯 앞으로 고꾸라지며 넘어졌다.

잠시 후에 총성이 멎은 뒤 엎어져 있는 용순의 주위에 사람들이 모이기 시작했다. 그 자리에 모인 사람들은 아연실색하며 그를 흔들어 깨웠다. 몸은 붉은 피로 적셔져 있었다. 그는 이미 이 세상 사람이 아니었다. 그의 얼굴은 천사와 같이 평온한 모습으로 침묵하고 있었다. 그를 알아본 사람들은 몸부림치며 오열하기 시작했다.

"전도사님 정신 차려 보시라요!. 이대로 가시면 아니됩네다. 이곳에 우리들을 남겨 두고 먼저 가시면 어케 하십네까? 전쟁이 끝나면 우리와 함께 고향으로 가자고 하시고 하늘나라로 먼저 가시다니요. 아니됩네다! 일어나 보시라요! 전도사님! 하나님 아바지! 어찌 우리 전도사님을 이처럼 허망하게 이 생명을 거둬 가십네까? 우리에게 말해 보시라요! 하나님 아바지! 우리 전도사님을 살려 주시라요!"

삽시간에 많은 사람들이 모였다. 곧이어 군부대에서도 출동했다. 용순의 몸은 이미 싸늘하게 식어 있었다.

그날 저녁에 평소에 그를 따랐던 사람들은 시신이 안치된 막사에 모여들었고 통곡했다. 그의 죽음 앞에 많은 사람들은 밤이 지새도록 자신의 가족같이 애도를 표하며 슬퍼했다. 그의 시신 곁에는 이름 모를 야생화

몇 송이가 놓여 있었다.

군부대에서는 그 다음 날 시신을 매장하기로 결정했다. 이른 아침부터 많은 사람들이 슬퍼하며 운집했다. 그곳에는 용순의 시신을 담을 관도 없었기에 흰 천으로 고이 쌓았다. 그의 시신을 부대원들이 들것에 메고 앞서 갔으며 그 운구 행렬에는 피난민들이 애곡하며 뒤를 따랐다. 그를 사랑하고 의지했던 섬의 성도들은 그의 천국 가는 길을 찬송으로 환송했다.

잠시 세상에 내가 살면서 항상 찬송 부르다가
날이 저물어 오라 하시면 영광 중에 나아가리
열린 천국문 내가 들어가 세상 짐을 내려놓고
빛난 면류관 받아 쓰고서 주와 함께 길이 살리.

그의 시신은 야트막한 산중에 고향이 바라다 보이는 곳에 묻혔다. 거기에는 묘비도 없었다. 그는 산속의 이름 모를 꽃처럼 외딴섬에 심겨졌다. 이제 용순은 전쟁과 애통함과 다툼이 없는 곳인 천상으로 들림 받아 영원한 안식을 누리게 되었다.

조선의 퀴리 부인과 푸시킨의 꿈을 접은 북한의 한 맺힌 모자 이야기

_엄호산

가리라! 가리라!

내 기어이 가리라 !

말로써 눈물로써

아! 정말이지 몸부림으로서만 아니라

두 손 두 발 쫙 펴고서 두 다리 꽉꽉 내딛고

내 기어이 가리라!

가다가 쓰러져도

영영 못 일어난다 해도

죽은 넋과 영혼을 태워서라도

기어이 가리라!

들어가는 말

북한의 살벌한 공산 치하에서 평범한 인간의 기본적인 자유와 꿈마저 빼앗긴 채 신음하면서 그 고통을 온몸으로 삭히며 살아야 했던 꿈 많았던 한 모자의 가슴 아픈 이야기가 북한 땅에서 뿐만 아니라 강 건너 이방 땅으로도 이어져 그 고통의 신음 소리가 하늘에 닿고 있다.

'조선의 퀴리 부인'이 되겠다는 꿈을 가졌던 한 여인이 공산 독재의 내침을 받은 처절한 삶과 고통의 대물림 속에서 북한의 푸시킨이 되는 꿈을 꾸었던 문학도인 그 대학생 아들은 어머니가 핵 연구소에서 근무할 때에 방사능에 피폭되어 폐인으로 지내다 생명을 다하자, 북조선이라는 조국을 저주하게 되었고 더 이상 자신의 머리 하나도 둘 곳이 없게 되자, 탈북을 감행하여 중국에 와서 김정일 독재자의 폭정에 희생당한 한 맺힌 어머니의 삶과 자신의 체험을 육필로 증언했다.

두 모자가 파란만장하게 겪었던 고통이 지금의 북한 모든 동포들의 아픔으로 이어지고 있다. 우리는 같은 민족으로서 당연히 그들에 대한 관심과 그 아픔을 나누어야 하기에 그 청년이 건네준 수기와 그로부터 직접 들은 여러 이야기를 재정리하여 소개한다.

조선의 퀴리 부인이라는 꿈은 산산이 부서지고

내가 태어나기 전인 1970년대 초에 평양 김책공업대학를 졸업한 어머니는 평양의 핵물리연구소에서 연구원로 일하고 계셨다. 어머니는 어린 시절부터 수재라는 말을 들었고 책 읽기를 좋아하셔서 많은 과학책과 문학책을 보셨다. 그중에 폴란드의 퀴리 부인의 전기를 읽고 "나는 조선의 퀴리 부인이 되겠다."는 꿈을 품고 열심히 공부해 마침내 조선에서 최고의 명문 대학인 김책공업대학에 입학하여 그 꿈을 실현시켜 나갔다. 그 시기에 김일성의 아들인 김정일은 김일성종합대학 정치경제학부를 졸업하고 당 지도부에 들어가 정치를 하면서 급약 승진하여 당선전선동부장까지 되어 자기의 권력의 야욕을 펴기 시작했다.

그는 자기보다 높은 권좌에 앉아 있는 자들을 제거하기 위하여 이를 목적으로 한 일대 사상 검열을 암암리에 추진했다. 구체적으로는 알 수 없었으나 어머니의 과거를 통해서도 이때가 얼마나 가혹한 시련의 시기였는지 알 수 있었다. 중국은 문화혁명을 통해 중국 대륙에 피바람이 몰아치는 시기였고 이에 자극을 받은 김일성과 김정일은 더욱 독재 체제를 강화했다.

조선은 마치 화산 분출 직전에 서서히 내뿜는 검은 연기가 하늘을 덮듯이 이 땅에도 보이지 않는 검은 구름이 덮이기 시작했다. 이러한 불길한 전조가 몰려오는 데에도 어머니는 오직 핵물리학 우라늄 연구를 자문해 주고 있던 소련의 고문 연구관들과 함께 연구 사업에 몰두하고 있었다. 그때 어머니는 군 복무를 마치고 평양 김일성종합대학 정치대학 정치경제학부에서 공부하는 대학생과 이미 결혼하여 행복한 신혼 생활을 하고 있었다.

이러할 때 어머니의 행복한 가정에 가혹한 불행의 그림자가 서서히 다가오고 있었다. 김정일은 중국의 문화혁명을 이용하여 자신의 권력을 확고히 하려고 조선의 문화혁명이라 할 수 있는 사상 검열을 명분으로 기존 권력의 틀을 허물기 시작했다. 그 첫 작업인 문화인, 지식인들로부터 시작된 이 검거 열풍이 어머니 연구소에도 몰아쳤다.

어느 날 보위부 소속의 검은 차가 연구소에 들이닥쳐 어머니와 몇몇 사람들을 이유 없이 호송해 갔다. 보위부에 들어가 보니 남편은 이미 정치 반역자로 몰려 체포되었다는 청천벽력 같은 소식을 들었다. 인권 보호의 불모지인 북한에서는 재판이 없는 것이나 마찬가지였다. 무소불위의 김정일의 권력기관인 국가보위부가 하는 일이 곧 법이고 판결이었다. 그때부터 어머니는 세상을 떠나시기 전까지도 단 한 번도 그 남편을 본 적도 소식도 들은 적이 없었다. 어머니는 남편이 죽지 않았으면 정치범 수용소에 들어갔을 것이라는 추측을 할 수밖에 없었다.

철저히 외톨이가 된 어머니는 보위부에 끌려 다니면서 혹독한 사상 검열을 받았다. 그 당시에는 모든 것이 코에 걸면 코걸이 귀에 걸면 귀걸이였다. 곧이어 가택 수색도 이루어져 집에 어머니가 소장 중인 러시아어로 되어 있는 각종 소설, 시집과 문학전집 등 유럽의 고전 음악가인 베토벤, 슈베르트, 모차르트, 차이콥스키 등의 음악선집과 레코드판 등이 그들이 죄명으로 끄집어 낸 것들로 퇴폐적인 부르주아 사상이며 수정자본주의 사상에 물든 증거물이 되었다. 그 당시 북한은 소련이 수정자본주의로 변질되었다고 비난을 하면서 소련과 관계가 소원해지기 시작했다.

어머니는 학창 시절부터 러시아어와 독일어 등의 외국어 실력이 뛰어났고 러시아 과학자들과 핵물리연구소에서 함께 연구하면서 그들과 친분 관계를 통해 러시아와 유럽의 문학과 음악을 가까이 접하게 되었고 나름대로 그 문화 세계를 즐기셨다. 우리 어머니는 분명 꿈 많은 과학도였고 누구에게도 뒤지지 않는 총명함과 미모를 지니고 있었다. 임진왜란 때 이름을 날렸던 평양의 의기(義妓) 계월향의 그림을 그릴 때 모델이 되기도 했다고 한다.

러시아 과학자들과 함께 생활하면서 서구의 문학과 음악에 매료되어 휴일이면 그들과 함께 소풍이나 연회에서 러시아의 민요와 유럽의 가곡들을 함께 부르면서 최상류의 삶을 한껏 누렸던 행복한 시절이었다. 그러한 삶은 그야말로 한여름 밤의 꿈이 되었다.

폭군이 되어 버린 김정일은 수정자본주의를 몰아낸다는 명분으로 자신의 권력 기반을 다졌고 소련의 흐루쇼프의 수정자본주의를 척결한다는 이유로 친소련 인사들을 잔인하게 찍어내기 시작했다. 소련에서는 스탈린이 죽은 후에 흐루쇼프가 권력의 정점에 서게 되면서 스탈린 격하 운동이 벌어졌다. 그의 동상이 땅에 메쳐지고 소련 권력의 세계가 요동치는 모습을 본 김일성과 김정일은 자신들의 독재 권력을 곤고히 하기 위해 내부적으로는 피바람을 일으키는 숙청 작업을 벌였고 소련과의 외교관계도 얼어붙었다.

이 당시 김일성은 소련에서 절대 권력을 수십 년 누렸던 스탈린이 1953년 갑작스런 사후에 다른 후계자에 의해 격렬한 격하 운동이 벌어지는 것을 보면서 자신의 권력도 언젠가는 스탈린처럼 후계자에 의해 격하 운동의 대상이 될지도 모른다는 불안감으로 자신의 아들 김정일에게 권력을 세습시키고 자신과 그 아들의 권력의 기반을 공고히 다져 놓으려는 의도가 있었다는 것이다. 소련에서 유학을 하고 온 정치인들과 과학자, 예술인들이 정리 대상이 되었다. 소련과의 혈맹 관계가 냉각되면서 소련 과학자들도 본국으로 추방되듯 돌아가게 되었다. 이로 인해 어머니의 의욕적인 연구 활동도, 신혼의 삶도, 김정일 권력 야욕의 희생양이 되어 비극의 나락으로 떨어지기 시작했다.

내가 대학을 다닐 때 김정일 혁명사상 강의 시간을 통하여 그 시기에 김정일이 사상 공세를 벌리면서 특히 반당, 반혁명, 종파분자, 수정주의 분자들의 숙청 사업을 얼마나 악랄하게 벌렸는가를 알 수 있었다. 김정일은 이것을 주도하면서 투쟁 원칙이란 것도 내놓았다. 첫째는 이 투쟁 대상에서 기존의 주도적인 인물을 다 쳐내고, 둘째는 이들과 함께 놀아난 자들을 강한 사상 투쟁으로 교양 개조한다는 것이었다. 이 강의 시간에 참여했던 학생들도 공포를 느꼈을 정도였는데 그 당시 당사자였던 부모님들이야 어떠했으랴.

유배지로 던져진 어머니의 운명

결국 어머니의 첫 번째 남편은 이 투쟁의 대상이 되어 척결되었고 이어서 어머니도 사상 투쟁의 대상이 되어 하루아침에 남편을 잃고 조선시대에 반역자들의 유배지였던 백두산 아래에 있는 심심 산골짜기 양강도 삼수로 내던져졌다. 이곳은 조선시대에도 유배지였다. 곱게만 살아오셨던 어머니는 죽음의 계곡으로 내몰린 것이었고 그곳이 바로 북한의 현대판 유배지였다. 이 시기에 숱하게 많은 문화인들과 고급 인재들이 이런 고통과 모진 시련을 당하면서 피눈물을 흘렸을 것이다. 이는 전쟁보다 더 무섭고 잔혹한 반인륜적인 탄압이었다. 이 당시 무고한 인텔리들이 얼마나 참혹하게 제거되고 모진 시련을 겪었을지 상상이 되지 않는다. 그들 가운데는 끝내 그 유배지를 벗어나지 못하고 그곳에서 대를 이은 유배의 삶의 굴레에서 희생당한 사람들도 상당수가 되었다고 한다. 이런 잔혹한 인권 탄압은 봉건적인 조선시대에도 없었을 것이다.

중국의 문화혁명 운동은 이제는 역사 이야기로만 남아 있지만, 아직도 북한만큼은 30여 년이 넘도록 계속 연장되고 있다. 요새는 경제난으로 질서가 문란해지자 김정일 사상 공세가 더 고조되는데, 이제는 만성화되어 이 시대에 태어난 새로운 세대들은 그 당시의 공포스러운 환경을 실감하지 못할 뿐이다. 지금도 북조선에서는 김일성, 김정일을 자애로우신 어버이 수령이고 지도자라고 요란하게 선전하지만 인면수심의 그 부자의 실상을 아는 사람들이라면 치를 떨 것이다.

그때 삼수에 추방되었던 어머니가 평양에 아직 남아 있던 친정어머니, 즉 나의 외할머니와 주고받았던 그 편지의 내용은 이러했다(1986년 어머니는 고이 간직했던 편지들을 내게 보여 주셨다. 그 내용이 너무도 가슴 아파서 아직도 기억하고 있다.).

어머니!

지금 평양에는 낙엽이 지고 붉은 단풍이 가을의 정취를 한껏 장식하고 있겠지요. 평양 모란봉 을밀대가 그립습니다. 그 위에 올라서 석양을 바라보며 소녀의 아름다운 꿈에 빠지곤 하던 그 시절이 다시 한 번 있었다면….

하지만 여기는 벌써 눈이 쌓이고 강이 꽁꽁 얼었습니다. 어제 소를 끌고 나무하러 강을 건너다가 소가 얼음 위에 미끄러지는 통에 달구지가 부러져 오도 가도 못하고 하루 종일 혼났습니다. 이웃들이 약간 도와주긴 했지만 나도 미안하고 그들도 내놓고 돕지는 못합니다. 내가 반역 종파의 아내라고 낙인찍혔기에 나를 돕다가 자신들이 험악한 일을 당할 것을 두려워하기 때문이죠.

많은 시간이 흐르니 이제는 그들도 나를 경계하지 않고 여러모로 도와주려고 애쓰고 있지요. 산골 사람들이라 인정이 많고 순수합니다. 여기는 문명과는 많이 외떨어진 곳입니다. 얼마 전에 외지에서 트럭이 동네에 왔었는데, 글쎄 산동네 사람들이 그 트럭 앞에 풀을 베어다 놓고 먹으라고 한 일도 있었으니까요. 어머니, 여기서도 해야 할 생활이 있으니 저 때문에 너무 속상해 하지 마세요.

참, 며칠 전에 마을에 이상한 일도 있었답니다. 그날 밤 맹수들의 울음소리로 밤새 무서웠는데, 다음 날 아침에 나가 보니 글쎄 한 동네의 할머니가 없어졌어요. 그 이튿날 마을 사람들이 할머니의 머리를 뒷산 바위 밑에서 찾아왔습니다.

-어머니가 외할머니께 보낸 편지 중에서

딸아!

지금 그 소설 제목이 생각나지 않다마는 네가 밤새 읽으며 울기도 하고 웃기도 하던 어느 외국 소설의 여주인공처럼 떳떳하게 굳센 마음으로 용감하게 살아가기를 진심으로 바란다.

솜옷과 사과를 소포로 보낸다. 건강에 특별히 주의해라. 어제 너의 연구소 동무와 모란봉에 올라가 사진을 찍었는데 찾으면 보내겠다. 모란봉에 올라가 보니 네 생각에 눈물이 자꾸 앞서 인차(이내의 북한어) 내려오고 말았다.

-외할머니가 어머니께 보낸 편지 중에서

어머니는 삼수에서의 혹독한 첫 겨울 유배 생활을 잘 견디었다. 그 이후의 어머니의 운명은 기구하게도 그 산골에서 전혀 예상치 못한 한 남자를 만남으로 새로운 짧은 행복과 끝나지 않는 불행, 두 운명의 굴레 속에 얽매이게 된다.

내가 15-16세 되던 때라고 생각된다. 그때 노동신문에 중앙재판소장의 사진과 그의 부고가 실렸다. 우연한 기회에 그 신문을 보던 어머니는 그의 사진을 보면서 나에게 아버지에 대해 이야기를 해 주었다. 어머니의 이야기를 통하여 나는 그 중앙재판소 소장과 아버지와 어머니와 얽힌 이야기를 어느 정도 알 수 있게 되었다. 지금까지 어머니는 나에게 아버지 이야기를 전혀 해 주지 않아 궁금하기만 했고, 나로서도 어머니의 아픈 마음을 자극하는 것 같아서 묻지 않았었다. 그 남자가 어머니에게는 거부할 수 없는 비련의 두 번째 애인이요, 두 번째 남편이 된 것이고 그 두 분 사이에서 내가 태어나게 된 것이다.

아버지는 어머니를 만나기 전 평양 중앙대학교 학생이었는데 대학 권투 구락부의 멤버로 운동을 매우 좋아했다고 한다. 어느 해 전국 대학생 체육대회 권투경기 결승 마당에 아버지가 진출했는데, 이때 중앙재판소 소장이 이 권투경기 결승전을 관람하게 되었다. 그 시합에서 그 청년이 우승하게 되자, 그 소장은 아버지를 지목했고 졸업하자 바로 국가보위부에 특채로 들어가게 되었다. 이때부터 아버지도 기구한 운명이 시작된 것이었다. 왜냐하면 1970년대 초에 어머니가 보위부에 끌려다니며 혹독한 조사를 받을 당시에 그 조사 담당관은 어머니를 양강도 삼수로 추방하는 문건을 취급했던 것이다. 물론 그때는 서로에 대해 전혀 알지 못했고, 아버지는 오직 상부의 지시에 의해 어머니의 사건을 취급한 것이었다.

그 당시 어머니는 젊은 조사관에게 자신이 사상적으로나 정치적으로 반동분자가 아님을 날카롭게 조목조목 반박했지만 이미 그 사안에 대해서는 상부에 의해 다 결정된 것으로 조사는 단지 요식 행위에 불과한 것이었다. 그 조사관은 어머니를 삼수로 유배 보내는 것이 부당하다는 것을 알고 있었지만, 자신의 힘으로는 불가능했기에 수사 도중에 다른 조사관에게 그 사건을 인계하고 배후에서 그 나름대로 처벌의 수위를 최소화하려고 노력을 한 것이다.

내 생각으로는 수사 과정에서 어머니에 대한 동정심과 의협심이 작용되었고, 결과적으로는 삼수 유배에 대해 양심의 가책을 강하게 느끼면서 언젠가는 그 여인에 대해 어떠한 방법으로도 자신에 대한 오해와 이해를 구하고자 했을 것이고, 한 젊은 여인에게 강요된 불행에 어떠한 형태로든 보상을 해야 한다는 남자의 정의감이 가슴을 항상 짓누르고 있었던 것이 아닌가 생각된다. 어떻게 보면 통속 소설에서나 볼 수 있는 너무도 인위적인 스토리 설정처럼 엮어진 숙명적인 인연이 되어 버린 것이었다.

그런데 어머니가 삼수로 유배된 것으로 그 젊은 조사관과의 인연이 끝난 것은 아니었다. 그 이후 삼수에 유배된 인사들 가운데 다시 추가 조사가 필요한 사건이 생기면서 그 남자는 삼수와 갑산 지역으로 출장을 가게 되었으며 공교롭게도 같은 시기에 평양의 예술공연단이 이 지역에서 위문 공연을 하게 되었다.

유배지 밤하늘에 수놓아진 별들의 이야기

한편 이런 일을 알 리 없는 어머니는 황마농장 작업실로 향했다. 나도 아직 황마가 어떻게 생긴 식물인지 본 적이 없으나 그 식물을 가공하여 밧줄이나 마대 천을 짠다고 한다. 아직도 양강도 삼수는 영농 기술이 발달되지 못해 황마와 감자 외에 특별히 심을 것이 없는 척박한 산간 지역이었다.

이날 아침 어머니가 작업실에서 들어가니 작업반장이 발신인이 없는 한 통의 편지를 어머니에게 전해 주었다. 편지 봉투를 뜯어보는 순간 어머니의 두 눈에는 기쁨의 눈물이 핑 돌았다. 삼수는 문명과는 철저히 격리된 벽지 중에 산간벽지로 문명 생활을 했던 도시인들에게는 창살 없는 감옥인 곳이다. 죄인 아닌 죄인으로 이곳에 온 어머니에게 어느 누구도 따뜻한 눈길을 주는 사람이 없었다. 젊은 나이에 굴속이나 다름없는 산골짜기에 던져진 어머니는 사람의 정이 너무 그리웠고 생전 해 보지 못한 거친 노동과 거친 음식에 지난날의 고상한 모습은 허물어져 가고 있었다. 유일한 낙은 어머니로부터 편지였다. 그러던 차에 초청인의 이름도 없는 공연 초대장과 짤막한 편지 한 장에 어머니의 가슴은 사춘기 시절 연애편지를 받은 소녀처럼 뛰는 가슴을 억제할 수 없었을 것이다.

그 편지의 내용은 예술단 순회공연이 이웃 마을에서 있을 예정이니 저녁 7시까지 와 달라는 것이었다. 아무리 머리를 짜내 생각해 보아도 예상되는 인물이 잡히질 않았다. 하루의 일과가 길게만 느껴지는 하루였다. 작업반장에게 어렵게 허락을 받고 일찍이 나들이 준비를 했다. 왜냐하면 삼수 공연장까지는 약 20킬로미터의 험준한 산악 길을 홀로 걸어서 5시간 정도를 잡아야 했다. 어두워지면 짐승의 소리가 들리며 사람을 해치기도 하는 길이기에 여자의 몸으로 홀로 산길을 간다는 것은 매우 위험한 일이었고 동행해 줄 사람도 없어 특별한 사유 없이는 나갈 수 없는 환경이었다.

그때에 어머니에게는 그런 것이 조금도 두려움이 되질 않았다. 오지에서의 그리움이 얼마나 컸으면 그런 과감한 용기가 났을까. 공연지로 향하는 발걸음은 날개를 단 듯이 이미 그곳에 가 있었다. 어머니가 그 공연지에 도착했을 때는 이미 어두워졌고 공연은 한창 고조를 이루고 있었다. 삼수에 온 후 이처럼 많은 사람들이 북적대는 행사는 없었다. 어머니는 이미 산골 사람이 다 되었던 것이다. 마치 서커스단이 시골 마을에 찾아오면 온 동네가 경사가 난 것 같이 이날을 손꼽아 기다리고 공연이 신기한 듯 넋을 빼고 보는 어린아이처럼 어머니는 그들의 노래와 춤과 다양한 공연의 분위기에 한껏 취하여 그간의 외로움과 고통을 그 순간만큼은 다 잊어버릴 수 있었다. 그러나 이상한 것은 자신에게 초청장을 보낸 사람이 나타나질 않았기에 단지 어떤 사람이 공연만을 볼 수 있도록 배려해 준 것이라는 생각으로 결론지었다.

어느덧 공연도 끝나고 주변의 사람들도 각자의 집으로 돌아갔다. 공연장에 홀로 남은 어머니는 혹시나 하는 마음으로 주위를 살펴보면서 혹시 편지를 보낸 사람이 나타날 줄도 모른다는 실낱같은 가능성을 갖고 두리번거렸다. 하지만 눈에 들어오는 사람은 없었다. 어머니는 당장 숙소로 돌아가야 했지만 홀로 험한 밤길을 가는 것도 큰 문제였고, 그 동네에 아는 사람도 없기에 막막함과 불안함으로 어찌할 바를 모르고 있었다. 그때 갑자기 뒤에서 조용히 인사말을 건네는 한 남자가 나타났다.

어디선가 본 듯한 사람이며 귀에 익은 듯한 목소리였다. 그 남자는 자기를 모르겠냐며 겸연쩍게 미소를 지으며 다가왔다. 그 사람은 자신의 이름과 기관 소속을 밝히었다. 그 순간 어머니는 너무도 놀랐다. 그 사람은 바로 연구소에 나타나 어머니를 차에 태워 호송해 간 바로 그 사람이었다. 어머니도 조사 과정에서 그도 상부의 명령에 의해 어쩔 수 없는 악역을 맡은 사람이라는 생각을 했었고 나중에는 인간적으로 대했던 그였다. 그런데 그가 이곳에 나타났고 자신에게 공연 초청장을 보낸 사람이 바로 그라고 생각하니 자신도 모르게 지난날에 가슴에 사무쳤던 분노가 절제 없이 분출되면서 원망하듯 가슴 속에 묻혀 있던 감정을 토설했다.

그 사람은 아무 대꾸도 없이 한참을 그렇게 어머니의 절제되지 않는 독설로 뒤범벅이 된 말을 묵묵히 들어주었다. 사실 그 사람은 업무상으로는 어머니를 만날 필요가 없었다. 그런데 그는 자신이 상부에 의해 아무 죄 없는 젊은 부부를 갈라놓고 장래가 촉망되는 여 과학자를 이처럼 산골짜기 추방을 시키고 매장시킨 일에 일조했다는 사실로 늘 괴로워했고 끝없는 동정심이 자신으로 하여금 그 여인을 잊지 못하고 자신도 모르게 연민의 정으로 변해 버렸던 것이다. 그래서 그 남자는 다시 어머니에게 나타난 것이다. 지난날과는 너무도 달라진 어머니를 보면서 오히려 그 이전보다 더 아픈 마음과 보호 본능으로 돌이킬 수 없는 운명으로 만들어 갔던 것이다.

그때의 두 사람의 모습은 지난날과는 정반대의 상황이 되어 버렸다. 그 남자는 죄인처럼 머리를 숙이고 울부짖는 한 맺힌 한 여인의 절규 앞에 사죄를 구하는 모습이었을 것이고 어머니는 마치 호령치는 검사와 같이 거침없는 말을 마구 쏟아낸 것이다. 이렇게 두 사람은 밤이 깊어 가는 줄 모르고 시간을 흘려보냈다. 어머니는 그 사람이 원수 같아서 그렇게 한 것이 아니라 그간 눌려 있던 피맺힌 감정의 뇌관이 터져 버린 것이었기에 그리한 것이었다. 사실 어머니로서는 언젠가는 적어도 한번은 그런 감정을 폭발시켜야 했다. 그런데 기구하게도 그 당사자가 제 발로 와서 어머니 앞에 무릎을 꿇은 것이었다.

어머니는 가슴에 맺힌 한을 다 토해 내고는 자신을 이곳까지 찾아 준 그 사람에게 좀 멋쩍고 미안하다는 생각이 들면서 간단한 인사를 마치고 뒤돌아서서 깊어가는 산중의 길을 재촉했다. 이때 이 남자는 자신의 가야 할 길로 돌아간 것이 아닌 묵묵히 어머니와 함께 걸으면서 밤새 동행했다. 그런 상황이 조금 전과는 다른 분위기에서 정감 있는 대화를 간간히 하며 밤이 깊어가는 산길을 재촉하면서 목적지까지 바래다주었다. 이날 밤중에 그 사람과의 동행은 여린 어머니의 마음을 새롭게 변화시켰으며 그 남자 역시 어머니에 대해 숙명적인 동반자로 결심하게 된 계기가 되었다. 훗날 어머니는 그때의 일을 나에게 빛바랜 사진첩 보여 주듯이 들려주셨다.

다시 시작된 불행한 사랑과 헤어짐

평양으로 돌아간 그는 이미 작심한 일을 진행하고 있었다. 그 일은 어머니를 삼수 유배지에서 빼내는 작업이었다. 그는 어머니를 유배지 삼수에서 평양과 가까운 순천시에 있는 시멘트 공장으로 나올 수 있게 어머니에 대한 문건을 다시 정리한 것이다. 그뿐만 아니라 어머니에게 족쇄나 다름없는 정치범의 아내라는 꼬리표를 떼어 내기 위해 합법적으로 이혼된 것으로 완벽하게 서류를 다시 꾸며 놓았다.

내 추측으로는 어머니를 자신의 사람으로 만들기 위해 자신의 신분의 위험을 무릎 쓰고 감행한 것이 아닌가 생각된다. 또한 그렇게 하는 것이 어머니에 대한 죄책감을 덜기 위한 모험이기도 했을 것이다. 어머니는 그 남자의 각고의 노력 끝에 마침내 평양과 가까운 순천시로 오게 되었다. 새로운 근무지에서의 작업도 쉬운 일이 아니었다. 중노동자들이나 할 수 있는 시멘트의 원석을 해머로 잘게 부수는 작업이었다. 그러나 그곳에서의 그런 험악한 일은 그리 길지 않았다.

몇 개월 후에 놀랍게도 그 남자는 자원하여 평양의 장래성 있는 고위직을 포기하고 그 지방 공장의 보위부장으로 전근해 온 것이었다. 그 직위는 그 공장 내에서는 무소불위의 자리였다. 얼마 후 어머니는 그 공장의 실험실 연구원으로 발령되어 힘든 일로부터 해방되었다. 이 모든 일들은 그 남자의 치밀한 계획 하에 진행된 것이었다.

자연스럽게 그 남자와 가까워진 어머니로서는 든든한 보호자가 된 것이고, 주변의 치근대는 남자들로부터 자유로워졌다. 두 사람은 서로가 없어서는 안 될 동반자가 되었고 실질적인 부부가 되었다. 그로 인하여 내가 세상에 나오게 된 것이고 그 남자가 나의 아버지가 된 것이다. 그러나 두 분의 새로운 둥지는 그리 오래가지 않았으며 오히려 그 전보다 더 불행한 나락으로 추락했다. 우선 두 사람 간에 문제가 된 것이 출생된 나였다. 어머니는 성경에 나오는 길가에 끌려 나온 간음한 여인의 신세가 된 것이다. 이 일을 수습하려 아버지가 전면에 나섰지만 아버지마저도 그 거센 돌팔매질을 벗어날 수 없었다. 아버지는 법적으로 총각이었고 어머니는 정치범의 이혼녀인 처지에 혼인이라는 절차도 없이 자식을 낳았으니 문제가 될 수밖에 없었다.

이 문제가 겉으로 표출되었으나 실상은 그 이면에 아버지에게 더 심각한 문제가 있었다. 아버지는 어머니와 만나기 전부터 당과 직장으로부터 강제 결혼을 강요받고 있었다. 그 당시에 항일 투사들의 자손들 가운데 결혼 적령기를 놓친 처녀, 총각들을 강제로 당에서 지정하여 결혼을 시키는 정책이 있었다고 한다. 대부분 그 상대들을 보위부 같은 권력 기관의 장래가 보장되는 남자들이 집중 대상이었다. 당으로부터 신부로 강요받은 그 여자는 아버지가 생각하는 것과는 너무도 거리가 멀었기에 상당히 괴로웠고 이를 벗어나기 위해 지방 하부 기관으로 자진하여 내려온 것이다. 이미 어머니에게 깊은 정을 품고 있은터라 그와 같은 결행을 한 것으로 추측된다. 안타깝게도 그러한 처신이 오히려 더 두 사람 사이를 처절하게 갈라놓게 된 것이다.

이러한 모든 사실을 알게 된 평양의 상부 기관에서는 이 문제에 깊이 관여하여 어머니와 헤어지도록 집요하게 강요했다. 아버지로서는 벼랑 끝에 서서 당의 지시를 따를 것인지 아니면 끝까지 어머니와 생사고락을 할 것인지를 택해야 했다. 아버지의 결단을 어렵게 한 것은 어머니였다. 만일 당의 지시를 따르면 사랑하는 여인과 자식을 포기해야 했고, 아내와 자식을 택한다면 모두가 최악의 불행을 품어야 했다. 아버지로서는 자신이 희생되더라도 어떻게 해서든지 어머니와 자식을 살려야 했다. 아버지 자신은 죽는 한이 있더라도 사랑하는 아내와 세상에 막 태어난 자식을 다시 삼수 같은 유배지로 보낼 수 없었다. 더욱이 호적에 수정분자, 반당분자로 낙인찍히면 그 자식이 군대나 대학에도 갈 수 없을 뿐만 아니라 그것도 모자라 그러한 신분을 대물림까지 해야 했다. 이에 대해 누구보다도 그 당시의 상황과 앞날을 극명하게 예측하고 있는 아버지로서는 너무도 가혹한 형벌을 끌어안아야 했다.

보위부에서는 다시 젊은 부부의 가정을 사정없이 파괴시킨 것이고 어머니는 다시 잔혹한 칼바람을 홀로 견뎌야 했다. 그로 인해 아버지는 결국 어머니 곁을 떠났고, 나는 사생아가 되었다. 권력 기관에서는 어머니에게 일말의 긍휼을 베풀어 시멘트 공장 직장만큼은 보장시켜 주었다. 만일 그 당시 어머니에게 나마저 없었다면 스스로 목숨을 끊었을 것이다. 착한 성품과 명석한 두뇌, 여인으로 갖추어야 할 것을 다 지녔던 우리 어머니는 왜 이 같은 권력과 이념의 틈바구니에서 두 번이나 희생을 당해야 하는지 자신의 출생마저도 원망하지 않을 수 없었다. 결과적으로는 내가 세상에 태어난 것이 두 사람을 불행하게 한 것이었다.

내가 처음이자 마지막으로 아버지를 본 것은 중학교를 졸업하고 대학 예비시험에서 우수한 점수로 1차 합격되어 평양의 김일성대학 문학부에 응시했으나, 아버지와의 관계가 불분명하다는 이유로 최종 불합격 처리가 되고 난 후였다. 이 문제를 해결하려고 어머니의 권유로 타 지방에 살고 계신 아버지를 찾아갔다. 나로서는 난생처음 떠나는 먼 여행이었고, 아버지의 얼굴을 한 번도 본 적 없고 기억도 없기에 아버지를 보게 된다는 기대감과 그에 대한 원망하는 마음을 가슴에 묻은 채 찾아갔다. 어머니와 아버지가 헤어진 지 15년 이상이 지났지만 서로의 그리움은 피차 남았던 것 같았다. 아버지가 어느 지방, 어느 기관에서 일하고 있는지는 알고 있었다.

나는 아버지를 처음 대면하는 순간 너무도 실망스러웠다. 아버지는 당이 결정해 준 여자와 강제 결혼 후 환멸을 느끼고 평양의 중앙 보위부 자리를 박차고 나와 지방기관을 전전했다. 방랑자와 같이 살았으며 마음에도 없는 여인과의 결혼은 순탄치가 못했던 것이다. 아버지는 나이가 들자 고향에 내려와 작은 기관의 책임자로 봉직하고 있었다. 아버지의 표정은 어떤 생기도 의욕도 상실한 채 마치 인생을 포기하고 자괴감에 빠져서 알코올 중독자 같이 무너져 버린 그런 삶을 살고 있었다.

나는 그러한 아버지를 보는 순간 "아버지"라는 말이 나오지 않았다. 그 순간 나는 내 자신을 부인하고 싶었다. 젊었을 때는 누구보다 당당하셨던 아버지를 누가 이같이 폐인으로 만들어 놓은 것일까. 나와 아버지의 그런 상봉은 평생에 크나큰 상처로만 남게 되었다. 결국 나는 출신 성분 문제로 우수한 성적에도 김일성대학 문학부에 들어가지 못하고 지방 대학에 들어갈 수밖에 없었다. 조선이라는 나라는 봉건적 계급사회보다 더 잔혹한 사회였다. 한번 반동분자는 대물림으로 이어지는 나라였다. 마치 조선시대의 노비문서와도 같아서 그 반동의 화인은 저주의 징벌로 그 자손에게도 강요되었다. 내가 바로 그 당사자였다. 나는 북조선에서 태어나지 말아야 할 인생이었다.

낙수에 다시 피어나는 꽃봉오리

어머니는 얼마 후 다른 직장으로 배치 받아 순안의 화학공장 분석실에서 일하게 되었다. 그때 공장에서 배정해 준 집은 단칸 오두막집이었다. 나의 유년 시절은 그곳에서 시작되었다. 내가 자라면서 그 집은 더욱 작아졌다. 내가 10살 때 어머니와 함께 누우면 꽉 차는 작은 집이었다. 남자의 손이 미치지 않아 지붕 수리도 제대로 못해서 장마에는 비가 새서 낙숫물 소리를 노래 삼아 들어야 했다. 하지만 그 당시 세상을 몰랐던 나로서는 어머니의 따스한 품 하나면 모든 것이 행복하고 즐겁기만 했다.

그때의 추억은 지금도 아름답게 기억되고 있다. 단지 한 가지 부러웠던 것은 아버지가 있는 아이들이었다. 어느 날에 나는 어머니에게 울면서 "오마니! 나에게는 왜 아버지가 없습네까? 아버지를 장마당에 가서 내일이라도 사 오시라요." 하고 졸랐던 기억이 난다. 그날 그 동네에서 어느 아주머니는 내 면전에 "애비 없는 후레자식"이라고 하는 말에 충격을 받고 어머니에게 달려와 그렇게 말했던 것이다. 그때 어머니는 나를 가슴에 품고 흐느끼셨다. 그 모습이 지금도 아픈 기억으로 남아 있다.

그러나 분명한 것은 어머니의 품은 어떤 슬픔도, 아픔도, 두려움도 다 감싸줬고 새살이 돋아나게 하는 마술사의 보자기 같았다. 그 유년 시절이 내 인생에서 가장 행복했고 아름다웠다. 저녁이 되면 침침한 등불 아래 누더기 같은 이불을 덮고 빗물과 천장의 쥐 오줌에 얼룩진 천장을 바라보며 거기에 무엇인가 형상을 찾고자 상상의 나래를 펼쳤다. 그 집은 나에게 상상을 끊임없이 샘솟게 하는 샘터와도 같았다.

어느 여름 날 별이 총총 들어 차 있는 밤하늘을 바라보면서 어머니와 멍석에 앉아 어머니가 손수 가꾼 텃밭의 강냉이를 하모니카 불듯 즐겨 먹었다. 그런 날에는 어머니께서 재미있는 이야기를 들려주셨다. 아직도 기억에 남아 있는 퀴리 부인 이야기, 베니스의 상인 이야기, 셜록 홈스 이야기에 시간 가는 줄 모르고 밤을 보냈다. 뿐만 아니라 많은 노래도 들려주셨다. 그 노래 속에는 많은 명곡들인 "산타루치아", "돌아오라 소렌토로", "오 솔레 미오" 등도 있었고 가끔은 찬송도 불러 주셨다. 물론 그 당시에는 그 노래가 서양 노래인줄만 알았다. 어머니는 어린 나에게 성경의 이야기를 옛날이야기처럼 들려주셨다. 그때는 성경이니, 기독교니 하는 것은 전혀 몰랐기에 외국의 동화나 전설처럼 인식했던 것이다. 그때의 그 노래와 이야기가 생애에서 첫 번째로 경험한 기독교에 관한 것이었다. 이때부터 내 영혼 속에 어머니의 신앙 유산이 전해진 것이었다.

그 이후 13살이 되는 어느 겨울철에 유럽의 어느 소설을 읽는 가운데 성탄절 행사가 소개되는 내용을 접하면서 그것은 동화 속의 이야기처럼 너무도 신비하고 아름답게 느껴졌다. 나로서는 너무도 생소한 유럽의 풍습이었기에 어머니에게 성탄절에 대해 물어보았다. 아기 예수가 마구간에 태어난 이야기와 동방 박사들이 선물을 갖고 그 앞에 경배한 이야기는 너무도 아름다운 동화였다. 그때 나는 어머니로부터 성탄절에 대한 설명을 듣고 난 다음, 바로 산에 올라가 가장 모양새가 좋은 작은 소나무를 베어다가 내 다락방에 장식해 놓고 담배 은박지와 색종이로 알록달록 꾸며 놓았다.

나는 그 소설 속에 나오는 성탄절의 주인공이 되고 싶어서 12월 25일로 날을 정하여 동네 친구들도 집으로 불러들였다. 물론 친구들은 성탄절에 대해서는 아무것도 몰랐다. 동무들은 나의 장단에 영문도 모른 채 함께 놀았다. 어머니께서도 기분이 좋으셨는지 깨강정과 콩강정을 만들어주셨다. 그렇게 해서 조선의 한 시골마을 조그마한 다락방에서는 성탄절 밤에 촛불이 밝혀졌다. 그날의 성탄의 밤이 나에게는 평생 잊을 수없는 두 번째 기독교를 체험한 일이었다.

어머니의 기독교 신앙의 배경은 가족으로부터 시작되었다. 어머니께서 하나님과 찬송가를 알게 된 것은 언니를 통해 알게 되었다고 한다.

일제강점기에는 평양에 예배당이 많았다고 한다. 그리고 평양 사람들 다수가 예배당을 다녔는데 그때 어머니가 언니를 따라가곤 했다고 한다. 소녀 시절 어머니의 언니는 교회에서 피아노를 연주했기에 어머니는 찬송가를 따라 배우게 되었다고 한다. 신기하게도 어머니가 고이 간직하고 있는 빛바랜 사진 가운데에는 예배당 건물 앞에서 식구들과 함께 찍은 사진이 있었다.

지금 생각하면 그때 어머니가 밤하늘을 바라보면서 찬송가를 부를 때 과연 무엇을 소원하면서 불렀을까 하는 생각을 해 보게 된다. 어느 때는 찬송가를 부르시다가 눈물을 흘리곤 하셨다. 중국에 와서 기독교를 접하고 찬송을 배웠을 때 바로 어머니가 부르셨던 찬송가의 내용이 희미하게 생각이 났다. 그 내용은 풍랑이 이는 바닷가에 예수님이 나타나셔서 그 바다를 잔잔케 하셨다는 그런 찬송이었던 것 같았다. 어머니께서 너무 힘들어 하실 때는 그런 찬송을 부르셨다. 그럴 때면 나는 어머니에게 다가가서 어머니를 꼭 안아 드렸었다.

나는 어린 시절 어머니의 정서적 영향을 받아 다른 아이들보다 정신적으로 성숙되어 있어 만화책이나 그림책 수준에서 벗어나 소설과 시를 즐겨 읽었고, 특히 러시아 문학 중에 푸시킨과 톨스토이, 도스토옙스키의 작품을 경험하면서 문학 소년이 되었다. 내가 어린 시절 살았던 순천시의 도서관을 자주 찾아가 그러한 문학전집을 읽었다. 어느 날 그 도서관의 사서 담당 아주머니는 이 도서관이 생긴 이래 푸시킨의 시집을 빌려본 사람은 내가 처음이라며 특별히 많은 배려를 해 주었다. 그때 나는 조선의 푸시킨이 되겠다는 꿈을 가졌고 시를 쓰기 시작했고 시를 써 놓으면 누군가에 알리고 싶어서 동네 친구들에게 편지를 써서 부치기도 하면서 문학도의 꿈을 키워 나갔다. 그 당시 가정적으로는 가난했지만 어머니가 계셨고 꿈이 있었기에 행복했다.

잔악한 늑대들에게 내몰린 어머니

어머니의 나에 대한 사랑은 너무도 헌신적이었고 눈물겨웠다. 어느 날 저녁에 퇴근하여 오면서 비닐봉지에 무엇인가 담아 가지고 오셨다. 그 날 공장 점심 식사에 생선과 두부 국이 배급되었는데 그 건더기를 드시지 않으시고 나를 먹이시기 위해 싸 가지고 오신 것이었다. 그때 어머니께서는 늘 강냉이밥을 싸 가지고 다니셨다. 특식이 배급되는 날에는 강냉이밥에 국물만 드시고 반찬과 국건더기는 싸 가지고 오셨다. 어머니께서는 둥지에 있는 새끼 새에게 날라다 먹이는 어미 새였다. 지금도 늘 마음이 아픈 것은 어머니의 극진한 사랑에 대해 고맙다는 말 한마디 하지 못한 것이 후회가 된다.

어머니께서는 나의 정서적인 교육만 아니라 인성 교육에도 힘쓰셨다. 모든 사람에게 늘 선하게 대하며 나를 해하는 사람도 용서해야 한다는 말씀을 자주하셨다. 그런데 왜 주변 사람들은 어머니를 그렇게 괴롭혔는지 이해할 수 없었다. 어느 때부턴가 공장에서는 또 어머니를 괴롭히기 시작했다. 북한에서는 변덕스런 김일성 부자의 악마적 광기가 너무도 많은 사람들을 괴롭혔고 불행하게 했다.

공장의 보위부에서는 사업 및 사상 검토를 한다면서 어머니를 너무도 의도적으로 괴롭혔다. 갑자기 사무실에 나타나 수첩이나 일기장을 압수해 갔고 심지어는 탈의실까지도 쥐 잡듯 수색을 하면서 정치적으로 트집을 잡기 위해 별의별 유치한 짓을 다 해대었다. 일기장이나 수첩에 외국의 노래나 낭만적이거나 자유주의적인 문구가 나오면 트집을 잡아 공개적으로 사상비판대에 올려놓고 아직도 정신을 차리지 못했다느니, 수정자본주의자니 하면서 대중들 앞에서 극도의 수치심을 갖게 했다. 심지어는 간첩으로까지 몰아가기도 했다.

이런 극심한 괴롭힘과 핍박과 생활고에 몰리자 어머니는 마치 혼이 빠져나간 사람처럼 삶의 의욕마저 상실했다. 나는 어머니의 그런 고통을 보면서 김정일과 그 권력층에 대한 적개심과 분노가 가슴 깊은 곳에 자리 잡게 되었다. 어머니는 이런 일로 삶의 의욕을 깡그리 잃어버린 상태에서 그 공장을 더 이상 다닐 수 없게 되었다. 어머니의 첫 결혼 생활부터 그때까지 굶주린 늑대에게 쫓겨 다니듯 불안과 공포 속에 살아야 했다.

어머니께서는 정신적인 탈진뿐만 아니라 육신의 병마에 시달리기까지 하셨다. 대학을 졸업하고 핵물리연구소에서 근무하면서 우라늄에 노출되어 그 후유증으로 치아가 부러지고 뼈마디가 물러앉는 등 이상 현상이 생기기 시작했다. 그 통증으로 몹시 고통을 당하셨다. 뿐만 아니라 정신적인 고통으로 인한 심장병도 앓게 되셨다. 어머니의 모든 심신이 폐품처럼 다 거덜이 난 것이다. 결국 어머니의 이런 처참하게 무너진 모습을 확인한 사악한 무리들은 폐품 버리듯이 내쳐 버렸다. 그제야 어머니는 독재의 잔인한 발톱에서 벗어나게 되었다.

죽음의 그림자에 뒤덮인 북조선 백성

어머니는 아버지 없이 성장해 가는 나에 대해 많은 고민을 하셨다. 내가 애비 없는 자식이라는 말을 주변으로 듣는 것이 자신의 죄인양 몹시도 괴로워하셨다. 결국 어머니가 나를 위해 농촌의 어느 홀아비와 재혼을 하셨다. 물론 그 남자와는 전혀 이상이나 교양 수준은 맞지 않았지만 나의 장래를 위해 희생적인 결행을 하신 것이었다. 그러나 결혼한 이후에 별도의 방을 쓰면서 나와 함께 생활을 하셨다.

내가 대학을 가게 되자 많은 생활비가 들게 되었다. 어머니께서는 러시아제 재봉틀을 이용하여 동네 사람들에게 옷을 지어 주거나 어른 옷을 아이 옷으로 만드는 일을 재주 있게 하시면서 수입을 올리시어 가계에 많은 보탬이 되었다. 그러나 학비가 점차 늘어가자 텃밭을 일구고 염소와

돼지까지 키우면서 그야말로 대학 공부를 시키기 위해 불편한 몸을 이끄시면서 사력을 다하셨다.

어머니의 건강은 날로 악화되었다. 나이 50도 안되셨는데 방사능 피폭으로 인한 신체적 고통으로 일그러져 버린 얼굴 표정이며, 무릎 관절염으로 지척거리며 걸으시는 모습은 칠팔십대 노인이나 다름없었다. 젊은 시절 그렇게 미인이시고 많은 남자들로부터 청혼과 관심의 대상이었지만 어머니의 생명은 꺼져가는 촛불처럼 위태하셨다.

1994년 북조선에서는 신적 존재였던 김일성이 사망하자 그때부터 식량난이 극심해지면서 이 당시 북한에는 많은 아사자들이 발생했음에도 후계자인 김정일은 이런 민족적 참상에 잔인하리만큼 침묵을 지켰고 결과적으로 수백만 명이 굶주려 죽는 참극을 의도적으로 방치했다. 굶주림으로 수많은 가정이 깨지면서 아이들은 버려지고 일명 꽃제비들이 전국적으로 돌아다녔다. 역전에는 꽃제비 아이들은 동냥질과 도둑질 등으로 마치 들쥐처럼 헤매고 다녔고 이러한 상황에서 뒤쳐진 아이들은 앉아서 굶어 죽었다. 역전과 장마당에는 굶주려 죽은 아이들이 매일 발생했고 어느 누구도 거들떠보지 않았다. 모두가 굶주림에서 살아나야 하기 때문에 전쟁보다 더 무서운 아귀 다툼의 세상이 된 것이다.

이렇게 짐승보다 못하게 거리에서 굶어 죽고, 얼어 죽고, 맞아 죽는 불쌍한 아이들의 시신은 한데 모아져 트럭에 실려 어디론가 사라졌다. 이처럼 참담한 모습은 이뿐 아니었다. 기차역에는 이전에 없었던 모습들이 보이기 시작했다. 다름 아닌 몸을 파는 거리의 여인이었다. 이 여인네들은 굶주림으로 울부짖는 자식들을 어미로서 외면할 수 없어 한 줌의 양식을 마련하기 위해 지나가는 남자들을 상대로 얼굴에 분을 바르고 거리로 나선 것이다.

남편들의 직장에서는 양식 배급이 중단되어 결국 부인네들이 굶주린 식구들을 살리기 위해 매춘을 하는 이같은 모습이 북조선에서는 백주에 이루어지고 있는 실상이 된 것이다. 이러한 비참한 부인네들의 행태를 그저 지켜봐야만 하는 그 남편과 자식들의 심정은 어떠했을까? 하늘이 진노해야 할 이런 비참한 인간 세상이 하늘 아래 또 있을까? 김정일 패거리들이 외쳤던 인민의 지상낙원은 어디에 있는 것인가? 조선 백성 전체가 굶주림으로 전쟁보다 더 피폐해져 고통을 당할 때 위대하다는 장군님은 과연 무엇을 생각하고 무엇을 먹고 있었을까? 대학생이 된 나로서는 이런 조국에 대해 분노와 환멸을 저버릴 수가 없었다. 이날의 비참한 모습을 목격하고 격분하여 다음과 같은 시를 단숨에 써 내려갔다.

무크라르 왕 만만세!

옛날 그리 멀지도 않은 옛날에 궁전에 무크라르 왕 살았네.
무지하기란 비위만 벗어나면 충신이든 누구든 한 칼에 싹둑
어리석기란 백성들의 원한 소리는 외면하고 간신들의 아첨만 즐겼네.

궁 안에 간신들 앵무새처럼 길들였네 여기저기 펼쳐놓은 앵무새들
무크라르 왕 나타나면 무크라르 왕 만만세! 무크라르 왕 흡족했네.
새까지 자기를 우러러 본다고 간신들 상을 탔네.
노래를 지어도 시를 지어도 무크라르 왕 만만세!
아이에서 어른까지 무크라르 왕 만만세 !
이 노래밖에 몰랐네. 이 노래밖에 없으니 이 노래만 부를 수밖에
하지만 나날이 커지는 백성들의 원한은 하늘 땅 가득 찼네.
모두가 일어났네. 무크라르 왕 쳐 없애고
간신들 쫓아내고 행복을 찾았네.
노래를 불렀네. 빼앗긴 노래를 불렀네.
빼앗긴 자유 마침내 찾았네! 노래했네!

모두가 고통의 세월 속에 또 한해를 죽지 못해 살아남은 우리 가족, 어머니께서는 한 톨의 양식을 더 얻기 위해 사력을 다하셨다. 감자를 심는 계절이 오자 어머니께서는 그때부터 밭 가운데 침상을 갖다 놓고 심어놓은 감자가 도적질 당하지 않케 하기 위해 지켰다. 감자가 싹이 나고 꽃이 필 무렵에는 감자 눈까지 모두 캐 가는 일들이 마을에 벌어지게 되었다. 사실 도둑질해 가는 사람들도 마을 사람들이고, 피해를 입어 못살겠다고 아우성치는 사람들도 그 마을 사람들이었기에 모두가 하늘에 대고 주먹질하는 격이었다.

그때 마을에 굶주린 아이들이 심겨진 감자를 훔쳐 먹고 감자의 독으로 얼굴이 퉁퉁 부어 누워 있는 집이 하나둘이 아니었다. 비 내리는 밤에도 감자밭을 지키기 위해 군데군데 솜이 터져 나온 옷을 입으시고 헌 가마를 옆에 차시고 휘청거리며 감자밭으로 나가시던 어머니 모습이 아직도 선하다.

내가 방학 때 집에 오면 감자를 배불리 먹이시겠다고 애지중지하던 감자밭, 그날도 밭 가운데 침상위에 자며 말며 하시다가 그만 잠깐 조는 사이에 동네 아이들이 홀라당 그 감자를 캐 가 버렸다. 그날 어머니는 하루 종일 우셨다고 한다. 내가 집에 오자 어머니는 또 눈물 흘리시며 나를 욕하는 것이었다.

"왜 도둑질 당하기 전에 오지 않았느냐?"

여하튼 배고픈 사람이 캐 먹은 것이고 그 사람은 오죽했으면 도둑질하여 먹었을까 하고 생각도 했지만 어머니를 생각하면 분했다.

나는 가리라!
압록강을 건너 자유의 노래를 위하여!

그해 겨울 3학년 기말 시험을 치르고 설을 보내려고 집에 왔을 때 어머니는 중병으로 누워 계셨다. 어머니는 그런 기색을 보이지 않으시려고 가까스로 일어나 나를 맞아 주셨다. 어머니의 병세는 보기에도 딱할 정도로 얼굴에는 핏기가 전혀 없는 산송장 같았다. 그 모습을 보는 순간 가슴이 찢어지는 듯했다. 부엌에 내려가 찬장을 열어 보니 어머니 밥그릇에는 언 강냉이밥이 반쯤 남아 있었다. 어머니께서는 식사 시간이 지났는데도 굶고 계셨다. 나는 어머니가 너무 불쌍해 어머니를 붙들고 그만 울음을 터트렸다. 그때 어머니께서 하신 말씀이 아직도 내 가슴을 찢는다.

"미안하다. 난 괜찮아, 나야 이제 늙었는데 잘 먹고 잘 입어서 뭐 하겠니. 이젠 내가 먹는 것 입는 것 너무 아깝다. 언 밥을 먹느니 차라리 안 먹는 게 절약하는 것이지. 모두가 굶어 죽는 판에 우리는 그래도 강냉이 죽이라도 먹지 않니. 걱정 말고 대학 공부나 착실히 해라. 내 어떻게든 네 대학 공부를…."

이를 악물고 그래도 살아 보겠다고 몸부림치던 어머니는 방학을 마치고 학교에 다시 돌아가 공부한지 며칠 만에 세상을 떠나셨다. 젊은 시절을 고통의 신음 속에 가슴을 시커멓게 태우면서 살아오신 우리 어머니, 한 여자로 험악한 북조선에 태어나 인간의 탈을 쓴 악의 화신인 김정일 독재 정권에 어머니의 삶은 죽음보다 더 어둡고 고통스런 삶이었다. 내가 대학만 졸업하면 어머니 한 분 모시지 못하겠느냐 하며 어머니에게 다짐했던 한 가닥 꿈마저 김정일의 독재는 깡그리 앗아 갔다.

어머니의 장례식을 치루고 나는 어머니의 한평생을 더듬어 보았다.

내가 돌아가신 어머니를 위해 할 수 있는 일은 무엇인가? 이제는 더 없는가? 왜 어머니는 죽게 되었는가? 많은 생각들이 주마등처럼 지나갔다. 어머니의 죽음은 나의 삶과 희망마저도 다 앗아갔다. 황량한 들판에 홀로 서 있는 내가 이제는 스스로 서야 했다.

내가 앞으로 해야 할 일은 어머니의 소원을 풀어 드리는 길이다. 다시는 이 조선 땅에 어머니 같은 불행은 없어야 한다. 그러기 위해서는 이 지옥 같은 이 땅을 뛰쳐나가 이 저주스런 사악한 독재 사회를 온 세상에 고발하여 뒤집는 것이다. 그래서 억압과 굶주림에 신음하는 조선의 우리 어머니들과 형제들을 구원하는 길로 나가는 길이 어머니의 한을 푸는 것이라 결론을 내렸다.

가리라! 가리라!
내 기어이 가리라 !
말로써 눈물로써
아! 정말이지 몸부림으로서만 아니라
두 손 두 발 쫙 펴고서 두 다리 꽉꽉 내딛고
내 기어이 가리라!
가다가 쓰러져도
영영 못 일어난다 해도
죽은 넋과 영혼을 태워서라도

기어이 가리라!

1996년 10월 1일

압록강을 건너면서

뒷 이야기

필자와 이 청년(엄호산)은 1998년 심양에서 만났으며 하얼빈에서 성경 공부를 하면서 그리스도인으로 회심했다. 그는 2년 전에 압록강을 건너와 그를 보호해 주고 하나님을 알게 한 압록강 강변 장백의 조선족 교인을 만나 잠시 보호를 받고 그 이후 많은 고생 끝에 안정된 환경에서 성경 학습을 하고 필자와 각별한 관계를 갖게 되었다.

그 청년은 자신이 앞으로 아버지가 되면 어떻게 아버지 노릇을 해야 할지 고민을 했으나 강 목사님을 만남으로 인해 알지 못했던 아버지의 사랑을 알게 되었다고 고백을 했다. 그는 자신의 헌신적인 어머니의 극진한 사랑과 교육을 받았지만 아버지의 사랑을 받지 못했는데 중국에서 필자를 통해 경험한 것이다.

그 청년은 어머니가 평양에서 예수를 믿었고 기독교인으로 사셨는데, 자신이 중국에 와서 그 대를 이어서 예수를 믿는 하나님의 자녀가 되므로 자신의 삶의 목적과 의미를 알게 되었노라고 고백했다. 뿐만 아니라 아버지의 사랑에 주렸던 그가 필자를 만남으로 인해 정이 들면서 자신과 부자 관계를 맺게 해 달라고 간곡히 부탁을 한 바도 있었다.

그 청년은 나와 2년 가까이 함께 지내다가 "이제부터는 강 목사님 밑에서 늘 물어다 주는 먹이만을 받아 먹고 사는 인생을 더 이상 살지 않고 자립하겠습니다."라며 춥지 않은 따뜻한 남방으로 떠났다. 그 후 3년이 지나

홍콩과 인접한 중국 심천으로 내려가 직장생활을 하고 있다는 소식을 지인을 통해 들은 바 있었으나 그 이후의 소식을 듣지를 못했다.

나는 이 글을 정리하면서 엄 형제의 어머니가 사악한 독재자의 잔혹한 통치로 인해 자신의 순수하고 열정적인 꿈이었던 조선의 퀴리 부인 되는 것을 끝내는 강압적으로 박탈당했고 뿐만 아니라 평범한 한 아내와 어머니로서 사는 것조차도 허용하지 않았다는 것에 분노를 억누를 수 없었다. 북한 정권은 그녀의 인생의 끝자락에서도 끝내는 삶의 의욕마저도 빼앗아갔고 핵물리학자로 연구에 전념한 후유증으로 온 육체가 허물어지게 했다. 북한에는 이 여인과 같은 처절한 인생을 살았던 사람들이 부지기수일 것이다.

나는 이 청년의 필설을 빌어서 지금 이 순간에도 무고한 북한 동포들이 말할 수 없는 고통과 시련을 겪고 있다는 엄연한 현실을 이 두 모자 이야기로 알리고 싶었다.

고난의 행군 시기에 비참한 대학 생활

_엄호산

이 글은 북한에서 푸시킨 같은 문학가가 되고자
꿈 많았던 엄 형제가 대학 재학 시절에
급작스런 식량난으로 인한
고난의 행군 시기에 몸소 겪은
그 당시 굶주림의 실상과
대학 생활을 가감 없이 증언한 내용이다.

장마당의 대학생 떡

대학생 시절 북한의 경제가 몰락에 직면하게 되었는데, 국가 경제를 대신해서 개인 시장이 소규모적으로 생겨나고 물가는 하늘 높은 줄 모르고 뛰어오르고 있었다. 사회주의 아래에서 시장이라고 하면 "농민시장"이라는 최소한의 형태로 존재하게 되어 있었는데, 이러한 현상은 사회주의 과도기 특성과 더불어 있는 인민들의 생필품 수요를 완전히 충족시킬 수 없기 때문이며, 공산주의 사회가 완성되면 물질생활이 보장되기 때문에 시장이라는 것은 결국에는 저절로 없어진다는 이론이었다.

그러므로 자본주의, 개인주의 근원의 싹인 시장을 일시적 제한 형태로 보존하고 이를 위한 통제 수단으로 텃밭에서 생산하는 농민들이 농산품인 곡류와 채소, 과일과 가금류같은 것들을 소규모로 판매 행위를 허용한 것이었다. 북조선의 상황에서 본다면 국가 경제의 쇠퇴, 즉 사회주의 체제의 모순의 초래로 인해 초기의 농민 시장의 범위에서 벗어나 자연 발생적으로 개인들이 시장을 이끌게 되어 시장 경제화로 변질된 것이다.

국가에서는 아무리 통제를 해도 부질없는 노릇이었다. 국가에서 운영하는 상점이나 식당, 배급소에는 물자가 텅텅 비어 이제는 개인이 부업으로 만들어 낸 생활용품들이 이 모든 것을 대신했고 시장이 없으면 쌀은 물론 주부들이 비누 한 장 사 쓰기 어려운 지경에 이르게 되었다.

이 시기에 외국에서 식량 지원이 들어오긴 했지만 그나마 절반 이상은 군량미로 모두 들어가고 높은 간부들이 이리 돌리고 저리 돌리며 자기의 욕심을 채우기 바빴고 인민의 몫은 별로 없었다. 그때 항간에는 "군 사단에서는 사업용으로 떼어 먹고, 연대에서는 연대하여 떼어 먹고, 대대에서는 대대적으로 떼어 먹고, 중대에서는 중간중간 떼어 먹고, 소대에서는 소소부리 떼어 먹고 분대에서는 분한 김에 떼어 먹는다."라는 말이 돌았다. 결국 일반 전사들에게 돌아오는 것은 밀가루가 묻어 있는 빈 자루뿐인 것이었다.

아니 땐 굴뚝에 연기 날까? 없는 사실을 만들어 대는 것이 인민은 아니었다. 이렇게 되니 빈궁에 더 허덕이는 것은 인민이요 불쌍한 것도 인민이 되고 말았다. 일반 노동자들보다 노임이 많은 대학 평교원들의 노임이 그 당시 기껏 130-150원 정도인데 그 돈으로는 시장에서 옥수수 2킬로그램 정도 살 수 있는 임금에 불과했다.

내가 대학 2학년 때 우리를 가르쳤던 영어 교원은 끝내 퇴직하고 장마당에 나가 비누와 약장사로 생계를 잇지 않으면 안 되었다. 북한에서 최고 학부의 교수가 이럴진데 일반 노동자이야 어떠했는지 충분히 가늠

해 볼 수 있을 것이다.

대학 근처에는 대학생들이 주로 사 먹는 "대학생 떡"이라는 것을 팔았다. 학교 기숙사에서 배급되는 밥은 그릇 밑창이 들여다보이는 형편없는 급식이었다. 한참 많이 먹을 나이의 학생들은 배고픔에 허덕거렸다. 밥을 사 먹을 수 있는 국영 식당은 이미 폐쇄된 지 오래였다. 학생들이 무엇이라도 사 먹을 수 있는 곳은 장마당이었다. 거기는 여학생, 남학생 관계없이 처음에는 아는 사람과 마주치면 대학생으로서 체면이 상하여 얼굴을 붉힐 때가 많았다. 그러나 점차 익숙해지면서 아무 거리낌도 없이 시장을 드나들면서 허기를 채워야 했다.

대학생들은 비교적 가정 형편들이 좋기 때문에 집에서 재정적으로 도움을 여러모로 많이 받는 편이었다. 그래서 대학가에서는 학생들을 상대로 하는 많은 먹거리 장사가 형성되었다. 학생들이 즐겨 먹는 그 떡을 일명 "팽창 떡"이라고도 불렀다. 옥수수로 만든 떡인데 소화가 잘 되지 않고 끈기가 있고 다른 음식에 비해 싸기 때문에 대학생 떡이 되었다. 그런데 이 떡에 많은 문제가 있었다. 그 떡을 만드는 장사꾼들에 의한 것이었다. 자본주의의 축소판이라는 시장에 나가면 이 떡을 들고 나온 광주리 아주머니들이 많았다.

그들은 서로 경쟁이 되어 별별 위장술을 다 사용했다. 이 떡은 쉽게 굳어지고 쫄아 들기 쉬운데 이렇게 되면 학생들이 모양이 좋지 않아 잘 안 사 먹게 되자, 떡이 굳어지지 않고 표면이 매끈매끈하고 줄어들지도 않게 하기 위해 떡 반죽에 양잿물을 조금 넣은 것이다. 이런 불량식품으로 인해 그 떡을 먹고 피똥을 싸는 학생들이 생겼고 심하면 병원에 실려가는 일까지도 발생되었다. 장마당에서 파는 식품들 중에는 그런 종류의 불량한 먹거리들이 많았다. 콩강정, 깨강정 등이 있었는데 이를 만들기 위해서는 물엿이 들어가야 표면이 그런 재료를 잘 접착시키는 것이다. 그래서 장사꾼들이 발명해 낸 것이 엿에 합성유지인 비닐원료를 혼합한 것이었다. 이런 위험한 식품을 사 먹고 죽은 사람도 있었다.

장마당에서 파는 식품은 대부분 비위생적이고 위험한 것들이었다. 두부에 횟가루를 넣은 것, 오줌 물로 키운 콩나물, 녹말가루를 원료로 하여 볼펜 뚜껑으로 찍어 만든 아스피린 정, 이같이 불법이 횡행하는 아비규환 세상이 되어 버렸다. 이런 현상들을 아는 부모들은 각종 음식을 만들어 수시로 날라다 주어 공부하는 데 지장이 없게 했다. 그러나 집안 사정이 어려운 학생들은 영양실조로 도저히 버티지 못하고 집으로 돌아가야 했다. 학교의 많은 잡비와 여러 요구 사항에 응하지 못하면 아예 시험에 응시할 수도 없게 했다. 말이 무상 교육이지 학생들에게 손을 벌려 학교가 유지될 정도였다. 겨울철 기숙사는 석탄이 공급되지 않아 난방을 못하여 그야말로 냉동실이었다. 이로 인해 많은 학생들이 손과 발, 귀에 동상이 걸렸다.

병영 대학생활

대학 내부 체계가 소대, 중대, 연대식의 반 군사 체제인데 말이 대학 기숙사이지 군대 생활과 다름이 없었다. 아침 기상, 달리기로부터 저녁 점검까지 나팔 신호로 시작하여 나팔 신호로 끝나는 철저한 군사 체제였다. 거리가 얼마 되지 않은 식당에 밥을 타 먹으러 갈 때도 줄을 맞추어 씩씩하게 노래를 부르며 가야 했고 팔이라도 맞지 않으면 퇴짜를 맞곤 했다.

오전 강의가 끝나도 자유 시간이 없다. 강연회, 생활총화, 혁명 역사 연구 등 정치 사상의식 학습으로부터 사회 작업 동원이니 뭐니 정신을 차릴 수 없게 만들었다. 여가 시간을 대학생들에게 주지 않는 것은 자유주의 의식의 틈을 주지 않는 것으로 하여 김일성, 김정일 사상, 주체사상 외에 다른 사상이 들어갈 공간을 없앤다는 것이다. 북한의 궁극적인 대학 교육의 목표는 노동당의 적극적인 선전자, 옹호자의 민족 간부로 키우는 것을 목적으로 하여 강의 교수 체제도 이런 측면에서 김일성, 김정일, 주체사상이라는 이름이 들어간 교재만도 반수가 넘게 만들어 놓았고 철학이나 경제학도 주체식이라는 명목 하에 김정일 사상의 것으로 모두 왜곡시켜 놓았다.

학년 진학 시험을 볼 때도 사상 과목에서 낙제를 맞으면 전공과목 응시 시험에서 박탈당하고 퇴학까지 당한다. 무너져 가는 나라의 경제에 맞추어 더욱 노골화되는 독재 정권의 사상 공세가 이렇게 해서 창조성이 완전히 마비된 인간 로봇으로 만들어 놓으려 하는데 이런 정치 몽둥이로 자기의 목적을 실현할 수 있다고 생각했던 자체가 모순이었다. 학생들이 대다수가 영양 부족과 과중한 사상학습, 노동 동원 등으로 기를 펴지 못하고 수면 부족을 많이 느꼈다. 내가 겪은 일상적인 대학의 수업 장면을 소개하면 이렇다.

"자! 모두 일어나시오!"

마르크스론을 가르치는 강좌 선생이 교탁 옆구리를 툭툭 두드린다. 그 소리에 뒤로 넘어질듯 의자에 잔뜩 기울어 졸던 학생은 앞으로 몸을 간신히 세운다. 책상 위에 뺨을 붙이고 침을 흘리며 자던 학생은 다시 뒤로 몸을 가눈다. 입을 살짝 가린 여학생들의 하품은 소리만 삼켰을 뿐 강의실 모습은 그냥 그 꼴이었다. 학문적인 가치를 못 느끼는 강의에 비몽사몽 중에 헤맨다. 교수는 다시 말한다.

"자! 일어나시오! 어제 무엇들을 했소. 모두가 박쥐들이 되었소? 동무들은 밤새 날아다니고 낮에 천정에 매달려 자는 박쥐란 말이요?"

교실 바닥이 천장이라면 딱 들어맞는 표현이다. 안경 너머로 교실을 훑어보는 선생님의 목소리도 졸음 섞인 말투였다. 선생이나 학생이나 학문에 대한 의욕이 전혀 보이질 않았다. 그 선생 말대로 모두가 천장에 붙어 버린 박쥐같았다. 학급에서 유일하게 5점의 최고 학점의 최우등생의 두 눈의 초점이 풀어지기 시작했다. 그 선생은 오로지 그 학생의 눈만 보며 강의안을 그대로 읽어 나갔지만 그 역시 맥이 풀린 상태다. 그런 교육

환경에서 무슨 민족의 지도자가 양성될까.

칡뿌리 밥과 도토리 방학

고난의 행군 시기에 당에서는 식량난의 근본적인 대책은 없었고 임시방편적이었고 결국은 인민들의 고혈을 짜내는 비현실적인 정책만을 강요했다. 이때 정부에서는 칡뿌리, 벼 뿌리를 캐 먹도록 맨 처음 지시가 내려온 곳이 대학들인데, 그 이유는 직접적으로 직면한 대기근의 선전 선동의 포스터가 되기 위해서였다. 이 시기에 조선에서는 많은 아사자들이 생겨 칡뿌리가 생사존망의 식량으로 되었지만 이렇게 대중적 운동으로 대학에서 일주일 중에 이삼 일 정도 공부하고 나머지 날은 산에 올려 보내 칡뿌리를 캐 먹도록 하기는 처음이었다.

칡뿌리가 땅이 녹기 시작하기 전, 즉 뿌리에 물이 돌기 전에 캐야지 물이 들면 쓴물이 올라서 먹을 수가 없기 때문이다. 염장 무 몇 조각에 몇 숟가락 안 되는 강냉이밥 덩어리를 도중에 다 먹어 버리고, 산에 올라 언 땅을 뒤지며 칡뿌리를 얻어 낸다는 게 말처럼 쉽지 않았다. 그놈의 칡뿌리는 왜 그렇게 깊게 내렸는지 어떤 때는 큰 독 몇 개도 넉넉히 들어갈 수 있는 구덩이를 만들어야 비로소 캐낼 수 있었다.

하루 종일 곡괭이질 하는 가운데 어느덧 해가 서산에 지면 나도 이제 그만 내려가야지 생각하고 허리를 펼 때면 하늘과 땅이 빙빙 돌아가는 현기증을 일으키며 그만 구덩이에 자빠져 버린다. 자기에게 할당된 양을 캐기도 어려운데 교원들 것과 여학생들 것까지 채우노라면 그야말로 산 귀신이 되고 싶은 심정이 간절했다. 그런데 그 고생이 학생들에게만 있는 것이 아니라 대학 식당에도 미쳤다.

전에는 하루 세끼 주는 양식으로 밥을 하기도 눈코 뜰 새 없었는데, 학생들이 캐온 산더미 같은 칡뿌리를 개인별로 접수하고, 그것을 씻고 분쇄하고 건조하고 가루를 내어 강냉이 가루와 섞어 밥을 만드는데 그 공정이 하도 길고 힘들어 쩔쩔맸다. 이러다 보니 조리가 부실해지고 만들어진 칡뿌리 밥도 말이 아니었다. 이런 밥은 이 지구상에 오직 북한의 대학생들만이 먹는 산돼지 밥이었다.

그때 난생처음 먹어 보는 칡뿌리 밥은 평생을 두고 잊을 수 없는 기억이 되었다. 처음 대학생들은 웅성웅성 자기들이 칡뿌리 캐던 고생 이야기를 무용담 널어놓듯 하며 밥그릇을 들고 식탁을 찾아갔다. 한 숟가락을 들어 새까만 밥을 입에 넣었는데 순간 흙가루가 이빨에 덥석 씹히더니 쓴물이 목구멍으로 흘러들어 가 버렸다. 그 순간 내 자신이 인간이 아니라 멧돼지 같은 짐승이라는 생각이 들었다. 나도 모르게 두 볼에 눈물이 주르륵 흘러내렸다. 조선의 대학생의 식생활은 산돼지와 동격이 되었다. 나는 더 이상 짐승 취급 받기 싫어졌다. 성격이 격한 학생들 몇은 벌떡 일어나 밥그릇을 배식 구멍에 집어던지고 나가 버렸다. 하지만 지금 생각하면 그것도 배부른 행동이었다.

봄이면 가뜩이나 벌거벗은 산인데 여기저기 무수히 뚫린 칡뿌리 구멍으로 마치 전쟁 때 집중으로 폭격 맞은 것처럼 황폐화되었다. 칡뿌리 캐는 시기가 지나면 벼 뿌리를 캐야 했다. 이때는 날씨도 풀리고 깊은 산에까지 가지 않아 수월했으나 각자가 할당된 양이 적지 않았다. 이때도 역시 일주일에 이틀 정도는 공부하고 나머지 날은 들에 나가 벼 뿌리를 파내야 했다. 부과된 양이 많기 때문에 보통 해 질 때까지 해야 했다.

그 다음 작업은 그 뿌리들을 강으로 가지고 가서 깨끗이 씻어 낸다. 그러면 벼 뿌리의 하얀 속이 들어난다. 물에 젖은 그 뿌리들을 자루에 담아 등에 지고 가면 그 물이 등에 줄줄 흘러내려 다리를 타고 발까지 적셨다. 학교에 돌아오면 밤 9시경이나 되었다. 그 모습이 지상낙원이라고 떠들어 대는 조선 인민공화국의 자랑스러운 대학생이었다.

식량난이 최고조에 달했을 때에 정부에서는 아예 양식을 공급하지 않았다. 학교 측에서는 비상수단으로 일시적인 방학을 단행했다. 일주일이나 혹은 2주일 정도였다. 이는 단순히 학생들을 귀향시키는 것이 아니라 귀가하여 할당된 양식을 가져와야 했다. 그 방학을 일명 "칡뿌리 방학", "도토리 방학"이라고 했다. 귀가 시에 할당량을 가지고 오지 못하면 공부를 시키지 않든가 진학 시험에 응시할 자격을 주지 않았다. 돈 있는 학생들은 시장에 나가 돈을 주고 그 식량을 사 왔다. 일개 나라의 대학이 이 지경이니 일반 사회의 모습은 그야말로 지옥이나 다름없었다.

꽃제비들의 고려장

북한에 식량난이 매년 연속되면서 수많은 인민들이 전국적으로 특히 국경지대로 양식을 구하러 다니는 행렬이 이어졌다. 양식을 구하러 집을 떠난 가장과 어머니들 가운데는 길거리에서 죽는 경우, 중국으로 도망하여 돌아오지 못하는 경우, 가족 전체가 각자가 살아남기 위해 갈라진 경우 등, 전쟁 때보다 더 비참한 모습이 도처에 일어나면서 그 피해가 가장 직접적으로 온 대상은 아이들이었다. 양식을 구하려 집을 떠난 부모들이 돌아오지 않자 굶주림에 허덕이던 아이들은 부모를 찾아 나서거나, 먹을 것을 구하러 나선 아이들은 졸지에 고아가 되었다. 이 아이들은 살아남기 위해 역전이나 시장터나 국경지대로 몰렸다.

이러한 현상이 전국적으로 심각해지자 당국에서는 "거지 없애기" 사업을 벌려 놓고 이 일을 대학에서 맡도록 했다. 학교에 오전 강의가 끝나면 오후에 역전이나 시장에 대학생들로 구성된 규찰대가 동원되어 눈에 보이는 거지들을 모두 잡아 들였는데, 그 지역의 해당된 여관에서 멀건 강냉이 죽을 한 그릇씩 먹이고 난 다음 그 아이들의 집주소와 부모들의 이름 등을 알아내어 그날 중으로 기차에 태워 집으로 보내는 일을 행했다. 그 아이들은 오랜 동안 씻지 못하고 옷을 갈아입지 못하여 위생 상태가 말이 아니었다. 한심하기 짝이 없는 당국은 그 아이들이 외부에 노출되는 것이 껄끄러워 그 같은 겉치레 단속을 한 것이었다.

일명 “이잡이” 작전이었다. 이 일도 결국 넘쳐나는 거리의 아이들을 감당키 어려워 여관 같은 건물에 감옥소 같은 수용소를 운영했으나 그곳에도 굶주림은 마찬가지여서 아이들은 뛰쳐나왔고 당국에서도 강냉이 죽도 못 먹여 결국 모든 것을 포기했다.

그 당시 학생들은 대부분 종종 집으로 돌아가서 영양 보충을 하러 다녔다. 어느 날 내 자신도 허기진 배를 안고 집으로 가기 위해 역에 나갔으나, 기차는 연착이 되어 언제 올지도 모르는 상황에서 하염없이 기다렸다. 대합실에는 버려진 아이들로 채워져 있었고 각종 배설물과 쓰레기로 악취가 나서 도저히 있을 수가 없어 뛰쳐나와 역사 주변을 어슬렁거렸다. 그런데 여러 사람들이 시궁창이 있는 근처에 웅성거리면서 한 곳에 모여 있었다. 길을 오가던 사람들이 한 번씩 혀를 차고 등을 돌리고 돌아서는 것이었다. 나도 호기심에 가 보니 숨진 어린 오누이 형제가 서로 꼭 안고 시궁창에 누워 있었다. 앙상한 갈비뼈가 드러난 채 뙤약볕 아래서 숨져 있었다. 벌써 쉬파리들이 그 아이들의 눈, 코, 입에 달라붙어 있었다.

이런 모습은 종종 봤던 것이지만 그때 나에게 엄청난 충격을 준 것은 그 오누이는 며칠 전 규찰대원으로 많은 아이들에게 강냉이 죽을 먹일 때 만났던 바로 그 아이들이었다. 그때 그 아이에게 물어보니 집은 함경도 청진이라 했고 그 아버지가 기차를 타고 친척 집에 간다하면서 자기들을 황해도 역에다 내려놓고 갔다는 것이었다.

그 아버지는 자식들을 벌어 먹일 수가 없게 되자 곡식이 많이 난다는 황해도 역에 내려놓고는 그곳에서 살아남으라는 의도로 그렇게 한 것이었다. 그 당시 그 아버지의 마음은 어떠했을까? 이런 가슴 아픈 비극이 조선 역사에 또 있었을까? 나는 치미는 분노로 하늘을 향해 외치고 싶었다. 그 아이들은 다시 평안도까지 올라와 결국 거리의 시궁창에서 먹을 것을 주워 먹고자 거기에서 배회하다 이처럼 짐승보다 못한 죽음을 맞은 것이었다.

이런 참상을 폭군 김정일이 보았으면 그도 눈물을 흘렸을까? 이 아이들도 조선의 다른 애들처럼 탁아소에서나 학교에서 "우리 아버지 김정일 원수님 노래"를 철없이 받아 외우고 율동하면서 노래하던 애들이었을 텐데, 왜 그와 같이 죽어야 하는지 알기나 하고 저 세상으로 간 것일까. 아무 희망이 없는 이 저주받은 조선이라는 나라에서 굶주림이 없는 하늘나라로 간 그 아이들은 어쩌면 잘 갔는지도 모르겠다는 생각이 들면서 스스로 위로하려 했다.

그날 학교 기숙사로 돌아온 나는 밤잠을 제대로 이룰 수가 없었다. 그러한 목격은 시작에 불과했었다. 집 근처 농장에서도 농장에 심어 놓은 곡식 종자를 파먹는 아이들이 많아졌다. 이에 대한 농장원들의 분노는 날로 심해졌다. 그런 가장 슬프고 비참한 그 모습을 떠올리면서 그 울분을 글로 쏟아냈다.

대학 교도(군사) 훈련

북한 대학에서는 그 어느 대학을 막론하고 2학년 하반기 시험을 끝내고 군사훈련을 받아야 한다. 겨울 훈련과 여름 훈련이 있는데 겨울 훈련은 10월 19일부터이고, 4월 19일부터 전쟁 준비의 완료를 기본으로 두고 있는 이 훈련소는 지방마다 곳곳에 자리 잡고 있다. 훈련소에 도착해서 "군인선서"를 하고 군복을 입고 견장을 달고 나면 그래도 제법 차려 입은 것 같아서 서로를 보고 웃음을 참지 못한다.

대체로 대학생 교도는 병종이 고사포와 통신인데 나는 운이 좋아 몇 명 들어가지 못하는 지휘소대 통신 분대에 들어가게 되었다. 그 훈련만 이겨 내면 사람이 다 된다고 하기에 무슨 소린가 했다. 처음 받은 과제가 창고짓기였다. 그때 나는 겨울 교도에 걸렸는데 다가오는 겨울 준비에 대처하기 위해 석탄이나 공구를 넣을 수 있는 창고를 짓는 것이었다. 그런데 이상한 것은 벽돌 한 장, 시멘트도 없고 심지어 물지게 같은 도구가 보이질 않았다.

내가 교도관에게 자재를 요구하자고 의견을 제기하자 그 제대군인 학생은 빈정대며 지휘관의 명령에는 "알았습니다." 외에는 다른 의견을 제기할 수 없다면서 반반한 땅에 그야말로 맨 주먹으로 집을 짓는 기술을 가르쳐 주겠다는 것이었다.

지금 생각하면 그것도 단지 작업 동원이 아닌 군사훈련의 한 과정이라는 생각도 든다. 벌써 지형을 정찰한 대원이 그날 밤 습격 조를 조직했다. 물론 사전에 훈련을 마친 선배들로부터 주의는 받았으므로 이런데 빠지면 머저리 취급을 당한다는 것도 잘 알기에 너도 나도 이 습격에 순번대로 불려 나갔다. 준비하는 것은 칼, 손도끼, 밧줄 등인데 후에 발전하여 도구들도 다양해졌다. 내가 훈련받은 곳은 평안남도 안주시 주변 농촌 지역이었다. 불리한 점도 있지만 그래도 그날 첫 야간 습격은 밤 12시에서 새벽 1시경에 개시했는데 대상지는 낮에 봐 둔 어느 개인 집이었다.

먼저 한 조원이 담장을 넘어 타고 들어가 안으로 걸려 맨 빗장을 열어 놓는다. 문으로 들어선 대원들은 먼저 주인집에서 사람이 나오질 못하도록 쇠줄이나 철사로 문을 꽁꽁 걸어 매 놓고 마당에 널려 있는 삽이나 호미, 괭이 같은 도구들을 걷어 낸다. 그 다음은 개, 돼지, 닭 등은 찍 소리도 없이 잡아채는 날랜 솜씨는 훌륭한 정예병으로 거듭나게 한다. 교도훈련은 마적단처럼 강도짓 하는 것부터 가르친다. 이것이 수령과 당과 인민을 위한 군대의 모습이다.

이런 습격 방법으로 보름 만에 훌륭한 창고가 세워지고 거기에는 각 분대별로 습격해 온 공구들로 가득 차고 교도관은 공구 등을 마치 전쟁 노획물인양 전시회를 열고 혁혁한 공로를 세운 분대장들과 분대원들을 추켜세웠다. 여하튼 교도관의 눈에 들어야지 그렇지 않으면 개 취급을 당하니 당연히 이렇게 자신을 변신시켜야 했다.

날씨가 추워지면서 숙소의 난방 문제가 생겼다. 이 또한 자력갱생이었다. 그때는 군의 조직으로 질서가 잡히면서 습격조가 순번대로 구성되었고 오늘 밤은 우리 조, 다음 날은 너희 조하는 식으로 야간 전투가 벌어졌다. 우리 주변 마을 사람들은 대학생 교도들만 보아도 "토비"들이라고 하면서 치를 떨었다. 그러면 그러라지. 우리는 이 세상에서 무서울 것이 없는 김정일 장군님의 군대이고 군사 명령을 수행하는 중이니까.

군대 주변의 인민들은 극심한 피해를 입으면서 그들 나름대로 특수한 잠금 장치를 보강하는데 우리들은 그에 맞게 기술도 발전하는 것이었다. 농민들은 겨울철 석탄을 군대들로부터 강탈당하지 않기 위하여 비상한 방법을 쓴다. 자신들이 농사짓는 밭에 석탄을 파묻어 놓고 감쪽같이 위장을 해 놓는 것이다. 어찌된 영문인지 대학생 코는 개 코보다 더 영민해서 그 노다지를 정확히 청진해 가며 하나둘씩 가져오곤 했다.

그날 밤 우리 조원들은 밭 가운데 깊이 파묻어 놓은 석탄을 밤새껏 파내고야 말았다. 그런데 후에 웃지 못할 심각한 일이 벌어졌다. 같은 임무를 수행한 대원이 정탐한 그 밭의 주인이 바로 자신의 삼촌 석탄인 줄을 모르고 그 같은 엄청난 일을 한 것이었다. 그 친구는 삼촌이 군대 가까이 있어 수시로 드나들면서 많은 도움을 받아 모든 대원의 부러움을 받았었다. 우리 대원들은 그 친구 덕분에 겨울 내내 따듯하게 지냈지만 그의 삼촌은 조카 덕분에 한 겨울을 추위에 떨어야 했을 것이다.

김일성이 죽자 몇 년 동안 식량난에 처하면서 수많은 인민들이 굶어 죽었는데 이때 가장 많이 굶어 죽은 사람들이 배운 지식인들 소위 인텔리라는 사람들이 많았다. 그들은 당과 장군님만 믿고 배급되는 그날을 기다리며 순진하게 아무 자구 수단을 취하질 않았던 것이다. 결과적으로 조선은 국가적으로 귀중한 인재들을 잃었다. 이때 이악스러운 노동자, 농민들은 이것저것 안 가리고 체면이고 뭐고 도둑질을 하든, 사기를 치든, 노점상을 하든, 강을 넘든, 어떻게든 살아남았던 것이다. 그 후로는 경제난으로 살기 힘들어진 조선에서는 배운 지성인들도 이처럼 도둑질을 하고 거짓을 행하는 것이 죄가 아니고 단지 생존을 위한 당연한 처세술이 되어 버렸다.

오직 당과 수령만을 신처럼, 교주처럼 숭상했던 순진한 이들을 이처럼 비참하게 타락시킨 그 두 부자 김일성, 김정일은 용서 받을 수 없는 역사적 민족적 죄악을 범한 희대의 악마의 화신들이다. 언젠가는 역사와 인민들이 이들을 준엄하게 심판할 것이다.

지옥 같은 북한을 떠나 생명과 자유가 있는 세상으로

_정안나

친구와 나는 북조선을 떠나

중국으로 갈 것을 결의하고 많은 준비 기도를 했다.

우리는 날을 정하여 하나님의 품으로 가기 위해

정말 위험 속에 총구 속을 뚫고

죽으면 죽으리라는 믿음을 갖고

강가 옆 숲으로 들어가서 무릎을 꿇고

하나님께 강을 건너기 직전 온 힘을 다해 함께 기도했다.

어둠의 땅에서 빛 된 삶을 향하여

나의 고향은 경치가 좋고 공기가 맑은 함경북도 작은 도시이다. 나는 거기서 어려서부터 사랑하는 아버지, 어머니의 품속에서 오직 조국의 지도자를 우상으로 알고 그를 위하여 살았다. 그런 제도에서 나를 낳아 주시고 키워 주신 부모님보다 수령을 더 경외하며 사랑하는 교육만을 받으며 30여 년을 살았다. 오직 죽어도, 살아도 강요된 하나의 우상 밑에서 그를 위하여 온 인민이 살며 그 밑에서 온 인민이 굳게 뭉쳐 그 하나만을 위하여 숨 쉬며 살아야 한다는 일심단결의 거대한 조직체였다. 모든 인민들은 지옥 같은 그 나라에서 태어나 숨지는 그날까지 오직 하나 된 우상 집단이었다.

그러나 이제 하나님의 품을 찾고 보니 나의 인생이 더욱 원망스러웠고 조국이 역사 앞에 무서운 죄에서 헤어나지 못하고 있다는 것을 뼈저리게 느끼게 되었다. 나는 중국에 와서야 가슴의 분노가 터져 오르고 조국의 인민들이 속아서 살아온 것과 불행하고 비참한 모습들이 눈앞에 떠오르면서 가슴은 뜨거운 눈물로 채워졌다.

조국의 인민들은 언제까지 흑암의 지옥 속에서 살아남기 위해 투쟁하는 삶을 끝내게 될까. 우상화 된 수령만을 섬기게 하며 인민들의 자유권을 빼앗고 노예적 틀에서 벗어나지 못하고 당의 구호와 요구에 발맞춰 살아야 하는지, 너무도 비극적인 삶을 강요받고 있다. 뿐만 아니라 우리 민족의 고유의 아름다운 언어와 단어도 마음대로 쓰지 못하고 그것이 당과 지도자에 어긋나는 글자라면 정치적으로 분석하고 달리 보며 외국의 노래도 마음대로 부르지 못하고 있다.

전국의 공장의 기계들은 다 뜯어서 팔아 식량을 얻고 살며, 그것도 충분하지 못하여 산은 다 벌거숭이로 만들어 놓고 거기에 곡식을 심어 먹고 그것도 충분하지 못하여 들판의 벌레와 개구리, 물가의 물고기까지도 다 팔아 살아가고 있다. 많은 인민들이 산과 들에서 초목근피를 식량 삼아 겨우 살아가고 있다. 어디 그것뿐인가. 우리 조상 대대로 아껴 온 수려한 나무들은 다 찍어 중국에 헐값에 팔아 식량을 사 오지만 그 양식은 인민들이 보지도 못하고 군수 물자로 공급되고 있는 현실이다.

모든 인민은 노래 하나를 부르고, 춤을 추고, 걸음 하나 걸어도 오직 당을 위하여 부르고, 당의 목소리에 발을 맞추어야 하며, 음식 하나 먹어도 장군님께 고맙다고 하고 먹어야 한다. 이 지구상에 어느 봉건 사회에서도 이런 수치스러운 역사는 없었을 거다.

북조선은 지금도 모든 당, 정치기관, 사회안전부, 보위부, 인민무력

부를 비롯한 각계각층 조직들이 하나같이 '조직', '조국이 없는 이 지구는 존재할 수 없다', '조국을 위하여 한 목숨 받쳐 싸우자', '전군이 살아생전 수령님의 유훈대로 통일 위업 성전에 앞장서서 3대 각오(얼어 죽고, 맞아 죽고, 굶어 죽고)'를 가지고 살아야 한다는 명령으로 살게 하고 있다. 모든 인민들은 인간이 아닌 병기요 사육되는 짐승 같은 존재이다.

또 장군님을 위하여 몸과 마음을 다 바치는 것이 최고의 충성심이고, 도덕으로 여기며, 수령만이 절대적인 권위로 모든 인민을 자기의 부속물로 여기고 좌지우지하는 세상에서 기만하며 살아가고 있다. 군부는 군대를 제일주의로 해서 모든 인민과 집단이 오직 군대를 위하여 희생하게 하며 선군정치에 발맞추어 나가게 하며, 인민들이 굶어 죽건 상관치 않고 있다. 고난의 행군 시기에 결혼을 못했고 많은 아이들이 굶어 죽었기에 10여 년이 지난 후에는 그 징집 대상이 줄어들게 되었다.

그러자 당국에서는 학교만 마치면 졸업생 전원이 자발적으로 군에 지원하겠다는 탄원서에 서명하도록 하여 모든 학생이 조국과 당과 선군정치에 충성하게 하는 것처럼 연출을 했다. 이러한 짓들은 일제강점기에 꽃다운 나이의 청년들을 대동아전쟁에 총알받이로 쓰기 위해 천황과 일본에 충성하도록 죽음의 골짜기로 몰아갔던 일본의 악습을 그대로 본받은 것이었다. 즉 북조선의 김일성과 김정일은 일본의 천황 자리를 자신들이 대신하고 있을 뿐이며, 아니 그 일본 제국주의 때보다 더 잔악하고 전 인민을 노예화하고 있는 현실이다. 북조선은 말로는 일본 제국주의에 칼날을 세우면서 못된 것만을 모방해서 무고한 인민들을 더욱 잔혹하게 희생시키고 있다.

이러한 강요에 응하지 않는 사람들은 조직의 비판 무대에서 사상 투쟁회를 열고 그에게 비판을 가하며 "군대가 있어야 인민이 있다."고 하며 순진무구한 꿈 많은 어린 소년과 청년 학생들까지도 지원케 하고 있다.

이렇게 징집된 인민 병사들은 "당과 인민의 최고 사령관이시며, 당 총 비서이시며, 군사위원회 국방위원장이신 인민의 위대한 영도자 김정일 동지를 위하여 일심 단결했다."고 선전하고 있다. 이렇게 교육받은 인민군 장병들은 최고 사령관 동지 명령이라면 물불을 가리지 않고 그대로 목숨을 바쳐서라도 집행하여야 하지만 제대로 먹이지 못해 많은 병사들이 영양실조에 걸려 있다. 이들을 일명 "영실이부대"라고 하는데 이는 영양실조에 걸린 부대라는 뜻이다. 이러한 병사들은 군 의무대에 입원하지만 약과 영양을 제공받지 못하여 그대로 죽는 사례도 많다. 어느 경우에는 부대에서 이런 병사들을 집으로 보내 회복시킨 다음에 다시 데려 오는 경우도 있지만 이런 경우 부모들은 뼈만 남아서 돌아온 자식을 안고 통곡하는 경우가 허다했다.

이런 최악의 환경에서 군인들은 군사 규정을 다 잊고 영양실조에 걸리지 않기 위해 상관의 조직 하에 인민의 재산을 마구 훔치고 사회 질서를 문란하게 하여 인민에게 막대한 손실을 주며, 인민의 군대가 아니라 인민의 원수의 군대로 양성하여 군대가 강도, 도적이 되고 있다. 그로 인해 인민은 원성이 높고 그 불만의 소리가 날로 더 커져만 가고 있다. 나는 이 모든 현실을 놓고 볼 때 너무나도 비문명적인 인간으로 살았으며, 흘러간 세월과 청춘의 나날들이 너무 허무맹랑한 인간의 제도 하에 살아왔다는 것을 스스로 자책하며 부끄럽게 여기고 있다.

나는 11년의 의무 교육을 마치고 자원하여 지방 군부대에서 3년간 근무하다가 다시 이동하여 모 군부대에서 5년간 근무하고 군 생활을 마쳤다. 군 복무 시에는 오직 인민군이 제일이며(남조선 괴뢰도당과 미 제국 군대는 승냥이 탈을 쓴 강도로 어릴 적부터 배웠기 때문에), 일당백의 총 폭탄의 군대가 제일이고 민족의 태양 김정일 동지만을 믿고 움직이는 으뜸의 군대로만 생각해 왔었다.

여성 군인들은 청춘의 아름다운 시절을 군사 복무에 다 바치고 추운 겨울에도 찬 얼음 구멍에서 세탁을 하여 손발에 동상에 걸려 갖은 고생을 다했다. 중국에 와 보니 내가 살아왔던 현실이 얼마나 비극이었고, 불행한 삶을 살아왔는지를 알게 되었다. 나는 꽃다운 청춘을 다 포기하고 폭력적 권력 하에서 10년의 군사 복무를 종처럼 부림을 당했다. 또한 우리의 김정일 동지의 명령만 떨어지면 단숨에 달려가 미국 놈의 가슴팍에 폭탄을 안길 사상으로 무장 훈련도 받았다.

이 세상의 모든 젊은 사람들은 청춘의 날개를 마음껏 펴고 자유롭게 행복을 누리는 데 왜 조선 제도는 어둠만을 안고 한숨을 쉬며, 10년간의 군 복무도 모자라 다시 아내와 자식을 두고 고향 땅을 떠나 멀리 군대로 가야 하는가?

나는 군 복무를 마치고 사회생활을 하기 시작했지만 사회에 나오니 정말 살기가 막막하고 눈앞이 아찔했다. 모두가 허리띠를 졸라매고 살아야 하는 세상이 되었다. 학창 시절에(오늘은 사회주의지만) 레닌은 공산주의 나라가 되면 당의 품속에서 정말 우리는 행복한 인민의 낙원 세상이 된다고 배우며 자랐다. 그리고 늘 유치원 교육부터 공화국 어린이들은 아버지 장군님의 은덕으로 돈 한 푼 내지 않고 마음껏 공부하고 행복하게 자랐지만, 저 남조선 어린이들은 돈 한 푼 없어서 학교 문 앞에 가 보지도 못하고, 헐벗고 굶주리며, 구두닦이 소년 소녀로 불쌍하게 자라며, 미국놈들이 들어와 미 제국주의 식민지 노예 세상으로 살아서 저 북녘 하늘을 바라보며 장군 별을 우러러 흠모하며 살고 있다고 배우며 자랐다.

"나라에서 배움의 꽃 대문 활짝 열어 집을 주고 근심 모르고 나라에서 쌀을 주어 근심 모르니 아! 이제도 장군님 고마워라."고 노래 부르며 자랐다. 또 가는 곳마다 장군님의 존귀하신 영상이 있어서 매일같이 정성 걸레로 닦으며 하늘이 내신 분이시고, 당 시대에 장군님의 생전의 유훈대로 빼앗긴 조국을 다시 찾고 헐벗은 남조선 인민들을 구원하며 전 세계가 흠모하는 아버지 장군님을 더 잘 받들고 강성대국 건설을 위하여 한 목숨 받쳐 싸우자고 강요하고 있다.

그러나 지금 조선은 온 나라가 다 아는 불쌍한 나라가 되어 고난으로 굶주리고 살며, 상상을 초월하는 사람까지도 잡아먹는 지경까지 이르렸다. 사람마다 정신 상태는 고난의 행군 시기를 겪어 도덕성이 상실되었고 야만 사회가 되었다. 조선의 불쌍한 인민들은 한 독재 인간의 노예가 되게 했고, 인권을 유린하며 병든 불쌍한 세상으로 중독되고 있다.

나는 여기 중국에 와 있는 기간에 텔레비전을 통하여 날로 발전하는 자유 세계와 신앙인이 자유로운 삶을 살고 있는 남조선을 보며 충격과 감동을 받았다.

그런데 왜 우리 조선만은 우상화 된 지도자의 강압적 제도에서 움직이고 죽는 순간까지 이 조직의 틀에서 벗어나지 못하게 하는가? 이 제도야말로 악의 세상이며 지옥의 세상이다. 더욱 기가 막힌 것은 우리가 이렇게 고난의 행군을 하는 것만도 장군님이 계시기에 숨 쉬고 살아간다고 하는 것이다.

나는 죄 많은 그 땅에서 청춘의 희망과 인생의 행복을 다 짓밟히고, 눈먼 암흑의 세상에서 죄만 짓고 헛되게 살아왔다. 우리 모두는 오직 수령을 받드는 숭배, 이것이 우리 조국 인민들이 틀어쥐고 나가야 할 근본 요구라는 말씀을 주제로 교양 육성을 받아 왔다.

사악한 통치자는 어릴 때부터 세뇌 교육을 시켜 왔다. 불붙는 위험 속에 뛰어들어 죽는 순간까지 장군님 영상 초상화를 목숨으로 고수하고 그것을 지키면 시대의 영웅이며, 수령 장군님을 받드는 충성심은 언제나 순간마다 잊지 말고 살아야 한다는 것을 법칙으로 삼고 살아왔다. 이런 세상이야말로 악의 세상이고 눈먼 마귀 세상이요, 죄악으로 오염된 불쌍한 세상이다. 이런 나라가 바로 오늘의 "조선민주주의인민공화국"이다.

김정일의 막강한 권력을 위임받은 특별 검열대는 장사하는 인민들이 자유로이 장사를 못하게 하고 개인의 돈 가치가 많은 물건을 조금이라고 갖고 다니면 무상 몰수하여 현대 지주로 몰고 가혹한 처벌을 내린다. 하지만 국경 도시 변방을 비롯한 경비대의 군부 계통은 광범위한 밀수, 밀매로 타락한 군 생활을 하고 있으며, 권세 없고 돈 없는 평범한 인민들은 점점 험악해 가는 세상을 한탄하며 원망하고 있다.

나는 조국의 비참한 오늘의 현실을 보면서 조선은 왜 자유를 사랑하는 나라, 평화의 나라가 되지 못하고 이렇게 고통의 어둠속에서 살아야 하는지 고민하게 되었다. 정말 이 땅은 하나님 앞에, 역사 앞에 많은 죄를 짓고 산다는 것을 다시금 느끼면서 나 하나만이 아닌 탈북자들과 북한의 모든 인민들은 하루 속히 하나님 앞에 죄를 회개해야 한다. 만왕의 왕이시며, 구원자이신 주 예수님의 보혈로 깨끗함을 입어 새 생명, 새 인간으로 인생의 길에서 하나님의 사랑으로 구원받으며 하나님의 사랑 속에서 그 고마움으로 한시도 잊지 말고 살아야 한다는 것을 느꼈다. 따라서 죄에 빠져 살아가는 모든 자녀들이 마귀에 빠지는 인간이 되지 말고 그리스도의 복된 소식을 받아 살 수 있는 자녀로 성장하여 하나님의 품에서 사랑의 빛을 받아 행복하게 살아가야 된다고 각성하게 되었다.

나는 이렇게 외치고 싶다.

"모든 탈북자 동지여! 자기 민족을 지옥의 땅에 두고 온 동포 친지들을 한시라도 잊지 말고 그리스도의 나라로, 주님의 품속으로 인도하는 선봉대가 됩시다."

부름 받아 다시 태어난 나

구주이시며 만왕이시며 온 인류의 구세주 사랑의 예수님을 알게 된 것은 2003년 7월말 경에 북한 땅에서 친구 순복이를 통해서이다.

나는 그때 고향에 살면서 유치원과 인민학교, 중학교, 전문학교를 거쳐 교육받으며 살아왔기에 아직까지 들어 보지도 못한 살아 계시는 하나님과 주 예수님의 구세주 되심을 들으면서 보이지도 못한 하나님과 하늘 위에 하나님이 어떻게 지구상의 인간을 다스리며 이 땅과 하늘과 모든 자연 사물을 지으시고 운행하시는지 이해가 되지 않았다.

또한 우리가 배워 온 역사, 지리에서 인간이 원숭이로부터 진화했다는 것을 배워 늘 그렇게 믿었고, 하늘이 내신 만민의 위대한 태양, 전 세계에 위대한 어버이 김일성과 그의 후계자인 백전백승의 탁월한 영도자 김정일의 주체사상 하에서 그를 흠모하고 따르며 배워 왔기 때문에 생전에 이런 하나님과 주 예수님이 있다는 것이 너무도 희귀한 일로 생각하면서 귀신이 지금 내 앞에서 눈을 감고 점을 치는 것은 아닌가 하여 혼란스러웠다.

그리고 학창시절에 북한에서 『승냥이 선교사』라는 책도 직접 보았다. 그러던 나에게 전능하신 하나님께서 동무인 순복이를 통하여 오셔서 역사해 주실 줄 꿈에도 생각을 못했다. 나는 그 후부터 매일 밤 푸른 하늘을 바라보며 깊은 생각으로 하나님을 그려 보았다. '하나님은 이 세상의 영원한 사랑이시다.'라는 생각을 수없이 되새겨 보았다. 내 마음속에 하나님의 사랑이 서서히 자리가 잡히면서 하나님을 모르는 우리 동포들이 불쌍해지기 시작했다.

이 북한 인민들은 우상을 섬기며 영혼이 구원받지 못하고 눈이 먼 채 마귀 세상으로 추락하고 있고 천국과 지옥 심판이 있다는 확신이 들면서 나의 가슴이 요동치기 시작했다. 나는 친구로부터 비록 성경을 받아 보지 못했지만 친구가 알려 준 찬송가 "천부여 의지 없어서", "나의 갈길 다가도록"을 함께 부르면서 주님을 찾고 부르짖었다.

그 이전까지만 해도 오직 장군님의 고마운 은혜와 사랑의 품속에서 고맙다는 노래만 배웠는데 하나님 아버지 찬송을 들으니 더욱 주님의 품에 이끌려 젖어들었다. 그러던 중에 꿈속에서 신비한 체험도 했다. 두 그루의 소나무가 물소리 같은 소리를 내면서 하늘 위로 끝없이 올라가는 꿈이었다. 이 꿈은 나와 친구가 변함없는 소나무처럼 자라서 하나님의 부르심과 택하심을 받는다는 뜻으로 해석했다.

세계 어디나 그리스도의 복음이 꽃피는 데, 왜 조선 인민들은 이 세상의 만왕이시며 인간의 죄를 담당하신 구세주 예수를 모르고 있어야 하며 하나님 앞에 죄를 지어야 하는지 곰곰이 생각하게 되었다.

나는 비록 아담의 후손이기에 여전히 죄를 짓고 살지만, 예수님이 주시는 새 생명을 받아 인생의 전부를 전적으로 책임지시고, 주관하시고, 인도하시며, 하나님 아버지께 매달리면 능치 못할 일이 없다는 것을 알게 되었다. 이제 나도 하나님 아버지와 우리 주 예수님을 마음껏 찬양하고 천국을 그리며 신앙의 자유 세계에 가서 하나님과 예수님을 더 잘 알아서 구원의 소식을 동포들에게 전해야겠다는 결심을 하게 되었다.

친구와 나는 북조선을 떠나 중국으로 갈 것을 결의하고 많은 준비 기도를 했다. 우리는 날을 정하여 하나님의 품으로 가기 위해 정말 위험 속에 총구 속을 뚫고 죽으면 죽으리라는 믿음을 갖고 강가 옆 숲으로 들어가서 무릎을 꿇고 하나님께 강을 건너기 직전 온 힘을 다해 함께 기도했다.

이때 나의 마음속에 "내 자녀들아 담대하라. 아버지가 여기 있다. 어서 울지 말고 두려워하지 말고 일어서 길을 떠나라! 내가 하늘에서 지켜주고 인도하여 무사히 내 품에 안아 주리라. 나는 너희들을 푸른 소나무로 키우려고 한다."는 하나님의 음성이 들렸다.

나와 친구는 담대한 마음으로 칠흑 같은 밤 시간에 강물로 들어가 가슴까지 차는 압록강의 차디찬 물을 헤치며 건넜다. 마침내 몇 십 미터의 강을 건너 중국 쪽 강가에 당도했다. 우리가 마을 입구까지 가자면 약 30분 정도 큰 길 대로를 걸어야 했다. 그 대로에는 차들의 행렬과 불빛이 대낮같이 밝히고 있었다. 나와 친구는 다시 몸을 움츠리고 서로 손을 잡고 다시 기도했다.

"아버지 하나님, 죄 많은 지옥의 세상에서 어둠을 박차고 하나님 품으로 두 손을 들고 옵니다. 두 팔로 저희를 안아 주세요. 타향 만 리 도착했으니 연약한 저희를 불쌍히 여겨 주시고 마을 주둔지까지 가는 동안 차 한 대 없이 해 주시고 마을에 도착하면 개 짖는 소리가 없게 하여 주소서. 그리하여 주인집 아저씨가 저희들을 고발하지 않고 무사히 기쁘게 맞아 주도록 하여 주소서!"

우리가 이렇게 탈북을 감행할 수 있었던 것은 중국 하얼빈에 사는 친구 순복이 고모와 사전에 약속을 하고 날짜를 잡아놓았고, 우리가 도착해야 할 지점과 만나야 할 사람과 차량을 다 준비해 놓았기 때문이다. 친구는 몇 년 전에 중국으로 탈출하여 몇 개월 동안 성경 학습과 세례를 받고 조선으로 들어와 전도 활동을 하던 중에 나에게 전도를 하였고, 친구는 더 이상 조선에서 전도 활동하는 것이 어려워지고 보위부에서 감시를 받고 있기에 나와 함께 탈출을 도모한 것이었다. 이렇게 시작된 탈출이 이제 성공하기 위해서는 계획된 일들이 착오 없이 진행되어야 했다.

우리가 중국 쪽 강둑에 올라와 큰 도로를 거쳐 지정된 마을까지 가기 위해서는 중국의 경비대에 걸리지 말아야 했다. 군대 차가 순찰하다가 우리를 발견하면 모든 것이 다 수포로 돌아가는 것이었다. 그래서 우리들은 하나님께 그와 같이 기도를 한 것이었다. 그런데 정말 수없이 달리던 차들이 갑자기 끊겨 버렸다. 우리는 캄캄한 큰 도로를 활보하듯 걸어서 마을에 도착했다. 더욱 놀라운 것은 밤중에 인기척이 나면 개들도 짖기 마련인데 아무 소리도 들리지 않았다. 우리가 찾아간 집 주인이 우리를 반가이 맞아 주었다. 그분은 우리에게 따뜻한 식사를 차려 주었고 잠시 따뜻한 방에서 몸을 녹이도록 해 주었다. 그때 나는 이런 세상도 있나 하는 것이 신기했다. 몇 시간 후에 택시 한 대가 도착하여 우리를 태우고 밤길을 대로가 아닌 비포장 산길로 달렸다. 큰 길로 갈 경우 중국 경찰의 검문이 있기 때문이었다. 그 시간이 새벽 1시경이었다. 하늘의 수많은 뭇별들도 초롱초롱 줄지어 우리들을 반겨 주는 듯 했다. 택시가 달리는 길은 거의 험한 구불구불한 산길이었다.

이 택시는 이미 여러 차례에 걸쳐서 많은 탈북자들을 이 같은 방법으로 이 길을 따라 안전한 곳으로 운반해 주는 차였다. 몇 시간을 험한 산길을 통과하여 마침내 고속도로로 접어들었다. 우리 둘을 태운 차는 10시간 이상을 밤새 달려서 마침내 안전한 목적지인 하얼빈에 도착했다. 우리는 차에서 끊임없이 기도했고 찬송가를 불렀다.

우리가 도착한 도시는 엄청난 큰 도시였고 화려하기가 그지없었다. 나는 산골에서 올라온 촌뜨기 같았다. 대낮에 도착하여 모든 거리와 사람들과 상점의 모습이 신세계와도 같았다. 길거리의 사람들은 모두 밝고 활기에 차 있었다. 마치 우리 둘을 모든 사람들이 환영하고 반기는 듯했다. 그 택시는 우리를 깨끗한 아파트로 앞으로 인도하여 집으로 안내해 주었다. 그곳은 한국 선교사님 집이었다. 그 집에 들어서자 첫 눈에 띄는 것이 벽에 걸린 예수님의 십자가였다. 또 성경구절이 적혀 있는 족자가 또 눈에 들어왔다.

"나의 영혼이 여호와 주를 우러러 보나이다. 할렐루야 아멘."

조선 같으면 방에 두 개의 초상화 사진이 걸려 있어야 하는데, 십자가와 성경 말씀이 보여서 이상하게 보이기도 했다. 북한 땅은 오직 한 사람만을 경외하고 사는데 여기는 모든 자녀가 한 가정이 되어 진정으로 기쁨과 순전한 마음으로 하나님께 찬미하니 다시 한 번 큰 감동을 금할 수가 없었다. 하나님께서는 정녕 어디를 가든지 우리와 함께하셨다.

오늘 중국 땅에 와서 모든 것을 체험해 보니 내가 살았던 북한의 장군님 품과 낳아 준 어머니 품은 지으시고 만드신 하나님의 품을 대신해 줄 수 없으며, 이 세상에 인간들이 사는 동안에 하나님과 우리 주 예수님의 사랑 외에는 영원하고도 진정한 사랑이 있을 수 없음을 깨달았다. 인간이 하나님을 제쳐 놓고 인간을 향한 경외심이나 애정도 우상이라는 점도 깨닫게 되었다. 나는 하나님을 더 잘 알고 싶었고 주님 곧 그리스도의 복된 소식을 더 잘 알아 하나님의 능력을 힘입어 북한의 동포들을 살리고 싶었다.

나는 그날 밤 잠을 못 이루고 북녘 하늘을 바라보며 하나님의 사랑에 목이 메었다. 30년의 귀한 시절을 암흑의 세상에서 지옥의 생활을 하고 제멋대로 고집하며 나쁜 짓과 못할 짓을 다 저지른 나를 하나님께서는 중국 땅으로 인도하셔서 천국의 구원을 입은 영혼으로 새롭게 해 주셨다. 나는 그 순간부터 아버지의 자녀로, 어린 양이 되어 기도와 찬양으로 흑암의 세상 옷을 벗어 버리고 그들과 한 가정, 한 형제가 되어 행복의 기쁨을 느끼며 생활하게 되었다. 정말 꿈만 같았다. 이런 행복감을 어디에서 얻을 것인가. 오직 천상천하에 한 분밖에 없는 예수 그리스도만이 나의 구원자가 되시고 영원한 목자임을 영원토록 고백한다.

소원 기도

저를 영원토록 사랑하시는 하나님 아버지 감사합니다.

주님의 사랑의 보혈 속에 주님의 자녀로 성장하여 행복과 기쁨을 누리게 하시고, 경건한 마음으로 다시 태어난 이 몸이 오늘도 주님의 말씀을 통하여 하나님께 기쁨을 드릴 수 있는 날들로 돌려 주심을 감사합니다.

귀하신 주님, 거룩하신 주님, 사랑이 되어 주신 주님, 괴로운 인생 가운데에 한 우상만 섬기며 살아온 저를 불러 사랑으로 안아주신 주님. 앞날에 저의 생명이 되시어 언제나 저희들 가는 길에 힘이 되시고 승리가 되어 주십시오.

만복의 근원이시며 사랑의 아버지가 되신 주님, 그 나라 가기까지 주님의 은혜와 믿음 받아 불같은 성령님의 도움으로 그 어떤 슬픔의 고난이 닥쳐도 굴하지 않는 빛의 사자가 되어 꼭 주님의 훌륭한 자녀로 자라도록 강건함을 주십시오. 주님의 거룩하신 손으로 분단된 조국을 하나의 통일된 조선으로 만드시는 놀라운 기적을 창조하여 주십시오.

이 몸이 하나님 아버지의 은총과 주님의 뜻 깊이 깨달아 세상 풍파 속에서 고통에 멍든 조국을 자유의 나라, 눈물 없는 천국의 나라로 만들어 하루 빨리 그 나라에 사랑하는 부모, 형제에게 주님의 복음을 전할 수 있는 지혜롭고 총명한 훌륭한 자녀로 성장할 수 있기를 간절히 기도드립니다.

사랑하는 주님께서 자유의 나라, 신앙의 나라인 남한 땅에 가서 하나님의 복음 제단에서 지식을 더 많이 쌓아 주님께서 기뻐하시는 자녀로 성장하여 조국에 돌아가 모든 동포에게 하나님의 풍성한 복음을 전파하여 하나님 아버지께 기쁨을 드리겠습니다.

나를 구원하신 예수님의 이름으로 기도드립니다. 아멘!

죽음의 불구덩이에서 나를 건져 내신 하나님

_박철남

이 글은 중국 측 백두산에서 북한의 지하 성도들을 양육하는 지도자의 간증이다. 그는 2002년 북한에서 불의의 교통사고를 저지르고 처벌이 두려워 중국 내 백두산으로 도망하여 산중에 거하던 중에 북한 지하 교회의 동지들을 만나게 되어 전도를 받고 예수를 믿은 후 성경과 기독교 서적을 독학으로 통독하여 성경을 알게 되었다. 그 후에 북한 내의 지하 성도들과 연계를 갖고 일 년에 몇 차례씩 들어오는 그들을 상대로 전도와 양육을 하는 귀한 사역을 하고 있는 사역자이다.

그는 가족을 만나러 북한에 들어갔다가 체포되어 갖은 고문과 시련을 겪던 중에 지하 교회 조직원 중 보위부 계통의 동지의 도움으로 기적적으로 다시 중국으로 탈출하여 사역을 다시 하게 되었다. 지금까지도 북한의 복음화를 위해 이름도 빛도 없이 하나님께 쓰임 받고 있는 그 형제가 인편을 통해 보내 온 간략한 육필 간증이다.

죽음의 문턱에서 일어난 기적

내가 지금 살아 있다는 사실이 스스로도 믿어지지 않고 있다. 왜냐하면 난 지난 몇 달간 죽음의 문턱에서 헤매던 사람이었기 때문이다. 지금 생각하면 이미 먼저 천국에 간 믿음의 선배들이 "죽음 그 자체가 무서운 것이 아니지만 고문의 고통은 참으로 무서운 것이다."라고 말하던 말이 사실임을 깨닫게 되었다. 왜냐하면 나도 그런 무서운 고통을 당하니 참으로 무서운 것은 죽음보다도 짐승보다 더 잔악한 북한의 보위부원들의 고문 행위로 인한 고통이었다.

2004년, 내가 북한의 보위부에 체포되기까지 난 죽음을 무서워하지 않는 강철 같은 사람이라고 자처하며 참으로 무서운 것이 없이 중국의 백두산 산야를 누비며 기도회에서 준 전도의 임무를 수행하여 왔다. 이 산에서 저 산으로 다니며 보람있고, 때로는 재미를 느끼며 북에서 탈북한 사람들과 기도회에서 소개해 준 사람들을 전도, 양육하여 조직을 세우는 일을 손수 나서서 진행하여 왔다. 그리하여 근 4년 기간 동안 수백 명의 탈북자들과 조선 형제에게 예수님을 구세주로 영접시켜 북조선에 다시 보냈다.

2005년 2월, 음력 설을 앞두고 조선 고향에 두고 온 여덟 살 난 아들이 너무 보고 싶어 동지회 책임자의 만류에도 국경을 넘어 조선 땅에 들어갔다. 그런데 이 길이 나를 죽음보다 더 무서운 고통 속에 처넣을 줄이야 꿈에도 생각 못했다. 내가 북조선 국경을 넘어서 국경과 접하고 있는 도로를 걸어가는데 갑자기 변복한 사람들 대여섯 명이 눈 무더기 뒤에서 나타났다. 나는 도망하지도 못하고 바로 족쇄에 채워져서 수사 기관으로 호송되었다.

나중에 안 일이지만 북조선 보위부에서는 내 행방을 이미 알고 잡으려고 벼르고 있었다. 단지 내가 중국 국경 내에 들어가 있었기에 그들이 잡으러 오지 못한 것이었다. 아마 나에게 전도 받고 양육 받은 사람 가운데 위장한 정탐꾼이 내 정보를 제공한 것 같았다. 내가 다시 조선으로 넘어 올 그 당시에는 탈북자들이 많아 한밤중에도 감시와 순찰이 심했다. 체포되었을 때 덮친 사람들은 군 경비대였다. 나는 체포된 즉시 그들에게 발길질과 주먹질을 당했다. 나는 거의 반은 죽은 상태에서 탈북자들을 가두는 감방에 던져졌다. 그곳에는 이미 여러 명의 탈북자들이 구금되어 있었다.

얼마 후에 밖에서 지프차 엔진 소리가 들리더니 여러 명의 사복 차림의 사람들이 내가 잡혀 있는 감방에 들어왔다. 나를 향해 다짜고짜 "이

악질 반동 새끼야! 너 이제야 우리 그물에 걸려 들었어."라며 무차별하게 전기 충격봉으로 마구 폭행을 했다. 나는 실신된 상태에서 그들이 몰고 온 지프차에 실려 보위부 차디찬 독방으로 옮겨졌다. 이 감방은 차라리 얼음 덩어리 속이나 마찬가지였다. 나는 얼굴과 머리에서 피가 범벅이 되었고 어혈로 온몸이 불덩어리 같이 달아올랐다. 뿐만 아니라 오한으로 온몸이 얼마나 떨리는지 구역질도 났다.

그 순간 "아! 이제 나는 천국에 갈 시간이 되었구나."라는 생각이 들었다. 본능적으로 이런 생각 중에 이제 마지막 기도를 하나님께 드려야겠다는 생각에 이렇게 기도했다.

"하나님! 잡혀서 이렇게 조금 얻어맞은 것도 이다지 고통스러운데 저들이 나를 죽이지도 않고 잔악스런 고문으로 고통을 준다면 난 정말 참을 수 없을 겁니다. 그러니 나의 생명을 가져가시려면 저들이 휘두르는 한 주먹에 맞아 죽게 하소서."

내가 이런 기도를 정신없이 하는 중에도 무릎을 꿇고 오열과 추위로 덜덜 떨며 기도하고 있었다. 그런데 감방 안에 정복을 입은 보위원 한 사람이 들어와 "내가 너의 예심을 담당한 책임 예심원이야."라며 자기를 소개하는 것이었다. 그러더니 도무지 믿어지지 않는 이야기를 해 주는 것이었다.

"네가 죽지 않고 살아남으려면 죽어도 죄가 없다고 버텨야 해. 네가 4년 전에 운전수로 있을 때 밤중에 운전을 하다 군인을 차로 깔아 죽인 사실과 중국으로 도망하여 산중에서 먹고 살기 위해 약초 캐며 생업만 했다고 고백하고 백두산 산중에서 기독교 활동한 것은 일체 말하면 안 돼."

나는 그의 말이 믿어지지 않았고 이건 도대체 무슨 놈의 귀신의 홀림 수작인지 도무지 정신을 차릴 수가 없었고 혼란해졌다. 사실 그 말이 내가 살아남을 수 있는 유일한 길이기도 했다. 나는 이런 생각까지 해 보았다.

'혹시 하나님께서 나를 살리시려고 저 사람을 보낸 것이 아닌가? 저 사람이 혹시 사람이 아니라 사도 베드로에게 나타났던 천사가 아닌가?'

정신을 가다듬고 그 사람을 쳐다보니 나의 어깨를 툭 치며 힘내라고 하고는 감방을 나가는 것이었다.

"허참, 이상타. 저 사람이 천사가 아니면 나와 같은 반동인가?"

이런 생각을 하고 있는데 얼마 후에 3명의 보위부원이 오더니 취조실로 끌고 갔다. 드디어 취조가 시작되었는데 이들은 딱 세 가지만 반복하며 따졌다.

"중국에서 몇 명의 미국 첩자들을 접촉했는가?"

"이들에게 어떠한 북조선의 정보를 제공했는가?"

"남조선 사람들과는 몇 명과 연계를 가지고 있는가?"

한 사람이 물으면 또 한 사람이 연속하여 묻는데 도무지 끝이 없었다. 이 세 가지의 물음이 계속 반복되자 어지간히 신경질이 나기에 감정적으로 대꾸했다.

"난 그런 사람들과 연계를 가져본 적도 없고 그 사람들이 나같이 산중에 약초나 캐서 근근이 살아가는 사람에게 관심이 있겠습니까? 그런 사람들이 관심이 있다면 당신같이 높은 사람들에게 관심이 있지 않겠소?"

그들 중 책임 있는 사람이 나를 뚫어지게 바라보더니 말했다.

"저 새끼! 말로 해서는 아가리를 전혀 벌릴 것 같지 않아, 프로 독재의 주먹 맛을 좀 보여 주라우!"

곧바로 나를 정말 고문장으로 끌고 갔다. 고문장으로 끌려 간 나는 의자에 손발을 묶고 똑같은 말을 물었다. 그들의 반복된 물음에 나는 더 이상 말문을 열지 않자, 그 두 사람은 감정이 격해졌는지 험악한 말을 해 대었다.

"야! 이 새끼야! 우리 말이 말같이 들리지 않니?"

어디서 주워들었는지 단단한 마른 장작으로 머리를 사정없이 내리쳤다. 두 번째 몽둥이로 맞는 순간 머릿속에서 '땡' 하는 피아노 소리가 났다. 그 순간 정신을 잃어버렸다. 하나님께서는 얼마나 나의 기도에 잘도 응답해 주셨는지 심문이 시작된 지 두 시간도 안 되어 육신의 고통도 잃어버리고 천국의 세계로 간 것이었다. 나는 그 상태에서 영원히 천국에 갔으면 더 좋았을 텐데, 잠시 후에 하나님께서는 정신을 차리게 했다. 그 다음부터는 고문보다 더 무서운 고통이 나에게 가해지는 것이었다.

세차게 내려쳐진 장작에 맞아 부서진 머리뼈가 얼마나 쑤시고 아픈

지 도무지 인간의 의지로는 견딜 수가 없었다. 심문하던 한 사람이 체온계로 나의 체온을 재었다. 그들은 내가 고열 상태인 것을 확인하고는 더 이상 고문을 안했다.

"아! 하나님이 나를 천국에 데려가시려면 정신을 잃었을 때 데려가실 것이지 왜 나를 정신이 돌아오게 하셔서 이런 고통을 주시는가? 이래도 죽고 저래도 죽겠는데 어찌 될 것인가?"

이런 생각으로 고통의 순간순간을 참아 가는데, 감방이 너무 추워 머리뼈가 부서져 상처 난 곳에 동상까지 입어 정말이지 너무도 고통스러웠다.

그렇게 며칠을 지내는데 보위원들이 들어와 나를 병원으로 데리고 갔다. 그곳에서 두개골 수술을 받았는데 실제로 보위부에서는 나를 죽이지 못해 수술을 해 주었는데, 하나님이 수술을 진행하는 의사의 손과 함께하시니 예상외로 수술이 잘 진행되어 차츰 건강이 회복되어 상급 기관이 양강도 보안국으로 이송되었다. 이송 후 얼마 안 되어 재판을 받았다. 형량은 징역 6년형이었다.

재판을 받은 후 보안국에서는 머리 상처가 아물지 않았기에 나를 병원에 입원시켰다. 몇 주가 지나자 나를 감시하던 계호원들도 병원에 나타나지 않더니, 어느 날 어떤 초면의 사람이 와서 지프차가 밖에 와 있으니 나가 보라고 했다. 내 생각에는 보안국에서 이제 감옥소로 데리고 가려고 온 것이라고 생각했다. 밖에 나가 보니 군인용 지프차가 기다리고 있었다. 그중에 한 사람이 나를 차에 태우더니 점차 외진 중국과 북조선 접경 지역인 강둑 길로 달렸다.

갑자기 한적한 곳에 차를 세우더니 "강을 건너 도망할 만한가?"라고 내 귀를 의심케 하는 말을 하는 것이었다. 아니 죽어도 도망해야 할 판국에 도망할 수 있냐고 물으니 믿을 수가 없었다. 즉시 대답했다.

"놔 주시기만 하면 강을 건너가겠습니다."

그들은 나를 차에서 내려놓더니, 그들은 오히려 도망하듯 먼지를 피우면서 시야에서 사라졌다. 나는 마치 뭐에 홀린 듯 어디서 그런 힘이 솟아났는지 얼음이 언 압록강을 즉시 건너 중국 측 산중으로 몸을 숨겼다. 이는 정말 하나님께서 홀연히 엘리야 선지자를 하늘로 올리시어 데려간 것 같은 신기한 일이었다.

나중에 안 일이었지만 이런 일이 가능했던 것은 지하 성도들의 기도와 조직원 중에 힘을 쓸 수 있는 믿음의 고위 간부가 개입하여 기적적으로 이루어진 구출 작전이었다. 하나님께서는 나에게 하나님의 나라를 조선에 널리 펼치라고 다시 기회를 주신 것이었다.

인간의 능력을 초월하셔서 일하시는 하나님 아버지께 찬양과 영광을 올립니다. 아멘!

자생적 북한 지하 성도의 102명 처형과 그 외 사례

남포 지하 성도들의 순교: 월간조선

우리 가문의 신앙생활과 지하 교회: 조선일보

안악군 86명의 지하 교회 수난: 조선일보

남포 지하 성도들의 순교

출처: 월간조선

남포 주민들이 극동방송 설교 듣고 예수 믿어, 2005년 4월 체포되어 고문 받으면서 신앙을 지켰고 정오 사이렌 소리에 감방에서 일제히 주기도문 암송.

한국에서 송출하는 기독교 라디오 방송인 제주 극동방송을 듣고 예수를 알고 믿게 된 평안남도 남포시 주민 102명이 2년여의 신앙생활 끝에 체포되어 한꺼번에 비밀리에 처형되거나 요덕 수용소에 강제 수용된 사건이 지난 2005년 4월에 일어난 것으로 밝혀졌다.

자생적으로 생겨난 이 지하 교회에 출석한 한 대학생이 성경에 대해 말하는 것을 우연히 엿들은 남포시 보안서 소속의 한 안전소조원에 의해 처음 고발된 이 사건은 김정일에게 보고되었으며 중앙에서 정치 책임자까지 파견하여 1년여에 걸친 비밀 수사 끝에 전모가 밝혀져 관련자 102

명이 모두 체포된 북한 최대의 지하 교회 사건이었다.

이 기독교인들은 모두 남포 보안서 구류장에 구금되었는데 당시 이들의 두려움 없는 믿음은 보안서 사람들을 한동안 깜짝 놀라게 했다고 한다. 낮 12시가 되면 정오를 알리는 사이렌 소리가 시 전체에 울렸는데 이때 감방에 있던 이들이 일제히 일어나 큰 소리로 주기도문을 암송했다고 한다. 처음에는 보안요원들이 소총 개머리판으로 그들을 피투성이가 되도록 두들겨 팼지만 무엇으로도 이 기도를 막을 수 없었다고 했다.

보안서에서는 이들 102명 가운데 40명은 예수를 믿는다는 실제적 이유를 일반 주민들에게는 숨기고 남한 녹화물을 불법으로 시청했다는 구실을 달아 비밀리에 총살형에 처해졌으며 나머지 62명은 정치범 수용소인 요덕 15관리소로 보내져 현재 아무도 그 생사를 알 길이 없다.

이러한 사실은 지난 10일 조선일보 기자를 만난 북한 안전부 출신인 탈북민(40)에 의해 처음 알려졌는데, 그는 기밀 문건으로 분류된 이 사건의 보고서를 직접 열람한 적이 있으며, 상부에 업무 보고차 출장 온 남포 출신의 한 보안 요원으로부터 이 사실을 확인했다고 한다.

그렇다면 이 사건은 북한에서 기독교 복음이 지도자가 없이도 순수한 방송 청취로만 전해질 수 있음을 보여 주었을 뿐 아니라 외부와 단절된 북한 사람들에게는 성경 말씀이 마치 폭탄과 같은 위력을 지녔음을 보여 준 실제적인 증거이기도 해서 더욱 주목된다.

이 사건의 발단은 2003년 남포시 주민인 50대의 한 남자에 의해 시작됐다. 성씨가 김 씨로만 알려진 이 남자는 우연한 기회에 극동방송의 설교를 접하게 되었는데 그 내용을 기록하여 나중에 무려 700페이지에 이르는 방대한 분량이 되었다고 한다. 또 그는 어디에선가 성경을 구해서 기록한 내용과 비교하며 5개월간 연구한 끝에 성경책의 거의 대부분을 이해할 수 있었고, 나아가서 깊은 영적 공감을 갖게 되면서 말할 수 없는 기쁨을 느꼈다고 한다. 다시 말해서 그는 성령의 감동으로 예수님의 은혜를 체험할 수 있었던 것이다.

마침내 그는 믿음의 확신을 가지고 자신의 아내와 20대의 두 아들에게도 그 내용을 전했다. 그리고 가까운 친척과 친구와 이웃들에게 그가 아는 성경 이야기를 전했다고 한다. 말하자면 그는 전도를 한 것이다. 그러나 결정적인 순간까지 그는 성경이라든지 예수 그리스도의 복음이라는 이야기는 전혀 하지 않았다고 한다. 그의 말을 들은 사람들이 "그런데 세상에 우리 앞길을 밝혀 주는 이와 같은 진리가 있느냐?"고 물으면서 모두가 "이런 진리는 처음이다."라고 하면서 놀라워했다고 한다. 그런 이야기를 들은 사람들은 그것이 기독교의 복음인 줄 모르고 깊이 공감했던 것이다. 기독교 복음을 철학의 일종으로 전했기 때문에 사람들은 부담 없이 접했고 쉽게 받아들인 것이다. 복음에 공감하고 감동받은 사람들이 다시 복음을 전하면서 몇 달 사이에 기독교인들은 무려 50명을 넘어섰다.

그 무렵 그 남자는 자신이 말하는 내용이 바로 성경임을 고백했는데, 이미 깊이 하나님의 은혜에 젖은 그들은 공개 총살형까지 몰고 올 무서운 성경이라는 사실에도 그 신앙을 포기하지 않았다고 한다. 이미 그들은 사도행전에 나온 초대교회 성도들처럼 서로 돕고 의지하고 나누는 믿음의 공동체를 이루고 있었다고 한다. 그리고 그들은 방송 청취 시설을 대담하게 설치하고 극동방송을 함께 들었다고 한다.

이런 일이 엄청난 파문과 파급 효과를 가져왔고 마침내 지하 교인이 100여 명을 넘어서게 했다. 전도자도, 목회자도 없었지만 믿음을 가진 한 남자에 의해 인도된 이 모임은 전정한 교회의 역할을 다했으며 교회의 전통이 끊어진 오늘 날에 북한 지하 교회를 다시 회복시킨 놀라운 전형적인 모델이라 할 만하다.

총살형에 처형됐거나 정치범 수용소로 추방된 102명의 기독교인들은 신앙의 자유를 탄압한 김정일 정권에 의해 희생된 남포 지역의 '북한 기독교 순교자'들로 한국교회사에 기록되어야 하고 뜻 있는 한국 교회들이 나서서 그들의 불굴의 신앙과 순교를 기리는 별도의 추모행사를 가져야 한다는 평가이다.

이 사건 이후 김정일 정권은 성경의 부패성과 반동성을 전하는 일에 열을 올렸으며 성경의 위험을 알리는 각종 강연 행사를 강화시켰다고 한다. 그들은 성경의 피해 사례를 날조 가공하여 한 가족의 죽은 이야기를 들었다. 그 내용은 다음과 같다.

"당신네 가족이 잘 살기 위해 온 가족이 폭포에서 뛰어내려라. 그러면 하나님이 받아 주시기 때문에 죽지 않고 하나님을 만날 수 있다는 말에 여섯 식구가 뛰어 내렸는데, 셋째 아들은 거부하여 살아났다."며 성경을 퇴폐적인 책으로 일반 주민들에게 선전했다고 한다.

그러나 북한의 종교 탄압에도 40만 명의 기독교 신자들이 북한에 있는 것으로 "오픈도어 인터내셔날"이 최근 자유아시아 방송을 통해 밝혔다.

최근 북한을 방문하고 돌아온 "오픈도어선교회" 아시아 책임자 첼링 씨는 "북한 기독교인 중 최소 5만 명에서 10만 명의 기독교인들이 전역에 흩어진 강제 수용소에서 신음하고 있다."며 이들을 구하도록 북한 정부에 압력을 가해야 한다고 했다. 그는 덧붙여서 특히 중국과 북한의 국경 지역인 압록강과 두만강을 통해 많은 성경이 밀반입되고 있는데, 북한 주민들 사이에 "경제와 문화가 발전한 나라일수록 성경을 많이 읽는다."는 소문이 번지면서 성경과 기독교 신앙에 대한 관심이 더해지고 있다고 했다.

지금 이 순간도 압록강과 두만강 접경을 통해 많은 성경과 라디오 및 영상 매체와 한국의 드라마와 영화, 노래 등이 암암리에 밀반입되고 있으며 중국과 러시아 등에 입국했던 저들이 외국에서 위성 텔레비전과 인터넷을 통해 기독교를 접하고 회심하고 들어가는 북한인들도 상당수가 있다. 또 북한 내에서는 황해도와 서해와 동해의 연안 지역 주민들은 한국의 라디오와 텔레비전 방송을 상당수가 많이 접하고 있는 것으로 확인되었다.

이제는 북한의 간부급들과 일반 주민들이 이전보다 더 많이 영상 매체들을 많이 접하고 라디오를 들음으로 저들에게 바람처럼 불어오는 종교. 문화 등의 정보에 의해 반세기 가까이 세뇌되었던 사상과 생각이 서서히 변하고 있는 것이 사실이다. 이는 최근에 한국에 들어온 2만 명 이상의 탈북민들을 통해 확인된 바 있다. 지구상에 유일하게 썩은 고목같이 버티고 있는 북한의 독재 체제도 붕괴될 날이 서서히 다가오고 있다는 것은 이제 부인할 수 없게 되었다.

우리 가문의 신앙생활과 지하 교회

출처: 조선일보

어머니께서 옛날 노래라며 남몰래 찬송가를 가르쳐 주셨죠.

내가 태어나서 자란 평양북도 피현군은 선천, 평양, 의주와 더불어 해방 전까지 기독교인이 많기로 유명한 곳이었다. 거의 모든 군민이 기독교인이었다고 해도 과언이 아닐 정도였다. 아버지는 기독교 장로였고, 어머니는 1971년 돌아가시는 날까지 꿋꿋이 신앙을 지켰다.

어머니는 새벽 1-2시면 어김없이 일어나 이불 속에서 기도하셨다. 해방 직후 남으로 내려간 아버지를 다시 만날 수 있는 길은 통일밖에 없다고 믿으셨기 때문에 평화 통일을 향한 염원은 빠지지 않는 기도 제목이었다.

나는 넷째 딸이었지만 결혼 후에도 어머니를 모시고 함께 살았던 덕분에 신앙을 이어받을 수 있었다. 내가 북한에서 마지막으로 성경을 본 것은 1947년이었다. 당시 북한 당국은 기독교인 집안을 수색해 성경과 찬송가 등을 압수했다. 그 후로부터 어머니는 구전으로 찬송과 성경을 익혔다. 1966년 중국으로 와서 50여 년 만에 성경과 찬송을 다시 볼 수 있었다. 그러나 그 내용은 대부분 머릿속에 들어 있었다. 내가 모르는 찬송가는 거의 한 곡도 없을 정도였다. 내 아이들도 그렇게 신앙을 이어받았다. "달고 오묘한 그 말씀"으로 시작되는 찬송을 들려주면 아이들은 "사탕과자도 아닌데 어째서 말씀이 달다는 거냐." 묻기도 하면서 자연스럽게 배워 나갔다.

가끔 기독교인들이 어디 어디서 발각되어 처형되었다는 소문을 듣기도 했다. 두려움 속에서도 우리는 사람들이 없는 틈에 찬송가를 불렀다. 찬송가는 "산타루치아"나 "돌아오라 소렌토로" 등의 가곡과 함께 부르기도 했다. 학교에서는 배운 적이 없는 이런 노래들을 아이들도 좋아했다. 아련한 그리움을 일으키는 이런 금지곡을 우리는 "옛날 노래"라 불렀다. 아이들에게는 찬송가도 처음에는 '옛날 노래'라며 가르쳤다. 아이들은 '옛날 노래'를 바깥에서 부르면 안 된다는 사실을 잘 알고 있었다.

나의 남편은 기독교 신자가 아니었지만 1987년경 믿음을 갖게 되었다. 그가 하루는 내게 기도하는 법을 가르쳐 달라는 것이었다. 친정어머니가 돌아가시면서 남편에게 "살다 보면 어려운 일이 있다. 그럴 때 하나님께 기도하라."고 했던 것이 생각났다고 했다. 나중에 그 영문을 알았다.

북한에서는 출근해서 제일 먼저 해야 하는 일이 김일성, 김정일의 초상화를 닦는 "정성 사업"이다. 이 일을 하다가 남편은 그 초상화를 떨어뜨려 깨진 것이다. 북한에서는 이보다 무서운 일은 없다.

새파랗게 질린 남편은 비로소 하나님께 기도했다. 기적 같은 일이 일어나서 남편은 무사할 수 있었다. 그때 마침 남편이 근무하는 병원에 검열대가 갑자기 닥쳐 15일간 검열을 받느라 당 비서가 남편의 조치를 잊고 넘어간 것이었다. 10대 원칙 위반의 경우 3일 안에 조치가 취해지지 않으면 당 비서도 문책을 받게 되어 있어 아예 없었던 일로 하기로 한 것이었다.

1990년대에 들어서 얼마간 숨통이 트였다. 김일성 주석이 갑자기 사망하고 고난의 행군으로 수많은 사람들이 굶어 죽고, 탈북 행렬이 이어지는 시기였다. 그로 인해 나라의 통제가 약해진 것이었다. 우리 가족은 이웃 중에 서로 믿을 수 있는 사람들과 함께 모여 예배를 드렸다. 성경이 없으니 십계명을 외워 설교를 대신했다. 몇 사람이 비밀리에 모여 앉아 소박한 예배를 드리는 이 모임이 바깥에서 말하는 북한의 지하 교회인 셈이다.

가까운 사람들 중에는 남한의 극동방송을 몰래 듣는 이들이 생겨나기도 했다. 우리 집에는 단파 라디오가 없어 한 친구에게 성경 말씀을 좀 적어 달라고 부탁한 적도 있었다. 그러나 글로 적어 남기는 것은 너무도 위험한 일이었다. 친구는 성경구절을 받아 적은 쪽지를 돌돌 말아 머리카

락 속에 넣고 모자를 눌러쓰고 와서는 구절을 읽어 보게 했다. 읽고 난 종이는 불에 태워 없앴다. 얼른 보고 태워 버린 그 깨알 같은 성경구절들은 영원히 내 마음속에서 지워지지 않았다.

나는 1997년 남편과 함께 한국으로 왔다. 북한에서는 여전히 많은 기독교인들이 탄압받고 있다는 소식이 들린다. 어머니는 살아생전에 "김일성 집안도 독실하게 기독교를 믿는 집안이었는데 왜 저리 탄압하는지 모르겠다."고 한탄하셨다. 많은 사람들이 북한 땅에서 신앙의 자유를 갈망하고 있다. 그들에게 빛이 비쳐지기를 지금도 쉬지 않고 기도드린다.

안악군 86명의 지하 교회 수난

출처: 조선일보

1990년대 초 황해남도 안악군에서 86명의 지하 기독교인들이 국가안전보위부에 발각되어 일부는 처형되고 나머지는 정치범 수용소에 갇힌 사건이 있었다고 탈북한 보위부 출신의 이민수 씨가 밝혔다.

보위부 내에서 "황해도 사건"으로 불리는 이 일은 근래 보기 드문 대규모 지하 교회 탄압 사건이다. 이 사건의 전모는 1996년 보위부 내부 비밀 강연 자료에 상세히 밝혀져 보위원들이 참고했으며, 체포에 공로를 세운 보위부 비밀정보원의 육성 녹음테이프도 들을 수 있었다고 한다.

이 사건의 전말은 이러하다. 당시 보위부에서는 남한의 악질 목사들이 성경책을 밀반입 시켜 북한 내부를 끊임없이 파고들고 있다는 첩보를 입수했지만 단서를 잡지 못해 혈안이 되었다. 수십 년 보위부에서 잔뼈가 굵은 여성 보위위원이 갑자기 다리 관절에 이상이 생겨 더 이상 걸을 수 없게 되자, 김일성대학을 졸업한 27세의 딸을 정보원으로 끌어들여 사건을 파헤치기 시작했다. 그는 안악군에서 의심이 가는 지하 교인에게 접근해 그에게 전도당하는 것처럼 위장해 침투했다. 교인들에게 신임을 얻기 위해 김일성 초상화도 잘 달지 않았다.

보위원의 딸은 오랜 기간 공을 들인 끝에 지하 교인들의 예배장소에 들어가는 데에 성공했다. 교인들은 어두운 지하실에서 서로 얼굴을 쳐다보지 않고 예배 전에 차례로 자기소개를 했다. 어디에 사는 누구고 어떻게 하나님을 믿게 됐고 등등, 이 이야기를 비밀 보위원은 모두 머릿속에 담았다. 86명의 신상 명세를 전부 외울 만큼 그녀의 기억력은 비상했다.

결국 그녀의 보고로 그 비밀 교회는 무너졌다. 그녀는 비밀 정보원에서 정식 보위부지도원으로 승격됐고 최고 훈장인 노력 영웅 메달까지 받았다.

부록

북한 유학생과 독일 여대생의 7년의 사랑, 반세기 이별

출처: 중앙일보

편집: 강석진

오늘은 기차가 모스크바 역에서 여러 시간을 정차하기에
역에서 엽서를 구할 수 있었소.
그동안 당신에게 나의 마음을 전하기 위해 무던히도 애썼지만
소식을 전할 길이 없었소.
당신의 손을 놓은 지 이틀이 되었는데
아직도 내 마음은 베를린 역에서 당신의 손을 잡고 있는 듯하오.
기차가 당신과 나를 멀리 떨어지게 했으나,
오히려 나의 마음은 당신에게 더 가까이 가고 있음을
알아주길 바라오.

들어가는 말

1955년 분단된 동독에서 독일 여대생 '레나타'와 북한 유학생 '홍옥근' 두 사람은 캠퍼스 연인이 되어 결혼하고 아이까지 낳아 가정을 이루었다. 그러나 1961년 홍옥근은 당국의 급작스런 귀국 명령을 받아 이들은 생이별을 하게 되었고 두 아들과 독일에 남게 된 그의 아내는 반세기 가깝게 이별된 상태에서 슬픔과 그리움을 온몸으로 겪으며 반세기 가깝게 살아왔다.

그 후 1989년 동, 서독이 통일이 되자 다시 희망을 갖고 편지 왕래와 재회를 하기 위해 몸부림치던 끝에 마침내 독일 정부의 적극적인 개입으로 성사되어 성년이 된 두 아들을 데리고 2008년 평양을 방문하여 반세기 만에 평생을 그리며 살아온 남편과 극적인 상봉을 이루게 되었다. 그러한 상봉이 성사되기 전 이 이야기가 독일의 신문과 방송에 소개되었고 후에는 한국에도 알려지면서 드라마보다 더 극적인 이 눈물겨운 사연이 중앙일보에 여러 차례에 걸쳐서 소개된 바 있었다.

이 기사에 큰 감동과 아픔을 느낀 필자는 이보다 더한 무수한 남북 간의 이산가족들의 고통을 몸소 보아 왔기에 이들의 상봉에 부러움과 남과 북의 통일 가능성을 생각하면서 그 기사를 스크랩해 두었다.

필자는 이번에 북한 성도들의 순교 사례와 신앙의 정절을 지키며 살아가는 신앙인들의 삶을 책으로 엮으면서 그동안 보관해 두었던 이 자료를 소개하고자 한다. 남과 북에 아직 생존해 있는 이산가족들의 아픔이 부분적으로는 유럽의 한 여인의 가정사에도 동일한 경우가 있다는 점을 염두하면서 그 신문 기사에 완성도를 높이기 위해 부분적으로 필자가 재원고화하여 부록으로 넣었다.

독일 예나대학교 교정에서 맺어진 사랑과 헤어짐

동독 예나대학교 화학과 재학생이던 레나타는 1955년 같은 학과의 북한 유학생 홍옥근과 사랑에 빠졌다. 훤칠한 키에 호남이었던 그를 보면서 한눈에 반해 서로가 호감을 갖고 교제했다. 6년 열애 끝에 "동양인은 안 된다."는 부모의 반대를 무릎 쓰고 대학 근처 단칸방에 신혼살림을 차렸다. 그 해 첫 아들도 태어났지만 행복은 짧았다.

1961년 동독 주민들은 동베를린에 콘크리트 장벽이 설치되자 서독과 서유럽 국가들로 집단 탈출을 하기 시작했다. 그 당시 북한 정권은 53

년 한국전쟁이 끝난 후 북한의 산업 발전과 인재 양성을 위해 동독을 비롯한 동유럽의 여러 나라에 자국의 유학생들을 파견하여 교육을 시켜 왔다. 북한의 유학생들이 서독이나 서방 유럽으로 탈출할 것을 두려워하여 동독에 유학 중인 학생들에게 이틀 내에 출국하라는 명령을 내렸다. 그러나 홍옥근은 아내와 함께 갈 수가 없었다. 그는 아내와 두 아들을 남겨 놓고 다른 북한 유학생들과 함께 강제로 귀국 길에 오르게 되었다.

이 두 사람은 베를린 기차역에서 서로를 포옹한 채 눈물만 흘렸다. 이들은 서로가 영원한 이별이 될 줄은 생각지 못하고 당장 헤어진다는 생각에 서로를 놓아 주지 못하고 있었다. 기차의 출발 신호가 울리자 홍옥근은 기차에 올랐고 이윽고 유리창을 열고는 손을 내밀어 다시 레나타의 손을 잡았다.

"내가 조선에 가면 당신을 부르던지 다시 내가 당신에게로 올 것이요. 다시 만나기 전까지 우리 편지로 왕래해요. 우리의 두 아기 잘 살펴주고 자주 편지해요."

그는 어린아이처럼 눈물이 범벅이 되어 울먹이면서 애써 아내를 위로하려 했다. 레나타 역시 가슴이 터져나갈 듯 스스로가 고통스런 감정을 억제하지 못했다.

이들의 이별은 이같이 시작되었다. 그 길은 참으로 길고도 고통스런 시련과도 같은 머나먼 여정이 되었다. 그 기차는 베를린 역에서 폴란드의 바르샤바를 거쳐서 소련의 모스크바, 노보시비르스크, 블라디보스토크 등을 거쳐 10여 일 만에 북한으로 들어갔다. 그 당시 홍옥근은 아내와 아이에 대한 그리움을 기차가 정차할 때마다 엽서에 깨알같이 사랑이 담긴 이야기를 적어 그녀에게 보냈다.

사랑하는 레나타에게

오늘은 기차가 모스크바 역에서 여러 시간을 정차하기에 역에서 엽서를 구할 수 있었소. 그동안 당신에게 나의 마음을 전하기 위해 무던히도 애썼지만 소식을 전할 길이 없었소. 당신의 손을 놓은 지 이틀이 되었는데 아직도 내 마음은 베를린 역에서 당신의 손을 잡고 있는 듯하오. 기차가 당신과 나를 멀리 떨어지게 했으나, 오히려 나의 마음은 당신에게 더 가까이 가고 있음을 알아주길 바라오.

당신과 내가 헤어지는 순간에는 이 세상에서 가장 슬픈 부부였지만 어느 누구도 우리의 사랑을 갈라놓지 못할 것이요. 시간이 지나면 우리의 사랑은 이 세상에서 가장 아름다운 지고한 사랑이 될 것이요. 나는 영원토록 당신을 내 가슴에 품고 있을 것이요.

엽서에 담긴 그의 마음은 가장 슬픈 남자의 심장이었고 레나타 또한 가장 슬픈 여자의 심장이 되었다. 나의 심장은 격한 슬픔으로 피가 되어 흘러내리는 것 같았다. 그 엽서는 눈물로 쓴 편지였고 이를 받아 본 레나타는 주체할 수 없는 눈물을 흘리면서 그의 분신인양 엽서를 늘 가슴에 품고 다녔다.

다행스러운 것은 약 2년 동안 서로의 편지가 왕래되어 편지로 위로를 받으며 재회의 날을 기다렸다. 그러나 그 이후 편지는 더 이상 오고 가지를 못했다. 북한에서 수취인 불명이라는 도장이 찍힌 채 되돌아온 것이었다. 레나타는 백방으로 남편의 소식을 알고자 했으나 아무 진전이 없었다. 동독일 주재 북한 영사관과 정부를 통해 남편의 소식과 상봉을 위해 백방으로 노력을 했으나 응답은 없었다.

그러나 반세기 가까운 세월도 그녀의 남편에 대한 지고한 사랑을 더 이상 막지 못했다. 드디어 1989년에 동, 서독이 통일되면서 그 가능성은 조금씩 보이기 시작했다. 그녀는 자신의 애달픈 사연을 현지 신문과 방송을 통해 하소연하기 시작했다. 많은 사람들이 이 같은 기사에 반응함으로 다시 힘을 얻게 되었다. 이로서 남편과의 인연은 서서히 그 불씨가 살아나기 시작했다.

드디어 독일 관계 당국이 여론의 힘을 입어 이들의 상봉을 위해 은밀하게 북한 당국과 교섭을 함으로 그 가능성이 점차 높아지기 시작했다. 독일 정부가 이 문제를 집요하게 추진하자 북한 당국은 2007년 1월말에 이 문제를 조용히 없던 일로 마무리 지으려 했다. 그들은 레나타의 남편 홍옥근 씨가 함흥에 생존해 있다는 사실만 독일 정부에 확인해 주고는 더 이상 아무런 반응을 보이질 않았다. 북한 당국은 독일 정부에 대해 생색은 내되 최소한의 성의를 보이는 수준에서 종결지으려 했다.

이에 대해 독일 정부는 인도주의를 내세워 레나타 가족의 상봉을 지속적으로 요구하자 결국 북한은 이를 수용하기로 방향을 틀었다. 종전 동구권의 외국인 이산가족 상봉 요청을 계속 외면해 오던 관례에 비쳐 볼 때 파격적인 것이었다. 여기에는 결정적인 요인이 있었다. 다름 아닌 북한이 독일 정부와 경제적인 이해와 밀접한 관계를 유지하면서 도움을 받고 있기 때문이었다. 독일은 서방국가 중에 북한의 경제와 문화면에서 가장 많은 도움을 주고 있었다.

독일주재 홍창일 북한대사가 외무성이 아닌 무역성 출신이라는 사실만 봐도 북한의 독일에 대한 경제적인 의존 관계가 얼마나 중요한지를 알 수 있다. 2001년 상당량의 쇠고기를 지원한 것을 비롯해 크고 작은 경제 원조를 북한에 제공하고 있다. 독일의 의료 구호단체인 "카프아나무르(구조의사회)"의 의료 지원과 이밖에 독일의 대기업 17개사가 공동으로 설립한 "동아시아협회 평양사무소"는 북한과 서방 교역 활동의 주요 창구 역할을 하고 있었다. 또 독일은 북한의 학생 관리, 언론인들의 유학을 정기적으로 받아들여 북한의 고등 인력 양성도 큰 기여를 하고 있다. 이러한 상황에서 북한의 독일의 요청을 매몰차게 거절하기가 쉽지 않았을 것이다.

국제적인 여론의 압박 또한 레나타의 상봉에 멍석을 깔아 주었다. 지난 1년 9개월에 걸친 중앙일보의 집요한 보도로 레나타 가족의 상봉 문제는 국제 사회의 이슈로 떠올랐다. 반기문 유엔사무총장, 김대중 대통령, 리하르트폰 바이제커 전 독일 대통령 등이 돕겠다고 나선 것도 북한으로서는 부담으로 작용했을 것이다.

드디어 2007년 3월에 독일 관계 당국의 주선으로 40여 년 만에 남편과 서신 왕래가 이루어질 수 있었다. 레나타는 연애시절 편지를 주고받았던 시절로 돌아간 듯 뛰는 가슴을 억누르면서 조심스럽게 한 글자 한 글자에 정성을 다해 편지를 써내려갔다.

사랑하는 홍옥근 씨에게

당신에게 편지를 쓸 수 있게 되어 너무 기쁘군요.
우리가 예나(신혼 시절 거주지)에서 함께했던 아름다운 시절을 잊지 않고 있어요.
당신에게서 멋진 두 아들을 얻을 수 있게 된 행운에 대해 감사드려요. 애들에겐 종종 당신에 관해 이야기를 해 주곤 했어요. 두 아들은 아버지가 북한에 살아 계시다는 것에 자부심을 갖고 있어요. 아직 저는 건강하지만 이미 늙어서 때론 쉽게 피로해지는 것을 느낀답니다.
두 아들 페터와 우베가 잘 되도록 하기 위해 저는 열심히 일을 했답니다. 애들이 아플 때면 물론 저 역시 많은 걱정을 하기도 했어요. 학교에서 두 아들들은 열심히 공부해서 칭찬받는 학생들이었어요. 당시 우리들은 시내에서 작은 집을 얻어 함께 지냈어요. 저는 10년간 교사로서 일했고 그 다음에는 제약회사에서 22년간 근무했어요. 93년에 은퇴를 해서 연금으로 생활하고 있어요.

저는 재혼하지 않았어요. 그렇기에 당신의 아내로서 여전히 당신의 성을 쓰며 추억거리로 간직할 수 있었어요. 현재 나는 혼자 살고 있어요. 페터와 우베가 더 이상 여기서 살지 않기 때문이에요. 제 집은 고층 건물의 9층에 있어요. 창가에서 밖을 내려다보면 예나시의 산들이 한 눈에 들어와요.

제가 도움이 필요할 때면 두 아들이 항상 찾아오니까 만족스러워요. 게다가 3명의 손주가 종종 놀러 오기도 해요. 이제부터 두 아들에 대해 이야기하고 싶어요. 페터 현철은 학교를 졸업한 후 낙농 기업에 일자리를 얻어 근무하고 있어요. 현재 2,000마리의 소를 관리하고 있고 우유를 생산하는 목장을 책임지고 있어요. 페터는 아내와 함께 예나 근처의 마을에서 살고 있어요.

우베는 라이프치히대학의 화학과를 졸업하고 박사학위까지 받았어요. 그 아이는 공업접착제를 개발하고 응용하는 업체에서 일을 하고 있어요. 결혼은 했고 아들과 딸을 두고 있고 지금은 학교를 다니고 있지요. 현재 그 가족들은 바이마르에서 집을 사서 살고 있어요. 아마도 나중에 페터와 우베가 당신을 만나서 이야기를 나눌 수 있는 기회가 있으리라 믿어요.

당신도 가정을 꾸리고 자녀들이 있다는 소식을 들었어요. 페터와 우베에게 또 다른 형제, 자매가 생겼다는 것을 뜻하기도 하지요. 당신이 성공적으로 학자 생활을 해 온 것에 우리들은 자부심을 갖고 있어요. 당신과 가족들이 잘 지내고 있는지 궁금해요. 당신에게서 답신이 오기를 바라요. 당신과 가족이 모두 잘 지내길 바랍니다. 특히 건강하시기를 빌어요.

마음으로부터 인사를 드려요.

2007년 3월 20일

떼터와 우베 그리고 아이들 어미가 드림.

레나타는 편지를 북한의 남편에게 보내 놓고 과연 그 편지가 남편에게 전해질 것인지, 과연 그로부터 답장이 올지 가슴을 졸이면서 하루하루를 보냈다. 그 기다림의 시간은 지금까지 기다려 온 시간보다 더 길었다.

그로부터 4개월이 지나, 7월 27일 마침내 답신이 도착했다. 공교롭게도 그날이 바로 그녀의 70회 생일로서 최고의 생일 선물이 되었다. 그 편지는 44년만에 받는 남편의 서신이었다. 분명히 남편의 필체였다. 남편의 편지의 발신 주소는 함경남도 함흥시 흥덕구역 흥서동 37번지로 되어 있었다.

지난해 2월 독일 적십자사와 외무부가 평양에서 북측으로부터 전해들은 대로 홍옥근 씨가 은퇴 후 함흥에서 살고 있다는 것이 확인된 것이다. 우편 봉투에는 7전짜리 우표가 붙어 있었지만 소인이 찍히지 않은 것으로 봐서 정상적인 우편 배송 절차를 거치지 않은 것 같았다. 홍옥근 씨 편지는 북한 당국을 통해 독일 관계 기관에 넘겨진 뒤 다시 우편으로 레나타에게 배달되는 복잡한 경로를 거쳤다. 그 편지에는 자신이 58세 때 찍은 사진이 동봉되어 있었다. 이는 분명 북한 당국의 허락과 지시 하에 이루어진 모양새였다.

저들은 평범한 개인의 편지의 내용마저 강압적으로 개입하고 정치적인 의도로 마치 우리의 이별과 고통이 독일 정부의 방해와 지금의 이런 상황이 미국 소행인 것으로 정치적 색채로 변질시켜 놓았다. 하지만 레네타는 남편의 자신에 대한 진실한 사랑은 조금도 변치 않았고 진실하다는 것을 더욱 확신케 했다.

사랑하는 레나타에게

당신의 편지를 받고 크게 감격했소. 당신이 건강하다니 기쁘오. 당신으로부터 다시 편지를 받을 수 있다는 것은 흔치 않은 경우구려. 나는 당신이 나의 영원한 인생의 반려자가 되기를 소원했었다오. 그렇지만 당신의 나라는 당신이 우리나라로 오는 것을 허락하지 않았다오. 그때 당신 나라는 "당신이 코리아로 간다면 그것은 조국에 대한 배신"이라고 말했었소. 정치란 때론 바보 같은 일을 저지르곤 한다오. 나는 당시 잘못된 희망을 가졌었소.

우리의 국제적인 사랑은 그런 고통을 가져왔고 나는 당신과 두 아들과의 만남을 갈망해 왔다오. 나는 우리가 살아 있는 동안 언젠가는 다시 만날 것이라고 생각해 왔소.

나도 역시 두 며느리와 손자들을 보고 싶소. 아이들과 그 가족들을 만나 보고 싶구려. 당신의 부모님은 당연히 이미 돌아가셨을 것으로 생각되오. 당신이 페터와 우베를 키우느라고 무척이나 애를 썼구려. 나는 아무런 할 말이 없구려. 당신의 편지를 받고 난 후 나는 매우 기분이 좋았다오.

김일성 수령님과 김정일 장군님 덕에 나는 독일에서 유학을 할 수 있었소. 그 이후 고국으로 돌아와 조선 지식인 대회에 참가했소. 미국의 독선적이고 숨 막히게 하는 정치 때문에 우리는 아직도 경제적으로 어려운 생활을 하고 있다오.

그럼 잘 지내기를 바라오. 아이들도 직장에서나 인생에서 큰 성공을 거두기를 소망하오. 무엇보다도 건강하기를 바라오.

2007년 6월 20일 함흥.

홍옥근 올림

마침내 이루어진 꿈같은 상봉

레나타는 남편의 편지와 사진을 받아 본 후 그에 대한 그리움은 더욱 불일 듯 했고, 무엇보다도 어미로서 두 아들에게 아버지를 만나게 해주는 것이 자신이 죽기 전에 해야 할 도리라는 생각을 더욱 굳히게 되었다. 이를 위해 그녀는 혼신의 힘을 다해 상봉을 위한 여러 절차를 진행시켰다.

독일 적십자사가 적극적으로 독일 외교부와 교섭하면서 상봉을 위한 작업이 진행되었다. 이 상봉은 독일 외무부와 국제 적십자사가 레나타

할머니의 가족 상봉을 도와주기 위해 그동안 철저한 보안 속에서 활발한 외교적 노력을 기울여 왔다. 북한 정부는 자국민과의 이산가족 상봉을 허용하기 위한 외국 국적자의 개별 입국을 허용하기는 처음이었다.

드디어 그녀는 아들 둘을 데리고 2008년 7월 24일 에어차이나 항공으로 독일 프랑크푸르트 공항을 출발하여 중국 베이징을 경유해 평양으로 향했다. 레나타는 출국하면서 기자에게 "이제 드디어 내 인생의 마지막 단원을 마무리 지을 수 있게 됐는데, 이 기분을 어떻게 표현해야 할지 모르겠군요."라고 말했다.

"왜 이렇게 늦게 왔소?"

7월 25일 오후 1시 40분, 중국 베이징에서 북한 평양행 중국 민항기에 올랐다. 기내에 들어서자 "이제야 북한 땅을 밟는구나." 하는 느낌이 강하게 들었다. 비행기에는 우리를 포함해 중국인 등 불과 30명의 승객들이 타고 있었다. 빈자리가 많이 보였는데 정원의 약 30% 정도밖에 차지 않은 것 같았다. 2시간 40분의 비행 끝에 순안 공항에 내렸다. 승객들은 호기심 어린 눈으로 기내 창문을 통해 밖을 내다봤다. 평양이라고 적힌 대형 간판이 내걸린 공항 청사는 아담해 보였다. 비행기의 트랩을 내려서자 날씨는 후덥지근했다. 맑았지만 습도가 높았다.

초청자인 북한 적십자회 직원 두 명과 통역이 우리를 기다리고 있었다. 이들은 우리에게 깜짝 놀랄 만한 소식을 전해 주었다. 꿈에도 그리던 남편 홍옥근 씨가 공항 청사 입국장에서 기다리고 있다는 것이었다.

곧 남편을 만나게 될 것을 생각하니 얼굴이 달아오르면서 가슴이 마구 방망이질하는 것 같았다.

"오! 이렇게 빨리 그를 만나게 되다니."

그가 평양까지 와 줄 것이라고는 상상도 못했다. 나는 단지 그의 주거지인 함흥에 가서야 만나게 될 것으로 알았던 것이다. 큰 아들 현철이와 둘째 우베도 당황하는 기색이 역력했다. 두 아들은 난생처음 보는 아버지를 곧 만나게 된다는 사실에 긴장을 하는 듯 했다. 우리들은 입국 수속을 어떻게 마쳤는지도 모를 정도였다. 이는 우리 모두를 깜짝 놀라게 하기 위해 주도면밀하게 연출된 것이었다. 아마 자신들이 우리의 가족 상봉을 위해 이처럼 성의를 다하고 있다는 것을 보여 주려는 것 같았다. 마치 영화의 극적인 한 장면을 찍으려는 그런 의도가 있는 듯했다.

마침내 입국장을 빠져 나오자 낯익은 얼굴의 노신사가 한 중년 여성과 함께 우리를 기다리고 있었다. 남편의 얼굴을 쳐다보는 순간 할 말을 잃었다. 시간이 멈춘 듯했다. 47년 전 어린아이처럼 눈물로 범벅이 된 얼굴로 생이별을 했던 남편 홍옥근 씨가 분명했다. 반세기가 지났음에도 한눈에 그를 알아보았다. 아무리 긴 세월이 흘러간다 해도 우리는 분명 서로를 알아볼 것이었다. 반세기 만에 마주치는 시선 속에서 서로의 마음을 읽을 수 있었다.

그는 여름 중절모를 쓰고 반소매 와이셔츠에 넥타이를 맨 정장 차림은 50여 년 전 동독 유학 시절처럼 깔끔했다. 레나타는 물론이고 두 아들과 남편은 잠시 우두커니 서서 서로를 물끄러미 쳐다보았다. 어떻게 행동을 취해야 할지 갑자기 바보가 된 듯했다. 이는 분명 반세기의 시간 공백이 있었기 때문이었다. 서로가 달려들어 격정적인 포옹이 당연했을 터인데 그러하질 못했다. 50여 년 가까운 단절과 공백이 부자지간과 부부지간을 잠시 어색하게 한 것 같았다. 서로가 다가가자 우리 모두는 너무도 차분하게 한 사람씩 포옹은 했으나, 그러한 행동은 마치 미리 짠 절차에 의한 것처럼 남편과 아내, 아버지와 아들 간에는 감격적인 감정 표현은 없었다. 레나타나 남편이나 서로의 감정을 의도적으로 절제했다. 그 현장에는 가족들만이 아닌 그쪽 적십자사의 직원들 여러 명이 가까이 바라보고 있었기에 매우 긴장된 분위기와 느낌이 그러했다.

남편은 그 자리에 북한에서 재혼해 낳은 큰 딸 광희(40)를 데리고 나왔다. 그의 딸은 눈시울을 붉히며 우리를 슬프게 바라보고 있었다. 남편에게는 큰딸 아래로 36세, 33세의 아들 둘이 더 있지만 함께 오지 못했고 재혼한 아내는 많이 아프다고 묻지도 않은 말에 변명처럼 설명을 했다. 이 순간이 우리 가족들에게는 기쁨의 만남이지만 그의 부인에게는 슬픈 일이 된 것이다. 그의 아내나 딸이나 나나 같은 여자로서 각기 다른 아픔으로 느낄 수 있는 상봉이 된 것이다.

남편은 미리 준비해 온 꽃다발을 어색하게 건네주더니 손을 살며시 잡았다. 그 상황에서 그가 할 수 있는 최대한의 애정 표현이었을 것이다. 하지만 그의 손 역시 젊었을 때의 부드럽고 따뜻한 느낌은 없었다. 물론 레나타 또한 그러했다. 이는 분명 50여 년의 세월이 흘러가 버린 흔적이었다.

그런 느낌에도 마음속의 시간은 본능적으로 조금씩 47년 전으로 회귀하고 있었다. 1955년 예나대학교 화학 강의실에서 처음 만난 그의 모습을 아직도 생생히 기억한다. 동양 청년이었지만 그는 매우 매력적인 남자였고 거부할 수 없는 숙명적인 만남으로 급변하게 되었다. 1960년 4월에 가족들의 극렬한 반대에도 주변의 친구들 몇이 모인 가운데 결혼식을 거행하고 방을 얻어 달콤한 신혼 생활로 빠져 들어갔었다. 그 당시의 사랑과 행복감이 지난 50여 년을 지탱시켜 준 것이었다. 그와의 오랜 세월 속에 레나타는 한시도 그를 잊은 적이 없었고 다른 생각을 품지도 않았다. 그녀의 가슴속에는 오직 그를 향한 사랑으로만 채워져 있었기에 그러할 수 있었다.

형식적인 환영식이 마쳐진 다음 북한 적십자사가 준비한 소형 버스를 타고 평양 시내로 들어섰다. 남편은 그 시간 중에도 아무 말이 없었다. 남편이 무슨 말이라도 한마디 해 주기를 바랐으나 오히려 침묵하며 어색한 표정이었다. 그 차에는 우리 가족만이 아닌 그의 장녀와 적십자사 직원이 함께 타고 있었기에 그러한 것 같았다. 레나타도 뭐라고 남편에게 말을 건네야 할지 몰랐다. 그저 서로가 무언의 가슴으로 말할 뿐이었다. 남편과 부자간에도 그저 침묵의 대화로 이어졌다. 우리 가족의 만남이 왜 이러해야 하는지 이해하기 힘들었다. 우리 가족에게는 이같이 50여 년을 국가라는 체제가 여전히 간섭하고 있다는 것을 다시 확인하고 있는 것이었다.

평양 시내로 들어서자 유경호텔, 주체사상탑, 인민문화궁전 등 북한 관광 안내 책자에서 봤던 모습들이었다. 버스는 천리마 거리에 있는 호텔인 창광산 여관 앞에서 멈췄다. 통역 아가씨는 이곳이 남편과 큰 딸이 머무를 숙소라고 했다. 모든 일행이 그 건물 안으로 들어가 30여 분간 적십자사가 준비한 3쪽 분량의 북한에서의 일정을 설명해 주었다. 그곳에 기다리고 있던 적십자사 간부와 직원은 가족 상봉을 위해 외국에서 찾아오기는 처음이라며 이 같은 성사가 저들의 적극적인 노력과 정성에 의한 것이라는 점을 알려 주고 싶었던 것 같았다. 이런 상봉은 분명히 국가간 행사처럼 진행되고 있었다.

남편과의 서먹한 분위기에서도 점차 서로의 감정을 느끼게 되었다. 남편은 레나타와 마주하게 되자 독일어로 "warum kommen sie so spat?(왜 이렇게 늦게 왔소)"라고 여유로운 눈으로 첫 마디를 했다. 50년 만에 만난 남편으로부터 듣고 싶은 말은 아니었지만, 그 순간 비로소 그가 남편이라는 존재감을 가슴으로 확인하게 되었다. 남편의 그런 말을 "그동안 너무도 보고 싶었소."라는 말로 해석하고 싶었다. 남편은 50년 만에 독일어로 말해 본 것이었고 계속하여 말문을 열면서 새로운 분위기를 만들려고 억제된 감정을 의도적으로 풀어 보려고 애를 썼다. 본래 그는 성격이 활달했고 농담도 잘하는 그런 사람이었다. 그런 모습이 서서히 드러나면서 레나타도 훈훈한 표정과 목소리로 대화를 했다. 남편의 독일어 수준은 유창하지는 못했지만 대화를 하는 데에는 아무 지장이 없었다.

이상한 것은 레나타 가족과 남편과 딸의 숙소는 달랐다. 그들이 투숙이 끝난 후 몇 십 분 있자, 그곳 직원은 우리에게 다시 나타나 평양주재 독일대사관으로 인도했다. 10여 분 후 문수지구 외교단지의 독일대사관저에 도착했다. 대사관측은 우리 가족이 북한에 체류하는 동안 이곳 손님숙소에 머물 수 있도록 특별히 배려해 준 것이었다. 레나타는 지정받은 방으로 들어오자 14시간의 오랜 비행과 첫 만남의 흥분과 긴장 때문인지 피로감이 확 몰려왔다. 그날 밤 나는 피곤했지만 좀처럼 잠을 이룰 수 없었다. 50년 만의 만남도 북한 당국의 짜인 틀에서 피동적으로 움직이어야 했다.

71번째 생일에 남편의 꽃다발을 받고 눈물이 강물의 되어

방북 이튿날인 26일 아침 오전 5시쯤에 잠이 깼다. 선잠을 잔 탓에 몸은 피곤했지만 오늘부터 남편과 많은 시간을 보낼 수 있다는 기대로 마음이 더욱 설레었다. 물론 내심 걱정도 됐다. 50년 가까운 시간적 공백 때문에 아직 서로 어색함을 숨길 수 없었다.

다소 내성적인 맏아들 페터 현철은 그렇다치고 매사에 적극적이고 쾌활한 우베 역시 얼굴에 긴장된 표정이 뚜렸했다. 빵과 커피로 간단하게 아침 식사를 마친 후 북한 적십자사 직원을 기다려야 했다. 이해할 수 없었던 점은 이는 분명 가정사이고 한 부부의 상봉인데 마치 정부가 공식 행사인양 저들이 모든 일정을 짜놓고 거기에 맞추어 행동하고 보내야 하는 것이었다. 마치 우리에게 크나큰 혜택을 베풀어 준다는 그런 느낌을 지울 수 없었다. 레나타는 이런 저들의 모든 행동에서 남편도 매우 불편해 하고 저들의 눈치를 보고 있다는 점을 확인할 수 있었다. 이런 나라에서 남편이 태어났고 지금까지 반세기 이상을 살아온 남편을 더욱 이해하려 했다.

안내를 맡은 적십자사 직원은 이번 상봉에 무척이나 세심한 배려와 잘해 주려는 의지가 보였다. 물론 저들도 상부의 모든 지시에 의한 것일 것이다. 하여간 그들이 성의껏 대해 주는 것이 너무도 고마웠다. 이날 오전 9시경에 숙소에 대기 중인 미니버스를 타고는 남편이 묵고 있는 창광산 여관으로 향했다.

나는 창가에 바짝 붙어 앉아서 평양 시내를 세심히 살펴보았다. 토요일 오전의 평양 거리는 한산했다. 공기는 상쾌하고 차도 많지 않아 쾌적했다. 차는 옥류교를 통해 대동강을 건넜다. 만수대 의사당, 보통문, 인민문화궁전 등 뉴스를 통해 봐 왔던 건물들이 유난히 시야에 들어왔다.

"아, 드디어 평양에 왔구나."

꿈만 같았던 일들이 현실감 있게 조금씩 실감나기 시작했다.

호텔에선 남편과 딸이 이미 나와서 우리를 기다리고 있었다. 두 아들은 아직도 눈앞에 있는 자신의 아버지에 대한 혈육의 정을 못 느끼고 있었다. 다소 어색한 분위기를 누그러뜨리려 아들은 잔꾀를 냈다. 기념사진을 찍겠다며 "엄마와 아빠가 다정한 모습으로 포즈를 취해 달라."고 졸랐다. 엉겁결에 남편과 얼싸안고 서로 얼굴을 맞대게 됐다. 덕분에 서먹서먹하던 분위기가 거의 사라졌다. 남편이 재혼해 얻은 딸도 이복 오빠들과 스스럼없이 어울렸다. 그 딸도 우리를 최대한 편하게 해 주려고 애를 썼다. 비록 말은 안 통했지만 손짓을 통해 항상 뭔가를 도와주려 했다.

우리 모두는 호텔 방 거실로 자리를 옮겼다. 남편은 잠시 기다리라고 하더니 예쁘게 포장된 선물을 주었다. 그 상자 안에는 아름다운 보석반지와 검정색 블라우스가 들어 있었다. 아마도 결혼 당시 유학생 신분이라 형편이 안 되어 결혼 선물을 못해 준 것이 못내 미안해서 50년 만에 그 당시의 해 주었어야 할 선물을 준비한 것 같았다. 왠지 그 반지가 레나타에게 특별한 의미로 받아들여졌다. 비록 떨어져 살았지만 앞으로는 영원히 서로의 잊지 말자는 그런 뜻 같았다. 레나타는 세상에서 가장 값지고 귀한 선물을 받은 것이었다.

레나타도 남편에게 준비해 온 선물을 펼쳐 보였다. 남편이 유학 시절 보았던 손때가 묻어 있는 화학전공 서적 2권, 독일 예나의 관광책자, 와이셔츠와 넥타이, 영양제와 양말 등 비록 값진 선물은 없었으나 서로가 지난날의 향수를 느낄 수 있는 그런 선물이었다. 남편은 선물 하나하나를 보여 줄 때마다 고개를 끄덕이며 흐뭇해했다. 특히 남편은 50여 년 전에 유학 시절 살았던 동독 예나의 기숙사 건물 사진을 보여 주자 큰 감회에 젖는 듯했다. 다시 되돌릴 수 없는 시간들이었지만 이제는 모든 것이 빛바랜 사진처럼 되어 버렸다.

우리 모두는 가족 상봉의 분위기를 한껏 즐기면서 저들이 대접하는 조선식 식사를 했고 호텔 당구장에서 부자간에 함께 당구를 치면서 50년 동안 아버지로서 저들과 놀아 주지 못하고 단절되었던 부자 관계를 새롭게 시작한 것이었다. 그래도 저들은 같은 독일어로 소통이 가능했기에 마음이 더욱 통했던 것이다. 그 장녀 역시 아버지의 흐뭇한 표정을 바라보면서 즐거운 표정을 지었다. 언젠가는 풀어야 할 아버지의 한 맺힌 마음을 그 딸도 깊이 헤아리고 있는 듯 했다.

방북 3일째 되는 27일은 레나타 생애에 가장 특별한 날이었다. 71번째 생일을 온 가족이 함께 맞은 것이다. 그것도 남편의 조국에서 말이다. 이날 적십자사는 레나타를 위해 특별한 프로그램을 준비했다. 야외로 피크닉을 나가 조촐한 생일잔치를 벌이기로 한 것이다. 아침에 남편은 호텔에서 꽃다발을 들고 그녀를 기다렸다.

"여보 생일 축하해요."

그가 레나타를 얼싸안아 줄 때에 코끝이 시리면서 반세기 동안 묻어 두었던 눈물과 그리움이 봇물 터지듯 했다. 그도 어린아이처럼 눈물을 흘렸다. 그제야 우리 부부는 서로의 감정이 통하면서 옛날의 그 모습으로 되돌아온 듯했다. 우리 두 사람의 눈물은 50여 년을 담아 두었던 것이기에 강물만큼이나 흘릴 수 있었다.

묘향산에서 두 번째 신방을 꾸리며

북한에 머무르는 열하루 동안 그녀와 두 아들은 아주 특별한 경험을 했다. 남편은 북에서 얻은 자식들도 우리 가족이라는 사실을 새삼 깨닫게 해 주려는 듯했다. 이는 분명 엄연한 현실이기도 했다. 맏딸 광희는 모든 일정을 우리와 함께하며 정이 푹 들었다. 그래서인지 우리가 떠나던 날 공항에서 눈이 벌겋게 될 정도로 울어 차마 발길이 떨어지지 않았다.

광희는 매우 사랑스런 딸이었다. 비록 의사소통은 못했지만 손짓 몸짓으로 이복 오빠들과 레나타를 정성껏 보살피고 따랐다. 남편의 다정다감한 심성을 그대로 이어받은 듯했다. 처음 남편이 공항에 아무런 예고 없이 딸과 함께 불쑥 나타났을 때 우리는 적잖게 당황했다. 남편의 북한 가족이 혹시 상처나 받지 않을까 걱정스러웠던 것이다. 그렇게 되면 상봉 분위기는 어색해지고 불편해질 것이 뻔했다.

그러나 그런 상상은 쓸데없는 걱정이었다. 시간이 갈 수록 광희는 페터, 우베와 친 누이동생처럼 다정하게 어울렸다. 식사 시간엔 오빠들을 위해 떠 먹여 주는 모습을 보고 가슴이 찡했다. 그녀도 분명 나의 딸이었다. 그 딸은 항상 아버지 곁에서 정성껏 시중을 들었다. 남편의 나들이 옷차림이 늘 깔끔했던 것도 딸이 정성스럽게 살펴주었기 때문이었다.

무엇보다도 이번 여행에서 얻은 가장 큰 선물은 47년간 끊어진 부자 관계가 회복됐다는 점이다. 남편과 두 아들은 만남을 거듭하면서 피는 물보다 진하다는 사실을 서로 확인했고 50여 년 못다한 사랑과 신뢰를 며칠 안에 다 쌓으려는 듯 서로의 의지가 엿보였다.

둘째 아들 우베는 재능과 성향이 아버지를 빼닮았다. 남편처럼 화학을 전공해 박사가 된 우베는 남을 웃기고 분위기를 띄우는 명랑한 성격까지 비슷했다. 우베는 아버지를 졸라서 아주 특별한 선물을 받았다. 형처럼 코리안 이름을 얻게 된 것이다. 아버지가 작명해 준 "홍현호", 우베의 새 한글 이름이었다. 그 둘째 아들은 비로소 아버지를 찾은 것이다.

내향적인 성격의 맏아들 페터 현철은 다른 곳에서 아버지와 닮은꼴을 발견하고는 마냥 신기해했다. 우연하게도 자신의 손가락 마디 모양이 남들보다 도톰한 아버지와 비슷하다는 사실을 이번에 확인한 것이다. 뜻밖에 발견에 남편과 우베, 광희까지 서로 손가락 마디를 비교해 보곤 한바탕 웃음을 터트렸다. 남편의 자녀들은 모두 손가락이 닮아 있었다.

두 아들에게 부자 상봉은 일생일대의 사건이었다. 이는 평생에 레나타가 반드시 만들어 주어야 할 일이었다. 그 평생의 소원이 지금 성취되고 있는 것이었다. 두 아들에게 아버지라는 존재는 늘 서류상으로만 확인할 수 있는 대상이었다. 그래서 두 아들은 사춘기 시절을 힘들게 극복했다. 지난날 아버지가 없는 부족한 자리를 그녀가 메꿔 주려 애썼지만 한계가 있었다. 그런 어린 시절의 남모를 아픔을 간직하고 있는 두 아들이 갑작스럽게 이뤄진 아버지와의 상봉을 어떻게 받아들였을까.

북한에 머무는 동안 명승지인 서해 갑문과 해수욕장, 묘향산 등 여러 곳을 관광했다. 당초 예상했던 7박 8일간의 체류 기간으로는 모두 소화할 수 없어 결국 비자를 연장했다. 이 때문에 귀국 일정이 늦어져 이런 상황을 전혀 모르는 독일의 친지들이 몹시 걱정했다는 이야기를 나중에 전해 들었다.

평양에서는 남편과 레나타는 호텔을 따로 했지만 1박 2일 일정의 묘향산 관광에선 한 호텔에서 같은 방을 쓸 수 있었다. 물론 저들이 그렇게 배려해 준 것이다. 지난날 47년 전 분명히 우리는 부부였지만 반세기 동안 헤어졌다가 갑자기 같은 방을 쓴다는 것이 서로가 어색하기는 마찬가지였다. 우리는 그날 밤 주변 사람을 의식하지 않고 자유스럽게 속마음을 털어놓고 비로소 이야기할 수 있었다. 그러나 그 시간으로 50년 가까운 세월의 간극을 메울 수 없었다. 우리는 서로를 충분히 이해하려 했고 서로의 이야기를 공감하며 하룻밤을 천일야화를 서로 들려주듯 날을 새며 대화했다. 분명했던 것은 서로를 원망하지 않았다는 것이다. 왜냐하면 그때의 헤어짐이 우리의 의지에 의한 것이 아니었고, 그동안 우리는 서로 사랑했고 그리워했고 만남을 기다려 왔기 때문이었다.

야속하게도 시간은 화살처럼 지나갔다. 북한을 떠나기 전 날은 가장 힘든 하루였다. 왜냐하면 다시 이런 날이 온다는 것은 생각하기 어렵다는 것을 서로가 알았기 때문이었다. 서로가 너무 힘든 시간이었다. 공항에 도착하자 우리 모두는 대화가 멈췄고 각자의 표정은 이 세상에서 가장 슬픈 얼굴들이었다. 큰딸은 여자이기에 누구보다 민감하게 받아들였고 그 표정이 역력했다. 그녀의 눈가에는 이미 눈물이 흥건히 고여 있었다. 아마 아버지의 괴로운 심정을 곁에서 늘 따라다니면서 내내 읽고 있었기에 아버지의 마음이 딸의 가슴으로 전해져 그 딸도 아버지 못지않게 괴로웠을 것이다. 이처럼 남편과 그녀의 괴로움은 아들들에게도 전가되었다. 그들의 표정도 굳어 있었다. 40년 이상을 못 본 아버지였는데 이제는 다시 보지 못할 아버지의 모습인 줄을 저들도 알고 있었기에 청동상의 얼굴처럼 어두워져 있었다. 그 모습을 옆에서 보는 그녀도 고통스러웠다.

남편은 아버지로서 먼저 두 아들에게 먼저 다가와 힘껏 포옹을 했지만 서로의 어깨에 얼굴을 잠깐 숙이고는 아무 대화가 없었다. 이를 옆에서 지켜보는 레나타는 금세 통곡이라도 할 것 같은 감정이 올라왔다. 그 감정을 절제하려고 무던히도 애를 썼다. 그녀는 비행기에 오르기 전 출국장에서 남편을 포옹하면서 마지막 작별 인사를 했다.

"건강하세요."

왠지 더 이상의 말이 생각나지 않았다.

"당신도 건강하고 애들과 모두 행복하기 바래요."

남편은 더 이상 말없이 그녀의 표정을 살피더니 이내 고개를 숙이었다. 그 표정은 너무도 슬퍼 보였다. 레나타는 남편의 입에서 뭔가를 원하는 말을 기다렸으나, 속마음을 감추려는 듯 아무 말도 하질 않았다. 금세라도 어린아이처럼 울 것 같은 그런 얼굴이었다. 아니 그 고통을 참아 내려는 모습이었다. 그러한 표정을 역력히 볼 수 있는 그녀 또한 너무 고통스러웠다. 혹 그녀는 다시 이곳에 올 수도 있지만, 그는 독일로 올 수 없기에 더욱 그러한 것 같았다. 우리 부부는 다시 50여 년 전 헤어질 그 당시의 슬픔이 재현되고 있었다.

특히 남편은 자신의 핏줄인 아들을 돌려보낸다는 것이 아버지로서 너무 고통스러웠을 것이다. 그로서는 아내와 두 아들을 다시는 볼 수 없기에 가장 잔인한 이별의 순간이었다. 남편은 자신의 참고 있는 감정을 감추려고 아예 얼굴을 돌렸다. 그는 레나타와 아들에게 눈물을 보이지 않으려고 무진 애를 쓰고 있었다. 그 모습을 바라보는 아들도 아버지 못지않게 힘들었을 것이다.

우리는 갑자기 이 세상에서 가장 슬픈 가족이 되었다. 결국 우리 가족 모두는 형벌과도 같은 이 고통스런 두 번째 이별을 위해 북한까지 날아온 것이었다. 이 모습을 가까이서 지켜보고 있던 수행원들이 우리의 모습이 안타까웠는지 우리에게 빨리 출국을 서둘러 달라고 했다. 그제야 우리 세 모자는 탑승구 쪽으로 나가기 위해 뒤돌아섰다. 레나타는 남편의 괴로워하는 그 모습을 다시 보고 싶지 않기에 뒤돌아보지 않았다.

그녀와 아들들은 평양에서 북경을 거쳐 프랑크푸르트공항까지 도착하는 긴긴 시간 동안을 서로의 고통스런 마음을 건들지 않으려고 약속이나 한 듯 아무 이야기 없이 침묵의 시간으로 메꾸었다.

독일로 돌아온 후 지금까지도 그때에 평양 공항에서 애써 눈물을 보이지 않으려고 얼굴을 돌린 남편의 모습과 47년 전에 베를린 기차역에서 헤어졌을 때 눈물로 범벅이 되었던 그의 겹쳐진 두 모습이 이제는 레나타의 가슴 속에 숨 쉬는 화석으로 남아 있다.

50여 년 동안 그렇게도 사랑했고 그리워했던 남편은 4년 후에 이별과 슬픔이 없는 하늘나라로 먼저 떠났다.

뒷 이야기

필자는 이 글을 정리하면서 2015년 홍성사를 통해 출간한 『오래된 소원』의 주인공인 북한의 "정형숙"의 자서전적 소설 속의 주인공과 대비되는 독일의 "레나타"를 비교해 보았다. 그녀는 북한 유학생이었던 남편과의 50여 년의 이별 끝에 그의 두 아들 둘을 데리고 평양을 방문하여 마침내 상봉한 슬픈 이야기 속에 두 여인의 공통점이 있었다.

푸른 눈의 이국 여인 "레나타"와 북한 유학생은 강압에 의해 헤어졌지만 이들의 끝없는 사랑은 북한 정권의 강압도 이를 막지 못했다.

북한의 "레나타"라고 할 수 있는 정형숙도 시대적 격랑과 공산 체제로 인해 두 아들을 키우며 남편과 재회와 상봉을 위해 50여 년을 기다려 왔고 마침내 60살이 된 아들을 데리고 불가능한 중국 방문을 성사시키고 남편의 재혼 자녀들과 반세기 만에 상봉의 꿈을 이루었다.

독일의 레나타는 북한의 정형숙과 거의 같은 시대의 여인으로 그도 반세기의 인고의 세월을 기다리며 마침내 아들을 데리고 북한을 방문하여 남편과 재혼한 그의 딸과 상봉을 이루었다. 이들 가족은 냉전 시대의 유산이기도 한 것이다.

나는 이 슬픈 이야기를 인터넷에서 접하여 그 자료를 스크랩해 두었다. 왜냐하면 필자가 2003년에 만난 『오래된 소원』의 주인공인 정형숙과 너무도 흡사한 슬픈 이산가족 이야기로서 북한의 비련의 여인과 독일 여인의 슬픈 삶이 대비되기에 아직도 지속되고 있는 이산가족들의 이야기를 함께 나누면서 이제는 얼마 남지 않은 그 당사자들의 마음을 보듬고 싶었다.

이처럼 냉전 시대에 독일과 한반도의 공산화와 분단은 그 당사자들인 부부들 뿐만 아니라 자녀들에게도 고통의 대를 이어가게 하는 눈물의 유산을 물려주었다. 북한은 반세기 이상을 동포들에게나 파란 눈의 이국인 가족들에게 필설로 다할 수 없는 불행을 강요해 왔다. 하지만 독일은 통일을 이루었고 탈냉전의 시대임에도 오직 북한만은 아직도 이산가족들의 상봉을 물리적으로 가로막고 있는 가운데에 그 당사자들은 아쉽게도 세월 속에 묻혀 가고 있다.

에필로그

북한은 지금까지도 지구상에서 가장 폐쇄적이고 비인권적 금단의 동토의 왕국으로 오직 수령 체제 유지만을 위해 온 주민들을 철창에 가둬 놓고 사육하듯 그런 폭압 정치를 하고 있다. 북한이라는 나라는 전체주의적 국가로 독재 체제 70여 년을 3대에 걸쳐 통치자의 권력 유지를 위해 일체의 종교를 거부해 왔다. 물론 국가 기관으로서 기독교를 대표하는 "조선그리스도연맹"이 있지만 관변 어용 기관인 것은 말할 나위도 없다. 이는 어디까지나 대외적인 체제 선전을 위한 프로파간다(propaganda)의 간판에 불과한 것이다.

한국교회사의 기록에 의하면 지난날 이북 지역과 그중에도 평양을 위시한 평안도와 황해도 지역의 기독교 교세는 한국 교회 전체를 이끌어 가는 중심축이었다. 특히 평양에 1901년 미국의 사무엘 마펫 선교사에 의해 세워진 평양신학교는 한국 교회의 목회자들을 양성하는 못자리였고 목회자의 산실 역할을 했다. 1907년 평양 장대현교회의 성령의 역사는 한국 교회의 부흥의 발흥지이기도 했다.

그러나 일본 강점에서 해방이 되면서 바로 이어진 공산 정권 수립은 38선 이북 지역의 모든 교회들이 김일성의 정권 출현과 함께 훼파되고 소멸당하면서 이북 지역의 교회와 기독교인들은 로마제국의 박해 시대처럼 카타콤화 되었다. 그 땅의 교회는 무형의 지하 교회 시대로 접어들었다. 그로 인하여 북한에서 지상의 십자가의 등불은 사라진 반면에 그 땅에 신앙의 정절을 지키기 위해 그곳에 남은 기독교인들 중에는 산 순교자와 같은 신앙으로 믿음을 지키며 성도로서의 의무를 행하고자 하는 거룩한 무리들이 지하 조직을 결성하기도 했다. 그러나 대부분의 기독교인들은 홀로 외로운 신앙인으로서 신앙을 유지해 왔다. 북한에서의 신앙생활은 자신의 생명을 내어놓는 위험한 것임에도 그처럼 신앙의 명맥을 이어 왔다.

그러한 증거들은 한국과 중국이 1992년에 국교가 수립됨으로 인해 한국 선교사들이 북한과 접경하고 있는 지역으로 접근하여 다양한 대북 선교를 실행하는 가운데 드러나게 되었다. 필자 또한 그 시기에 중국의 국경지대를 사역지로 삼고 20여 년 이상을 사역해 왔다. 그러한 사역 중에 하나님께서는 북한에 남아 있는 북한의 '원가지 기독교인'이라는 지하 신앙인들을 만나게 되었고 그로 인해 북한의 지하 기독교인들이 확인되었다. 그러나 그 당시에는 극소수에 불과한 기독교인들이 은밀하게 신앙을 지켜오고 있었다. 필자는 그들과의 만남을 통해 하나님께서 북한의 남겨 놓으신 신실한 신앙들의 신앙과 삶의 이야기들을 듣게 되었고 그러한 사례들을 자료로 만들어 소중히 보관해 두었다.

이러한 증거물들은 북한의 지하 교회 기독교인들의 생생한 흔적들이었다. 그러나 북한 선교를 하는 선교사로서 그들의 신변의 안전을 위해 부분적으로만 관계된 사역 단체와 교회 집회에서 제한적으로 소개한 바가 있었다.

이 책은 지하 교회 신앙인들의 이야기로 벌써 20여 년 가까이 된 자료들과 근 10여 년 전의 실화를 엮은 것이다. 한국 교회의 신앙인들과 특히 북한 선교와 통일을 위해 기도하며 준비하는 분들께 소개함으로 북한의 지하 교회와 그 신앙인들에 대한 바른 이해를 구하고자 한다.

본문 가운데 소개된 인명, 지명은 부분적으로 달리 표기했다. 여기에 소개된 글의 주인공이나 간증을 쓴 당사자들은 대부분이 소천하였거나 순교의 반열에 세워진 사역자, 한국으로 탈북해 온 인사들이다.

필자는 이 책에 소개되는 북한의 신앙인들과 순교자들을 바로 히브리서 11장의 믿음의 장에 나오는 현 시대의 거룩한 믿음의 용사라고 칭하고 싶다.

> 그들은 믿음으로 나라들을 이기기도 하며 의를 행하기도 하며 약속을 받기도 하며 사자들의 입을 막기도 하며 불의 세력을 멸하기도 하며 칼날을 피하기도 하며 연약한 가운데서 강하게 되기도 하며 전쟁에 용감하게 되어 이방 사람들의 진을 물리치기도 하며 여자들은 자기의 죽은 자들을 부활로 받아들이기도 하며 또 어떤 이들은 더 좋은 부활을 얻고자 하여 심한 고문을 받되 구차히 풀려나기를 원하지 아니하였으며 또 어떤 이들은 조롱과 채찍질뿐 아니라 결박과 옥에 갇히는 시련

> 도 받았으며 돌로 치는 것과 톱으로 켜는 것과 시험과 칼로 죽임을 당하고 양과 염소의 가죽을 입고 유리하여 궁핍과 환난과 학대를 받았으니(이런 사람은 세상이 감당하지 못하느니라) 그들이 광야와 산과 동굴과 토굴에 유리하였느니라 이 사람들은 다 믿음으로 말미암아 증거를 받았으나 약속된 것을 받지 못하였으니 이는 하나님이 우리를 위하여 더 좋은 것을 예비하셨은즉 우리가 아니면 그들로 온전함을 이루지 못하게 하려 하심이라(히 11:33-40).

분명한 것은 이들의 순교의 피가 불원간에 이루어질 북한 교회의 회복과 부흥에 밑거름이 될 것이다. 이 글 중에는 필자가 직접 겪은 이야기가 있고, 북한에서 보내온(저들이 직접 육필로 쓴) 글과 북한을 출입하면서 그들에게 직접 들은 이야기, 탈북자가 되어 중국에서 간증으로 작성된 글과 다른 매체를 통해 소개된 북한 기독교인들의 이야기들을 다양하게 편성하여 원고를 만들었다. 본 책에 실린 글들 중에는 내용의 완성도와 통일성을 높이기 위해 원고에 약간의 첨삭과 보완을 했고 독자들이 쉽게 이해될 수 있도록 용어상의 수정 및 교정되었음을 밝혀 둔다.

이 책이 원만하게 발간될 수 있도록 원고를 면밀히 교정해 준 새하늘선교회의 박호성 교수님과 회원들의 중보기도와 책이 잘 출간될 수 있도록 수고해 준 예영커뮤니케이션의 편집진들의 노고에도 심심한 감사를 드린다. 마지막으로 이글을 집필하는 데에 물심양면으로 큰 힘이 되어 준 사랑하는 김영란 사모에게 감사를 표하며 무엇보다도 애초에 이 글을 쓸 수 있도록 부족한 나에게 용기와 지혜를 허락해 주신 주님께 영광을 돌린다.

2016년 9월 24일

서울 논현동 자택에서

강석진 선교사